地域間
ヤードスティック競争の
経済学

西垣泰幸

日本経済評論社

はしがき

　1980 年代以降，国際的な自由主義・民主主義の一層の進展と政府部門の効率化の潮流の中で，地方分権改革の動きが各国に広がった．日本においては，1990 年以降の地方分権化政策により，政策権限と，税・財源の地方政府への委譲が行われた．これにより，地方分権の本旨である住民のニーズに合致した地方政府独自の政策を実行する基盤は，未だ十分とは言えないまでも，一通り保証されるに至った．中央政府の財政赤字が大きな問題とされる中で，地方財政システムの効率化を図り，住民の満足度を改善するためには，住民ニーズに合致した公共財・サービスを，効率的なコストで，効果的に提供することが求められている．

　地方分権の優位性の基盤となるものとして，多くの要因が議論されてきた．その中心となるのは，多数の地方政府による分権的な意思決定による住民の公共財・サービスの多様なニーズへの対応の可能性と，生産要素や課税ベースの地域間の移動可能性を背景とした地方政府間の政策競争，そしてそれを通じた公共財・サービス供給の効率化や，住民の満足度向上への努力である．このような地方分権のメリットに関しては，地方公共財理論として古くより多くの研究成果が蓄積されてきた．近年，地方財政理論の新たな展開とともに，情報の非対称性やゲーム理論的な枠組みの中で，公共経済分析においては情報の非対称性を想定し，住民・市民をプリンシパル（主権者），政府をエージェント（代行人）とする，プリンシパル＝エージェント関係における地方公共政策の研究成果が蓄積されつつある．本書において取り上げる「ヤードスティック競争モデル」はその代表的なモデルの 1 つである．

　地域間ヤードスティック競争の基礎は，地方選挙を通じた政府と住民の契約関係にある．地方政府の首長や議員選挙において，住民が現職の行財政パフォーマンスを近隣地域のそれと比較して再選の可否を決めるなら，このよ

うな住民の選挙行動が地方政府を規律付け，行財政パフォーマンスの改善や望ましい地方政府間の政策競争をもたらす．政府間競争に関する研究は我が国においても多くの成果が蓄積されているが，このような観点からの研究は必ずしも多くはない．本書においては，地域間のヤードスティック競争の帰結を，公共財供給の最適性，中央政府と地方政府の補助金政策，租税政策などの観点から検討する．

　本書を執筆するにあたっては，多くの方々にお世話になった．本書の各章は，筆者が国内外の学会や学術雑誌に発表してきた研究論文を基礎とし，新たな視点や分析を加えて再構成し，大幅に加筆修正したものである．多くの論文は，筆者が日頃より共同研究を共にしているメンバーと共同執筆したものである．まずその共同研究者である，東裕三氏 (釧路公立大学)，西本秀樹氏，加藤秀弥氏 (龍谷大学)，矢杉直也氏（龍谷大学大学院）に感謝を述べたい．また，本書の基礎となる諸論文に対して有益なコメントをいただいた，富山大学中村和之教授，日本大学大島考介教授，近畿大学井田知也教授，名古屋大学柳原光芳教授，愛知学院大学竹内信仁教授，龍谷大学吉田雅敏教授，中央大学松本昭夫教授，浅田統一郎教授，明治学院大学高橋晴天教授，中京大学白井正敏教授，中山恵子教授に感謝を申し上げます．

　さらに，これら一連の研究を遂行する上で，日本学術振興会科学研究費補助金 (基盤 C; No. 24530375, No. 15K03527) の交付，および龍谷大学社会科学研究所指定研究からの資金援助をいただきました．また，本書の刊行にあたっては龍谷大学出版助成を受けました．ここに記して感謝いたします．末尾になりましたが，本書の刊行に際してお世話になった日本経済評論社ならびに，入稿から出版まで限られた期間の中で，誠心誠意編集作業とスケジュール管理を行っていただいた同社梶原千恵氏に心からお礼を申し上げます．

　　2017 年 10 月

　　　　　　　　　　　　　　　　　　　　　　　　著者　西垣泰幸

目次

はしがき　iii

序　章　地域間のヤードスティック競争 ……………………… 1

0.1　ヤードスティック競争とは何か　1

0.2　地域間のヤードスティック競争　4

0.3　本書の計画と各章の構成　6

第1章　地方分権の経済理論 ……………………………… 23

1.1　現代経済と政府の役割　23

1.2　中央政府と地方政府の役割分担　26

1.3　地方公共財とは何か　29

1.4　地方公共財の伝統的理論　30

1.5　第2世代の地方公共経済モデル　38

第2章　地方分権の経済的合理性 ……………………… 49

2.1　地方公共財の特性　49

2.2　地方公共財の伝統的理論の分類　51

2.3　Oates の分権化定理　53

2.4　地方公共財の最適供給：Tiebout の「足による投票モデル」　55

2.5　住民の足による投票，市場均衡と地方分権の最適性　60

2.6　限定的地域数と地方公共財供給：地方分権の失敗　66

2.7　非対称的地域の場合　74

Appendix　超越的な政府による公共財供給の最適化問題　78

第3章 ヤードスティック競争と公共財供給の効率性 ……………… 81

3.1 はじめに 81

3.2 暗黙的契約と投票によるトーナメントモデル 86

3.3 ヤードスティック競争モデル 89

3.4 ヤードスティック競争と地方公共財供給 95

3.5 インセンティブ契約とヤードスティック競争 107

3.6 ヤードスティック競争の政策的インプリケーション 113

Appendix 期待効用最大化のための2階条件 115

第4章 公共財の供給費用とパフォーマンス評価 ……………… 117

4.1 はじめに 117

4.2 公共財供給費用とヤードスティック競争モデル 120

4.3 ヤードスティック評価の有効性について 135

4.4 結論 136

Appendix 1 個別契約における最適解の導出 137

Appendix 2 ヤードスティック契約における最適解 138

Appendix 3 プリンシパルが危険回避的でエージェントが危険中立的な
場合 140

第5章 地方分権と補助金政策 …………………………………… 143

5.1 はじめに 143

5.2 地方財政と補助金 143

5.3 地域間所得移転，財政均等化と経済厚生 147

5.4 地域間競争，自発的補助金と Nash 均衡 155

5.5 スピルオーバー効果と補助金政策 161

5.6 結論 169

Appendix 中央政府による所得移転政策の効果 170

目次 vii

第6章　ヤードスティック競争と補助金政策 173

6.1　はじめに 173

6.2　ヤードスティック競争と自発的補助金 176

6.3　中央政府による定額補助金 182

6.4　中央政府の定率補助金 187

6.5　スピルオーバー効果と定率補助金 192

6.5　結論 204

Appendix 1　中央政府の定率補助金と公共財供給および私的財消費量 206

Appendix 2　スピルオーバー効果が存在する場合 207

第7章　財政力格差と補助金政策 209

7.1　はじめに 209

7.2　ヤードスティック競争モデルと財政力格差 212

7.3　地方政府間相互の補助金と中央政府による補助金政策 221

7.4　結論 233

第8章　ヤードスティック競争と租税競争 235

8.1　はじめに 235

8.2　多地域のヤードスティック競争モデルと租税競争 237

8.3　２地域のヤードスティック競争モデルと租税競争 243

8.4　結論 249

第9章　ヤードスティック競争の経済的合理性
―まとめと今後の研究課題― 251

9.1　はじめに 251

9.2　本書の要約と政策的インプリケーション 253

viii

9.3　残された課題と今後の研究の方向性　261

参考文献　265

索引　281

序章
地域間のヤードスティック競争

0.1 ヤードスティック競争とは何か

ヤードスティック競争（Yardstick Competition）は，元来，公益事業に対するインセンティブ（Incentive）規制として発展してきたものである．すなわち，公益事業の規制にあたりその費用構造や経営状況に関する情報を十分に持っていない規制当局が，他分野の類似企業や，同一分野の他地域の企業など，同じような経営環境にある企業のコスト水準や経営実績をものさし（ヤードスティック）として規制価格の水準を定めることにより，企業の内部効率性を高めることが期待できる（植草，1991; 長岡・平尾，2013）．

ヤードスティック競争は，一般的に特定市場における企業間の直接的競争ではなく，情報の活用を通じた類似企業間の間接的競争である．したがって，効率的な経営における費用水準やサービスについての情報を確保することができるか否かが重要になる．特定の企業が優れた経営実績を上げれば，それをヤードスティックとして他の企業にも内部効率を高めるように指導することができる．このように，ヤードスティック競争は，モニタリング（Monitoring）の機能を持つ（植草，1991）．

公益事業分野におけるヤードスティック競争は，基本的に企業と規制担当の政府部署との間の情報の非対称性を前提として展開されることが多い．そして，事業を実施する企業と当該事業が提供する財の効率的な供給を企図する規制策定者の間の関係は，しばしば，代理人と委託者の関係により分析されることがある．このような関係は，企業を代理人（エージェント，

Agent）とし，政策担当者を委託者（プリンシパル，Principal）とする，いわゆるエージェンシー（Agency）関係と呼ばれている．

　このような関係は，企業経営においても応用されてきた．企業は経営者，労働者，株式保有者，債権者などから構成される組織体であり，相互に関わりを持つ各主体間に結ばれた「契約関係の集合体」と理解することができる．企業を構成するこれらの主体はしばしば利害が相対立するので，唯一の目的を持つ単一の経済主体とみなすことはできない[1]．エージェンシーアプローチにおける企業は，このような意味でミクロ経済学において想定される完全競争的企業とは異なっており，上述の主体が独自の目的をもって行動する結果もたらされるいわば均衡として企業行動を理解する必要がある[2]．

　企業のエージェンシーアプローチにおいては，経営者を株主から委託されて企業経営の業務を遂行するエージェントとし，業務を委託する株主をプリンシパルとする契約関係を想定する．そして，エージェントの業務遂行に関する情報の非対称性を前提としながら，エージェントがプリンシパルの利益に沿った行動をとるインセンティブを具備した契約のあり方を検討する．

　エージェントである経営者の経営努力に伴って発生する負効用や，しばしば危険回避的と仮定される経営者と株主とのリスク負担態度の差などから生じるエージェンシーコスト（Agency Cost）により，経営者は比較的危険の少ない投資プロジェクトを選択したり，自己資本比率をできるだけ高く維持しようとする傾向があることから，必ずしも株主の目標である企業価値の最大化などが達成できないことが示される．

　ところで，プリンシパル＝エージェントモデルの原型は，プリンシパルが経営者であり，エージェントが労働者であるエージェンシー関係であり，生産活動の委託と契約の検討を行うことから「生産ゲーム」（Production Game）とも呼ばれている（Rasmusen, 2007）．労働者の払う努力の水準が

---

1)　Jensen and Meckling (1976) を参照されたい．
2)　倉沢（1989）を参照されたい．

高ければ高いほどプリンシパルの利得は高くなるが，生産プロセスにおいてランダムに発生する攪乱的要因のため情報の非対称性が生じ，プリンシパルはエージェントの真の努力水準を完全に知ることができない．このような想定の下で，エージェンシーコストがもたらす効率的な生産水準からの乖離を最小にする報酬の体系の検討が行われる．

　エージェントのインセンティブを高め努力を引き出す契約を誘因両立的契約と呼ぶが，その１つは「効率性賃金」(Efficiency Wage) であり，これは労働者の努力水準を引き出すために必要な額以上の高い水準の賃金を払う契約を結ぶことを意味している．労働者は，この賃金プレミアムを失わないために高い水準の努力を払うインセンティブを持つ．その他，エージェンシーコストを低下させるための方策として，Rasmusen (2007) はエージェントに対するモニタリングやトーナメント (Tournament) による競争などをあげている．

　このトーナメントモデルの概要は以下のようなものである．成果を比較することが重要な意味を持つ場合には，トーナメントと呼ばれる相対評価に基づいてランク付けされ，勝者が再契約を得て，敗者は契約の対称から外される[3]．トーナメントは，プリンシパルがエージェントから情報を得たいと思うときに有効であり，複数のエージェント間の比較の基準（ものさし）を得ることができる．このような意味から，プリンシパルが設定するトーナメントは，ヤードスティック競争と呼ばれることがある．

　トーナメントにおいて利用される業績情報は，良い業績を残したエージェントについての相対的な序数的情報であり，業績そのものを絶対的に評価した基数的情報ではない．したがって，多くの異なった評価の要素を含む業務についてエージェントの業績を基数的に評価することが困難な場合には，トーナメントがインセンティブを与える唯一の効果的な方法になる．また，エージェントの努力水準と業績の測定結果の間に存在する不確実性に共通要素

---

3) Milgrom and Roberts (1992) に詳しい説明がある．

4

が多い場合にも，比較による業績評価が有効になることが知られている[4]．

0.2　地域間のヤードスティック競争

　地方財政理論においてプリンシパル＝エージェントモデルは，住民をプリンシパルとし地方政府をエージェントとして，プリンシパルである住民が地方公共財の供給をエージェントである地方政府に委託するという契約モデルとして応用された．地方政府の払う努力水準が高ければ高いほど公共財供給の満足度は上がるが，政府の払った努力と公共財供給の成果の間には予測不能な攪乱要因が存在しており，これが非対称情報の原因となって，住民は公共財の供給に関する技術的な情報や政府が実際に払った努力を完全に知ることはできない．このような設定の下で，住民は政府の供給した公共財とそのための税負担の組み合わせを評価して，一定水準以上の満足を得るなら現職政府に投票し再選が実現する（実績投票）．

　このように，この理論において地方選挙は，エージェントの業績を評価し，再選による新たな任期の開始という契約を継続するかどうかを決める重要なプロセスとして位置づけられる．Barro（1973）はこのような住民と政府の関係を研究した先駆的な論文であり，自己の利益を追求する政府が選挙を通じて住民の利益に沿う行動を行うようにコントロールされるかどうかを検討した．そして，このような考え方を一層進めたのが Ferejohn（1986）であり，プリンシパル＝エージェントモデルを用いて地方政府と住民の選挙を通じたエージェンシー問題（Agency Problem）を検討した先駆的な論文である．そこでは，再選により利益を得る利己的な政府が選挙により規律づけられ，住民の利益にかなう行動をとるかどうかを検討している．

　ヤードスティック競争の概念を地方政府間競争に取り入れた先駆的な研究は，Ladd（1992）である．この論文は，投票における地方政府の業績評価

---

　4)　同上．

の基準として隣接地域の政府の業績を用いるのであれば，地方政府間の政策が相互に連関して提供する公共財やそのための税負担が似通ったものになることを指摘し，地方データを用いてそのような関係を実証的に研究している．このような展開を経て，Seabright（1996）や Beseley and Case（1995a）等の論文が刊行され，今日まで研究成果が蓄積されてきた．

　地域間のヤードスティック競争は，伝統的な Tiebout モデルと比較してどのような特徴を持つものであろうか．Tiebout の足による投票モデルは，多数の地方政府が存在してさまざまな公共財の供給と税負担のセットを提示するならば，住民は自分の選好に最も合致した地域を選んで居住することにより最適な公共財供給が実現できるというものである．これに対して，地方政府と住民の間のプリンシパル＝エージェント関係を基礎とするヤードスティック競争モデルは，完全情報も住民の自由で費用のかからない地域間移動も前提とはしない．政府の政策に関する情報の非対称性の下で，住民が公共財の供給コストなどに関する情報を知らない場合でも，選挙において自地域の政府の業績を近隣のそれと比較して現職政府を当選させるかどうかを決めるのであれば，利己的な政府の行動に一定の規律を与え最大限の努力を引き出すことができるというものである．

　このような地域間のヤードスティック競争均衡においては，地方選挙が政府に規律を与えるため，再選時に得られるレントを超える超過レントが発生することは抑制される．このように，住民のヤードスティック比較はエージェントの行動に関するモニタリングの効果を持つ[5]．ところが，エージェンシーコストがもたらす公共財の過小供給が発生し，住民の効用水準には改善の余地が残される．本書においては，トーナメント型ヤードスティック競争

5）　ここで，政府と住民の間のエージェンシー関係やレントシーキングの可能性を想定することの妥当性について，Bardhan and Mookherjee（2006）は，政府のガバナンスやアカウンタビリティに関して，中央政府より地方政府の方が住民が情報を得やすくエージェントを制御しやすいが，よく組織された利益グループが政治的にレントを得る可能性は中央政府からより地方政府からの方が高いことを指摘している．

モデルに私的財を導入した 2 財 2 地域ヤードスティック競争モデルを構築し，政府の公共財供給における不確実性を導入し情報の非対称性をより明確に取り扱うとともに，レントシーキング（Rent Seeking）の可能性を導入する．そのようなより一般化されたモデルを用いて，公共財供給の効率性，公共財便益のスピルオーバー効果（Spillover Effect），地域間の租税競争などを検討するとともに，これらにより発生する非効率性を改善するためのインセンティブ両立的な報償形態，地方政府間の自発的補助金，中央政府による補助金政策などの経済効果を検討する．

0.3　本書の計画と各章の構成

本書の各章の相互関係は，第 0-1 図にまとめられる．

本書は，既存研究の展望を行った第 1 章と全体にわたる結論や今後の研究の方向性を示した第 9 章に加えて，本書の中心をなす第 2 章から第 8 章からなる．さらに第 2 章から第 8 章は，Oates や Tiebout による伝統的な地方財政理論を展望した第 2, 5 章と，ヤードスティック競争の枠組において地方財政理論を展開した第 3, 4, 6〜8 章の 2 つに分けることができる．

まず，第 1 章は，本書の始まりにあたってこれらの 2 つの領域における主要な先行研究を展望し，以下の議論の出発点とする．

第 2 章においては，伝統的な財政理論における地方分権と公共財供給の効率性について先行研究とその結論を紹介し，後に展開するヤードスティック競争モデルを用いた財政理論により得られる結論の比較の対象とする．続いて，第 3 章においては，2 財 2 地域のヤードスティック競争モデルを構築し，地方公共財供給の効率性を検討する．また，第 4 章においては，とくに地方政府が行う公共財供給費用の削減努力に対する業績評価に焦点を当て，ヤードスティック比較に基づく業績評価の最適性を検討する．

第 5 章においては，伝統的な財政理論における地方政府相互間の，そして中央政府の補助金政策の経済効果を整理・展望し，ヤードスティック競争モ

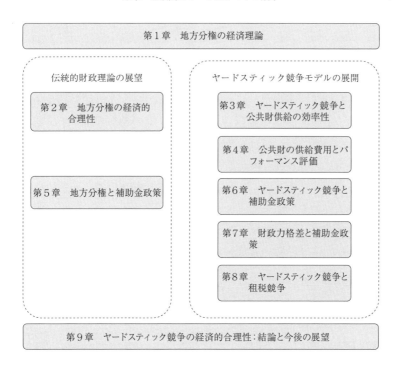

第 0-1 図　各章の相互関係

デルにおける補助金政策の効果を比較検討する際の基準とする．続いて，第6章においては，ヤードスティック競争における公共財の過小供給という非効率性や，公共財のスピルオーバー効果という財政外部性のもたらす非効率性を改善するための補助金政策を検討する．そして，第7章においては，地域間に財政力格差が存在する場合のヤードスティック競争の有効性と財政均等化補助金の経済効果を検討する．第8章においては，生産要素として労働力に加えて資本ストックを導入し，生産活動を明示的に取り扱うヤードスティック競争モデルを構築し，地域間で移動可能な資本ストックに対する課税がもたらす租税競争の効果を分析する．

　最後に，第9章は本書の各章において得られた結論や政策的インプリケーションをまとめ，さらに今後の研究の方向性を示すものである．

各章の詳細な内容は以下に示すとおりである．

第1章　地方分権の経済理論

　まず本書への導入部分として，現代経済における政府の役割や，中央政府と地方政府の役割分担，地方公共財の定義などを概観する．具体的には，まず，現代経済における政府の役割を市場の失敗と現代財政の3機能の観点から検討した後，それらに関する中央政府と地方政府の役割分担を検討する．そして，地方政府が供給する地方公共財の特性を中央政府が供給する公共財との比較において検討する．

　第4節においては，古くから多くの研究が蓄積されてきた伝統的な地方財政理論の展望を行い，本書の分析の出発点とする．まず，Oates の分権化定理や Tiebout の足による投票モデルを展望し，多数地域の地方政府による地方公共財の最適供給に関する研究を展望する．この2つの理論の基本的設定は，住民の地域間移動を前提とするか否かにより大きく異なる．基本的に住民の移動を想定しない Oates の完全対応原理においては，多数の地域が住民の選好に応じた公共財を供給することにより最適が達成される．他方，Tiebout の足による投票理論においては，住民がバラエティ豊かな公共財を供給する多数の地域の中から効用が最大になる地域を選んで居住することにより公共財の最適供給が達成される．

　続いて，主に Tiebout モデルを用いて展開されてきた応用的な研究として，地方公共財の便益が地域を越えて漏出するスピルオーバー効果や，地方税の課税を受けた生産要素，例えば資本ストックなどが地域外に流出し，当該地域の生産水準を低下させる租税競争の効果など地域間外部性に関する研究の展望が行われる．さらに，スピルオーバー効果が原因となって生じる地方公共財の過小供給を改善したり，地域間の財政力格差を均等化するための補助金政策の経済効果に関する研究を展望する．

　第5節においては，情報の非対称性や住民と地方政府のプリンシパル＝エ

ージェント関係において，地域間の効用比較に基づく地方選挙での当選（再選）をかけた政府間のヤードスティック競争を研究するゲーム理論的な地方財政理論（第2世代の地方分権理論）とそれを応用した研究成果が展望される．この理論は，先述のように，住民をプリンシパルとし，地方政府を住民から地方公共財供給の委託を受けたエージェントと考え，地域の経済環境や公共財供給の費用など技術的情報について政府は知っているが住民は知らないという情報の非対称性の下で，利己的な地方政府が行う公共財供給行動の最適性を検討するものである．これに続いて，ヤードスティック競争の観点から見た地方分権の望ましさ，財政力格差が存在する場合の中央政府の補助金政策，移動可能な資本ストックへの課税がもたらす租税競争の経済効果などを展望している．

第2章　地方分権の経済的合理性

　分権的な地方政府による地方公共財供給を分析した研究には，古くから多くの研究が蓄積されてきた．第2章においては，そのような地方公共財理論を概観することにより，以下の分析の出発点とする[6]．地方公共財のモデルにはいくつかの類型がある．その第1番目は，住民移動の可能性に関する取り扱いについてである．これらは，住民移動を考えない地域経済型モデルと，逆に，住民移動を前提とし，それを地域間の調整メカニズムの基礎と考えるモデルの2つにわけられる．

　住民移動を考えない理論の代表として，Oates（1972）において展開された「完全対応モデル」を展望する．Oates は，人口移動が存在せず，また，公共財の供給コストが自治体規模により差がない状況を考え，地方政府による各地域の住民選好に配慮した差別的公共財供給が，中央政府による一律的な供給よりも望ましいことを示した．これは，Oates の「分権化定理」として知られているが，さらに，個々の地方公共財便益の及ぶ範囲に応じて多段

---

6)　包括的なサーベイ論文の1つに Rubinfeld（1987）がある．

階の階層的政府システムを持つことが望ましいと述べている.

　次に，住民移動を想定するモデルの代表として，Tiebout（1956）で展開された「足による投票モデル」を展望する．Tiebout は，地域内において純粋公共財としての性格を持つ地方公共財が，多数の地方政府からなる分権的地方財政システムにおいて効率的に供給されることを示した．分権的地方政府の下で，地方公共財の供給と納税義務とのさまざまな組合せが提案されるならば，人々は自分の選好にあった地域を選んで居住するといういわゆる「足による投票」のメカニズムが存在することを指摘したのである.

　公共財の理論的な研究において Samuelson（1954）は，多数の消費者の限界評価（限界代替率）が集計が困難なことや，公共財に対する選好の表明が正直になされない場合にはいわゆる「フリーライダーの問題」が発生することから，私的市場においては効率的に供給されないとした．ところが，Tiebout の足による投票モデルは，住民が自らの選好にあった地域に移動することにより，それがある種の顕示選好メカニズムとして機能することを示したのである.

　地方公共財に関する理論展開を分類する第 2 番目の点は，地域数が与件として与えられているのか，あるいは，住民の移住選択により地域数が増減するのかという設定の差異である．地域数が自由に選択できるケースは，Buchanan（1965）のクラブ財理論を契機として発展してきたものである．ここでは，McGuire（1974）などによって，理論の定式化，精緻化が行われたクラブ財型地方公共財モデルを展望する．そして，Tiebout の述べた公共財の最適供給が，分権的な地方財政システムにより達成されることを示す.

　居住地域数を所与とした地方公共財理論の研究には，Flatters, Henderson and Mieszkowski（1974）をはじめ多数のものがある．これらの研究においては，住民移動がもたらす裁定により，地域間の効用水準が均等化することが示されるが，最適な住民数の確保により示される公共財の最適供給の条件は一般的には保証されない[7]．そこで，地域数が所与のモデルについて，住民移動が公共財供給の効率性に与える効果と住民移動がもたら

す財政外部性を検討する．加えて，地域の面積が異なるなど非対称的な地域間の Tiebout 均衡とその非効率性について検討する．

第3章　ヤードスティック競争と公共財供給の効率性

　Tiebout（1956）の足による投票が地方公共財の最適供給を導くためには，公共財の特性やその費用条件などに関する完全情報や，住民の自由で費用のかからない移動などが前提条件となる．また，住民の効用を最大化する善良な政府の存在も，近年の公共選択論やゲーム論をベースとした理論的展開の中では検討の対象となっている[8]．

　公共選択の議論の中では，政府の行動目標が「住民の効用の最大化」をはかるものではなく，官僚の自己目的を追求する行動の結果，予算，公共支出の最大化をはかるものとなっていたり，利己的な政府によるレントシーキングを前提とするものもある．Barro（1973）においては，そのような利己的な政府の行動を規律付け，住民の利益にかなう行動を引き出すメカニズムとして選挙が有効であることが示された．また，Ferejohn（1986）においては，情報の非対称性を前提とするプリンシパル＝エージェントモデルを用いて，住民の実績評価に基づく投票行動が利己的な政府の行動を規律付けることが検討されている．

　第3章においては，このような研究を発展させた Seabright（1996）による地方選挙を導入した公共選択モデルをさらに発展させ，近隣地域との効用比較（ヤードスティック比較）に基づく投票行動を導入することにより，いわゆるヤードスティック競争と呼ばれるモデルを構築する．このモデルは，住民と地方政府の間の情報の非対称性とプリンシパル＝エージェント（委託人と代理人）関係を基本的な設定とし，プリンシパルである住民が自地域と隣接地域の地方政府の政策を比較し，不満がある場合にはエージェントであ

---

7)　このようなモデルを用いたサーベイ論文としては Wildasin（1987）が詳しい．

8)　例えば，Brennan and Buchanan（1980, 1985），Mueller（2003）などを参照されたい．

る地方政府の再選を許さないという選挙行動をとることにより，地方政府の最大限の努力を引き出すことが可能となることが示される[9].

　ここでは，Seabright のモデルに以下に示すような3つの点を導入し，より包括的な分析が可能となるヤードスティック競争モデルを構築し，ヤードスティック均衡の性質と公共財供給の効率性を検討する．まず1番目は，私的財の明示的な導入である．公共財の最適供給量は，資源制約の下で代替的な財としての私的財の供給量との関係で，消費者の限界代替率の総和と生産における限界変形率との関係により測られることが知られている (Samuelson, 1954)．ところが，既存のトーナメント型ヤードスティック競争モデルにおいては私的財を扱っておらず，地方公共財供給量の資源配分上の経済的効率性については判断を下すことができなかった．ここでは，私的財を導入することにより，公共財供給の Samuelson 条件を検討する．

　2番目として，再選レントを超える超過レントが発生する可能性を明示的に考慮する．Seabright のモデルにおいては，プリンシパルによって与えられた固定的な再選レントの獲得を目的とする設定になっており，自己利益追求型の政府を扱いながらも，彼らのレントシーキングの可能については検討の対象としていなかった．他方，Besley and Case (1995a) をはじめとして成果が蓄積されてきた，展開型のモデルを用いるもう1つのヤードスティック競争の研究の流れの中では，地方政府が固定的に同一単位の公共財を提供するという仮定の下で，公共財供給のための費用に攪乱要因を導入し，徴収する税による競争の中でレント獲得の可能性を取り扱っている．そして，事前確率があらかじめ与えた単純化された展開型ゲームを用い，情報の非対称性の下でレントシーキングと税率の設定によるヤードスティック競争を分析している[10]．ここでは，地方政府によるレントシーキングの可能性を明示

---

　9)　選挙が地方政府に与える規律付けの効果については，Seabright (1996) などを参照されたい．また，この論文では，住民の負託に政府がどの程度こたえられるかというアカウンタビリティの観点から地方分権と中央集権を比較し，地方分権の優位性を証明している．

的に導入することにより，ヤードスティック競争が地方政府の行動に規律を
与え，超過レントの発生を抑制することができるかどうかを検討する．

　3番目に，Seabright（1996）においては，経済環境や住民の選好等の地
域間の差に関する攪乱項を導入し，それが住民と政府の間の情報の非対称性
をもたらしていた．ここでは，非対称情報をより明確に位置づけるため，地
方政府の公共財供給コストにおける地方政府間格差の変数として攪乱項を導
入し，公共財の供給コスト情報についての政府と住民の間の情報の非対称性
を明示的に取り扱う．

　ところで，ここで取り扱うトーナメント型のプリンシパル＝エージェント
モデルと，Besley and Case をはじめとする展開型のモデルの差異について，
Salmon（2006）は以下のように指摘している[11]．つまり，Besley and Case
をはじめとする多くの展開型ヤードスティック競争の研究においては，基本
的に情報の非対称性がもたらすアカウンタビリティ（Accountability）の問
題に焦点を当て，投票においてレントシーカーの政治家ではなく，善良な政
府を再選させることができるかどうかを分析している．それに対して，本書
において用いるトーナメント型のモデルは，基本的にモラルハザード
（Moral Hazard）の問題に焦点を当て，地方政府間のヤードスティック競争
の結果として，現職の政治家が最大の努力水準（Effort）を払うインセンティ
ブがあるかどうかを問題にしている．

　したがって，第3章における研究の相対的な優位性については，次のよう
にまとめることができよう．第1に，展開型のヤードスティック競争モデル
においては公共財供給量を一定と仮定することが多いが，ここでは，公共財
供給量を可変として政府の選択変数とすることにより，私的財の明示的な導
入と相まって，ヤードスティック競争における公共財供給の最適性を検討す
ることが可能になる．さらに，Seabright（1996）では取り扱われなかった，

---

10)　Bordignon et al.（2004）など参照されたい．
11)　Gibbons（1992），Rasmusen（2007），岡田（1996）などを参照されたい．

公共財供給費用における攪乱的要因や，レントシーキングの可能性を含めた
ヤードスティック競争を分析することが可能となっている．第2に，ここで
取り扱うヤードスティックモデルにおいては，政府の連続的な政策決定行動
を扱うことができるので，財政外部性に対処する地域間財源移転や定率補助
金，ヤードスティック競争における租税競争の帰結といった政策的な分析に
容易に応用することができる．第3に，同じ理由から，Tieboutモデルや，
一般均衡の地域モデルにおいて展開されてきた既存の研究成果の蓄積と，本
研究の結論を直接比較することが可能となることである．

第4章　公共財の供給費用とパフォーマンス評価

　第3章において検討したように，地域間のヤードスティック競争は，特定
の条件の下でエージェントである地方政府の超過レントの獲得を抑制する効
果を持つ．それは住民の投票決定におけるヤードスティック比較により，地
域間の政府による再選のための得票競争を引き起こし，政府の行動に一定の
規律付けを行うからである．ところが，第3章において見たように，ヤード
スティック競争によって成立するNash均衡はパレート最適ではなかった．
再選のために政府が最大限の努力を払ったとしても，公共財は過小供給に陥
ることが示された．このようなプリンシパル＝エージェント関係に発生する
非効率性の問題に対しては，インセンティブ型報酬の導入，モニタリングや
政策評価による政府活動の効率性の管理・向上などが知られている[12]．

　ところで，ヤードスティック競争に関する研究の進展の中で，Bivand
and Szymanski（1997, 2000）は，ヤードスティックモデルを地方公益事業
に関する委託契約に適用し，費用構造が似通った近隣地域の費用情報を用い
たヤードスティック評価が効率的な委託契約をもたらすことを明らかにした．
第4章においては，ヤードスティック競争モデルに公共財供給の可変的な費

12）　エージェンシー問題については，例えば，Mas-Colell, Winston and Green
　　（1995），Fudenberg and Tirole（1991）などを参照されたい．

用構造とインセンティブ型の報酬システムを明示的に導入し，地方政府の公共財供給に関するパフォーマンス評価の効率性を検討する．そこでは，地方政府の公共財供給費用削減努力を明示的に考慮したうえで，公共財供給に関するパフォーマンス評価に基づく報償を導入したモデルを構築し，近隣地域のパフォーマンス情報を活用したヤードスティック評価が，地方政府の公共財供給における効率性を改善するかどうかを検討する．

第5章　地方分権と補助金政策

　すでに第2章において検討したように，分権的な地方政府が効率的な資源配分，特に効率的な人口配分に失敗する場合には，中央政府など，より上位の政府による地域間の財政移転による介入が必要となる．第5章では，まず，財政力格差が存在するような非対称的2地域よりなる Tiebout モデルを用いて，どのような条件の下で中央政府の財源移転政策が地域間人口配分を改善し，経済の厚生を高めるかを検討する．そして，これらの分析結果を，第6章，第7章におけるヤードスティック競争モデルを用いた地域間補助金の資源配分効果，財政均等化効果の分析結果の比較対象とする．

　このような問題意識に基づく研究は，基本的に Flatters, Henderson and Mieszkowski（1974）により展開されたものである．先に見たように，非対称的地域間における Tiebout 均衡は，最適な住民数を達成することができず非効率的であるが，Flatters, Henderson and Mieszkowski（1974）においては，このような非効率性の是正のために一般補助金が有効であることが示された．また，Boadway and Flatters（1982）においては，地域間補助金の効果についてより詳細な検討が加えられ，公共財供給を含む資源配分の効率性と財政均等化の効果とが検討され，地域間において財政力が異なる場合には，財政均等化のための補助金も必要となることを明らかにしている．

　このように，地域間所得移転の政策には，資源配分の効率性を改善する目的ばかりではなく，非対称的な地域間の所得再分配により地域間の経済力格差を縮小する（地域間の財政均等化）目的をも持っている[13]．ところが，

効率性を改善するための政策と公平性を追求するための政策は，しばしば異なる結果を経済にもたらすことが知られている．第5章では，このような観点から地域間所得移転政策の資源配分効果と経済厚生効果を検討する．

地域間補助金の持つ資源配分の効率化効果については，例えば，環境政策等に見られるように，便益が地域外にスピルオーバーするような公共財・サービスの提供を適正化することができる．公共財やサービスの便益が地域間でスピルオーバーする場合には，地域外に発生する外部便益まで視野に入れた社会的便益と公共財の提供費用とが一致することが求められる．ところが，分権的な地方政府にとっては，地域外に発生するスピルオーバー効果は政策決定には反映されないので，公共財は過小供給に陥ることが知られている．このような公共財に対する定率補助金は，地方政府の限界費用を低下させることにより過小供給を改善することができる．第5章では，2地域経済モデルを用いて，公共財便益のスピルオーバー効果が存在する場合において，特定補助金が持つ公共財の過小供給改善効果を示す．

第6章　ヤードスティック競争と補助金政策

第3章において検討したように，地方政府間のヤードスティック競争は，超過レントの発生を抑えるなど地方政府の行動を規律付け，政策パフォーマンスを保証する効果を持っている．しかしながら，ヤードスティック競争のNash均衡は，一般的には公共財供給のパレート最適条件を満たさず過小供給となることがわかった．第6章では，ヤードスティック競争における公共財供給の非効率性を改善するために，さまざまな補助金政策の有効性を検討する．

政府間補助金には，地方政府が相互に行う地方政府間補助金と中央政府が地方政府に対して行う垂直的補助金とがある．第5章において，Tiebout モ

---

13) Oates（1972）においては，地域間の財政均等化補助金の役割として，ナショナルミニマムの達成や地域間の水平的分配の改善があげられている．

デルにおいては，地方政府間の自発的補助金が財政力格差を含む地域間格差がもたらす非効率性を解消し，パレート最適を達成することが明らかになった[14]．しかしながら，ヤードスティック競争均衡においては住民移動を想定していないので，地方政府間の自発的補助金は無効であり，非効率性の緩和のためには中央政府の補助金が必要となることが示される．Tieboutモデルの場合には，財政力の劣った近隣地域に対する自発的補助金が，人口過剰による混雑減少の緩和により自地域の厚生水準を改善するのだが，ヤードスティック競争モデルの場合には，自地域の財政資金を減少させ政府の再選確率を低下させるとともに，住民移動を想定していないために混雑現象の緩和など自発的補助金のメリットを享受することができないからである．

　また，第5章においては，地方公共財のスピルオーバー効果が存在する場合に地方公共財の過小供給を緩和するための税・補助金政策の有効性を検討し，中央政府の定率補助金が非効率性の軽減に有効であることを示した[15]．ここでは，まず，第3章において展開したヤードスティック競争モデルを用いて，エージェンシーコストが原因となって発生する地方公共財供給の非効率性（過小供給）を改善するための，中央政府の税・補助金政策の有効性を検討する．続いて，公共財の便益が地域外にスピルオーバーするような財政外部性を想定し，公共財供給の効率性を改善するための補助金の経済効果を分析する．補助金が公共財供給に与える影響を検討した研究には，Boadway, Pestieau and Wildasin（1989）がある．そこでは，完全競争的な2地域経済モデルを用いて，国家的公共財を地方政府が自発的に提供しあうような設定において，一般補助金，特定補助金の効果を分析している．ここでは，第3章において展開したヤードスティック競争モデルに地方公共財のスピルオーバー効果を明示的に導入し，このような財政外部性が存在する場合の地方公共財の供給に対する補助金の効率性改善効果を検討する．

---

14)　この研究は，Myers（1990），Wellish（1994）などの成果を基本としている．

15)　Boadway, Pestieau and Wildasin（1989），Coate et al.（1995）などの研究を基本としている．

公共財便益がスピルオーバーする場合，当該地域が提供する公共財の他地域における便益評価は，一般的には地方政府の政策決定に反映されない．したがって，このような場合，公共財は最適な水準より過小にしか供給されないことが知られている．ところが，本書で取り扱っているヤードスティック競争モデルにおいては，住民の近隣地域とのヤードスティック評価を通じて，当該地域の地方公共財がもたらすスピルオーバー効果が他地域の住民の効用水準に影響を及ぼすため，自地域政府の決定に反映される可能性がある．そのような場合に，地方公共財の効率性にはどのような影響が及ぶのであろうか．また，中央政府のさまざまな補助金政策は各地方政府の公共財供給を改善することができるのであろうか．本節では，公共財の便益が互いにスピルオーバー効果を与え合うような2地域のヤードスティック競争モデルの設定の下で，補助金の公共財供給を最適化する効果について検討する．

　ここでは，補助金政策に関して，まず，地方政府間の自発的補助金の効果を検討し，ヤードスティック競争均衡の下では，自発的補助金のインセンティブが存在しないことを示す．続いて，中央政府による一括固定補助金と定率補助金の効果を検討する．その結果，一括補助金はヤードスティック均衡に対して中立的であり，公共財供給水準に影響を及ぼさないが，公共財の供給費用に対する定率補助金は，ヤードスティック均衡におけるエージェンシー問題や地方公共財のスピルオーバー効果がもたらす公共財の過小供給を改善し，経済厚生を高めることが示される[16]．これは，ヤードスティック競争の均衡においては公共財の過小供給を改善するために中央政府の定率補助金が有効であり，分権的な地方財政システムにおいても中央政府の補助金政策に一定の役割があることを意味している．

---

16)　このような経済効果は Boadway, Pestieau and Wildasin（1989）においても指摘されている．ただし，そこでは，国家的公共財を2つの地方政府が自発的に供給するという設定において発生する公共財の過小供給を取り扱っている点が本章の分析とは異なっている．

第7章　財政力格差と補助金政策

　ヤードスティック競争モデルを用いて，地域間の非対称性や財政格差に焦点を当て分析した研究は必ずしも多くない．Kotsogiannis and Schwager (2008) は，地域間に財政力格差が存在する場合にはヤードスティック比較の有効性が低下し，財政が豊かな地方政府のレント搾取を発見したり，地方政府の能力を見極めることが困難になることを指摘している．また，Allers (2012) は地域間において財政格差が存在すれば，投票者が選択を誤り，財政力が豊かな地域においてレントを多くとる「悪い政治家」を再選させる可能性があることを指摘している．これは，財源が豊かな地域の地方政府にはヤードスティック競争の下で財政的な余裕が発生することから，行政効率化のために努力するインセンティブが希薄であったり，あるいは放漫財政に陥るなどの可能性を示したものであると考えられよう[17]．

　第7章においては，地域間に財政格差がある場合について，ヤードスティック競争下において生じる地方公共財供給の非効率性やレントシーキングの可能性，財源が豊かな地域が放漫財政になる非効率性について，地方政府間あるいは中央政府と地方政府間の補助金政策によって改善させることができるのか否かを考察する．そして，地方政府間の自発的補助金はこのような非効率性を改善することはできないが，中央政府による均等化補助金および定率補助金は財政力の均等化や地方公共財の非効率性を改善することを示す．また，このような補助金による効率性の改善効果は，補助金の受け取り地域ばかりでなく，支払い地域においても働き，したがって2地域間で Win = Win の関係がもたらされることを示す．このような関係は，Tiebout モデルを用いた Flatters, Henderson and Mieszkowski (1974) や Stiglitz (1977) などにおいても指摘されているが，ここでは住民の地域間移動を仮定せず，したがって，生産力や税源に関する移動調整メカニズムが存在しない場合に

---

17)　Tirole (1997) は，公益事業規制の分野において，エージェントの保有する初期資源に格差がある場合には，ヤードスティック競争の有効性が低下することを指摘している．

20

おいても，住民・投票者のヤードスティック比較により成立することが示される．

第8章　ヤードスティック競争と租税競争

地方政府間の租税競争は，地域間を移動可能な課税標準である資本に対する課税競争がもたらす経済効果や，地方公共財供給における地方政府の効率性を検討するものである．その基本的な設定は，完全競争的な2地域経済モデルにおいて，移動不可能な生産要素である労働と地域間を移動可能な資本ストックを用いて，完全競争的な企業により私的財と公共財の生産が行われることを仮定する．そして，移動可能な資本ストックに対する課税により，当該地域から資本ストックが流出することに伴い当該地域に与える望ましくない負の生産効果（負の財政外部効果：Negative Fiscal Externality）が発生することから，地方政府の資本課税に関する政策が相互依存し，資本流入を促すための地域間の税率切り下げ競争が生じることを明らかにしている．したがって，地方公共財の供給を資本税収にのみ依拠する地方政府は，公共財供給のファイナンスに失敗し，望ましいレベルの公共財供給を行えないという非効率性が発生する可能性がある（Wildasin, 1988; Brueckner and Saavedra, 2001）．このように，善良な地方政府による競争が，完全競争，完全情報の下でも非効率性を生じる可能性が指摘されている[18]．

第8章においては，これまで展開してきたヤードスティック競争モデルに地域間を移動可能な資本ストックを導入し，私的財と公共財の生産活動を明示的に取り扱うモデルを構築し，そのモデルを用いて租税競争を検討する．そのような設定の下で，資本課税の増税がもたらす経済効果と公共財供給に関する経済効率性を，多数地域と対称的な2地域の両方におけるヤードスティック競争モデルにおいて検討する．その結果，ヤードスティック競争下の

18）　この分野の展望論文には，Wilson (1999), Wilson and Wildasin (2004), Wilson (2006) などがある．

Nash 均衡において，資本課税がもたらす資本流出という負の財政外部性が，地域間のヤードスティック比較を通じて当該地域の目的関数に反映され，租税競争のもたらす非効率性が緩和される可能性が示される．住民によるヤードスティック比較が，課税による資本流出という財政外部性を政府の政策決定に反映させる効果があることが示される．ヤードスティック競争モデルに資本を導入し，生産活動を明示的に取り入れたモデルを用いて租税競争を分析する試みは，これまで行われてこなかった．さらに，ヤードスティック競争モデルの中で生産活動を明示的に取り扱うことにより，地方公共財供給に関する効率性分析をはじめ，今後多くの政策効果の分析に新たな視点が追加されることが期待される．

第9章　ヤードスティック競争の経済的合理性：まとめと今後の研究課題

　最後に，本書のまとめとして，これまで検討してきた結論とその政策的インプリケーションの要約が示され，今後の検討課題が示される．今後の検討課題として，住民が居住地域の政府に不満を持った時，政府と交渉をしたり当該地域から退出するという Voice & Exit 型の住民行動を導入したヤードスティックモデルの構築，生産的な公共財の導入と資本流入による正の財政外部性や動学的な政府行動の導入，さらには，プリンシパル＝エージェント関係を応用した中央政府と地方政府が繰り広げる重複課税の競争がもたらす垂直的外部性や，両政府が連携して行う公共財提供に対する補助金の効果などの方向性が示される．

第 **1** 章
地方分権の経済理論

1.1　現代経済と政府の役割

　市場経済体制においては，市場の価格メカニズムによる資源配分と機能的所得分配を通じた経済運営を前提としている．多数の企業や消費者の参加による市場競争や，価格や財の品質に関する完全情報などの諸条件が実現するなら，市場均衡がもたらす資源配分は最も効率的となるからである．このような考え方は，いわゆる「厚生経済学の基本定理」として知られている[1]．

　しかしながら，現実の市場は万全ではなく，競争市場においても価格が資源配分のシグナルとして機能せず，効率的な資源配分に失敗することが知られている．「市場の失敗」として知られているこの問題には，次のような4つのケースがある[2]．

　第1に，外交や司法，防衛，道路，公園などに代表される公共財は，多数の消費者に便益が及び，特定の個人をその消費から排除することができないので，私的な市場において個々の消費者に対して供給することができない．このような場合には，政府による直接的な供給が必要となる．第2に，生産活動に伴い発生する環境汚染，騒音や振動などの外部不経済効果は，市場を経由せずに，したがってそのコストが価格に反映されることなく，直接企業の費用構造に影響を与えたり，消費者に損失をもたらす．そのため，政府が

---

1)　また，厚生経済学の第2定理には，適切な所得再分配政策を実行することにより，すべてのパレート最適な効率的資源配分を実現できることが示されている．

2)　例えば，Atkinson and Stiglitz（1980）などを参照されたい．

環境規制や環境税などにより外部不経済を防止するなどの環境政策をとる必要がある．第3に，電気，ガス，水道などの公益事業は，規模の経済が強く働くため，地域内での競争の結果最も規模の大きな事業者だけが残り，いわゆる地域独占と呼ばれる状態になる．そこで，独占的な供給の弊害を防止するために公共料金を設定するなどの政府の関与が必要となる．第4に，市場の枠組を不確実性や将来時点を考慮に入れた場合に拡張すると，火災保険や生命保険などの不確実性を組み入れた条件付財市場や，穀物や為替などの将来時点を組み入れた先物市場は一部の財に限られており，市場の普遍性が満たされていない．これらの問題の存在は，市場に介入し適正化する政府の活動の根拠とされてきた．

また，市場がもたらす所得分配は，生産活動に対する貢献の度合いに応じて成果の配分を受けることが基本であるものの，その所得分配が社会的な公平の観点に合致したものとは限らない．市場の成果としての所得分配の格差が大きい場合には，租税や社会保障を通じた政府の所得の再分配政策が必要となる．このような問題も，政府の市場介入の根拠とされてきた．

現代財政の3機能

財政学の立場からの市場経済への政府の介入の根拠は，財政の3機能として議論されている[3]．その第1番目は，上述の市場の失敗に基づく市場の補完を行う資源配分機能であり，第2番目は，市場における機能的所得分配の不公平を改善する所得再分配機能である．第3番目は，市場経済において不可避的に起こる景気循環に伴う失業の克服やインフレーション，デフレーションに対するマクロ経済的な安定化機能である．

まず，第1番目の市場における資源配分機能から見てゆこう．防衛や外交，警察などの公共財は，多数の消費者が同時に消費できる「非競合性」と，それがひとたび供給されれば対価を支払わない個人を消費から排除することが

---

3) Musgrave（1959）を参照されたい．

できない「非排除性」とをあわせ持つ財であるといわれている．この２つの性質から，公共財を市場で供給するならば，消費者は公共財を自発的に購入しようとはせず，他の消費者が購入した財を対価の負担なしに消費しようとするフリーライダーの行動をとるため，公共財は望ましい水準まで供給されない．また，供給者である政府と利用者である個人の間には「情報の非対称性」があり，公共財に対する選好の表明が自分の負担の増加につながる場合には，正直な選好の表明がなされないことが指摘されている．したがって，公共財の供給を市場に任せることはできず，政府が責任を持って供給することが必要となる．

先に述べた２つの性質を完全に満たすものを純粋公共財と呼び，部分的に満たすものを準公共財と呼ぶ．医療，保健衛生サービスや研究開発などが準公共財の例であり，市場においても供給することはできるが，公共財の特性から望ましい水準での供給ができない．このほか，教育のように社会的に与える外部効果を持ち，その外部効果が公共財的な性格を満たすものや，年金などのように，消費者が若いころには十分な必要性を感じない財に対して強制的な加入を義務付けることにより，政府が温情主義（パターナリズム）により消費者主権を超えて個人の選択に介入する「価値財」（Merit Goods）もある．

財政の機能の第２番目は，所得の再分配の役割である．市場経済における所得の分配は，機能的所得分配と呼ばれ，生産活動に対して労働や資本，土地などの生産要素を提供し，それらの生産に対する貢献の度合いをもとに決まる賃金や利子，資本所得，地代などの報酬を受け取るというものである．したがって，それが最終的に帰着する人的分配についても生産要素をどの程度提供することができ，経済の生産活動にどの程度貢献できるのかに依存して決まる．そのため，市場の競争により大きな格差が発生する可能性がある．そして，その結果としてもたらされる所得分配の不平等は，社会的に認められる格差の範囲を超えている可能性がある．そのような場合に，政府の所得再分配政策は，累進税率の所得税や社会保障支出などにより所得分配の不平

等を改善する役割を有する.

市場経済の発展過程を歴史的に見れば, 循環的な振動を繰り返しながら成長を続けてきたことがわかる. 景気循環の不況の局面においては, 失業が増大するなど資源配分上の損失が生じるとともに生活不安をもたらし, また, 過度の失業は社会不安にまでつながりかねない. 逆に, 好況の局面であったとしても, それが行き過ぎるとインフレーションが生じ, 市場価格の急激な変化や投機による資源配分のロスが生じる可能性がある. 財政の第3番目の機能である経済の安定化機能は, 市場経済に不可避的に存在する経済の循環的変動に対し, それを緩和するための政府のマクロ的な役割である.

マクロ経済の安定化を目標とする政策は経済安定化政策と呼ばれるが, その主要な手段は2つある. その1つは, 財政政策あるいはフィスカルポリシーと呼ばれ, 減税や公共投資などの財政支出の増大による総需要の拡大を行うものである. いま1つは, 自動安定化の機能であり, 累進税率の所得税, 法人税, 雇用保険などがもたらす制度的な需要の伸縮調整である. 不況期には, 累進所得税や法人税の税収は大幅に減少し, 逆に雇用保険支出が増大することにより総需要の拡大に役立つ. 逆に, 好況期には, 累進所得税や法人税の税収が大幅に増加するとともに, 雇用保険支出は低下し, 総需要の抑制に役立つことになる.

1.2 中央政府と地方政府の役割分担

日本は中央政府と都道府県, 市区町村という地方政府の3段階の政府により, 先に述べた現代財政に求められる3つの機能を果たしている. 中央政府と地方政府の間にはさまざまな観点からの役割分担があるが, その基準となるのが政策や事業を実施するうえでの相対的な優位性であり, それを決定する要因としては住民や資源, 財源の移動可能性や, 住民と政府との距離などが挙げられる. この問題は, しばしば財政連邦主義 (Fiscal Federalism) の中心命題と呼ばれ, これまでに多くの研究成果が蓄積されてきた. Oates

(1999) によれば，この問題は，政府の機能や権限を，中央政府と地方政府とにどのように配置するべきかという公共部門の垂直的構造の決定に関するものとされている[4]．

このような研究の先駆けは Musgrave（1959），Musgrave and Musgrave（1984）であり，「政府機能の配分論」（Distribution Theory of Government Functions）として議論されたものである．まず，資源配分の観点からは，政府が供給する公共財の便益の及ぶ範囲による分類がある．防衛や司法，外交などはその便益が広く一国全体に及ぶことからとくに国家公共財と呼ばれ，それに対して公園，生活道路，地域環境保全などはその便益がある一定の地域内にとどまるため，地方公共財と呼ばれる．国家公共財を地方政府が供給するなら，その便益が周辺地域に漏出（スピルオーバー）してしまうため効率的な供給ができない．また，逆に地方公共財には公園の整備や生活道路の建設など，地域の社会経済状況や住民のニーズに基づいてその供給が行われるものが多いため，中央政府が全国一律のサービスを提供するより，地方政府が地域の実情を踏まえて供給することが望ましい．このように，機能分配論の観点からは，国家公共財は中央政府が供給し，地方公共財は地方政府が担当することになる．第1-1図には，さまざまな公共財の中央政府と地方政府間の役割分担について，支出別項目の観点から示している．

続いて所得分配については，所得保障，医療保障，社会福祉などの諸施策は全国一律の観点から実施されることが望まれる．住んでいる地域により所得の再分配や社会福祉の水準が異なることは，水平的公平に反するからである．また，地方政府による所得再分配政策には，住民の移動可能性という地方財政に固有の特徴が原因となって生じる問題もある．例えば，特定の地方政府が周辺の自治体と比較して手厚い福祉政策に取り組んだとしよう．福祉ニーズが高い，低所得層の住民が当該地域に流入し，逆に，財源の負担者で

---

4) 例えば，Oates（2005, 2008）には，近年のゲーム理論による研究成果を含むサーベイがある．

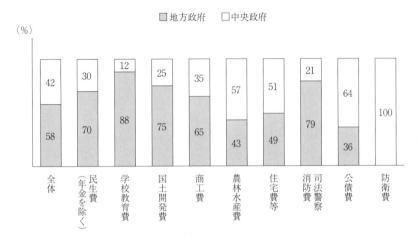

出所:総務省『地方財政白書(平成29年版)』より作成.

第1-1図 中央政府と地方政府が提供する公共財

ある高所得層の住民は他の地域に流出するかもしれない.このようにして,当該地方政府は財源の不足と支出の増加に悩むことになるかもしれない.

地方政府による福祉政策の底辺競争(Race to the Bottom)と呼ばれるこの現象は,地方政府による所得再分配政策の限界を示す例として,しばしば引用されている.なお,ナショナルミニマムを達成するための再分配については水平的公平を損なってはならないことは言うまでもないが,それを上回る追加的な再分配を地方政府が行うことまでを否定するものではない.

最後に,経済安定化機能について,不況やインフレーションはマクロの経済現象であり,中央政府がマクロ的な観点から対処する必要がある.これには以下のような理由が考えられる.まず,個別の地方政府が対処しても,その効果が全国的に及ぶことは難しく,また,経済効果のうち多くの部分が地域外にスピルオーバーすることになるからである.次に,財政政策は金融政策が併用される形で行われることが多いが,地方政府にはそのために必要となる金融政策の手段や権限が限定的にしか与えられていないためである.そして,景気対策的な財政政策は,公債発行を財源として実施されることが多

いが，地方政府の公債の管理，負担能力は中央政府と比較して弱いと言われている．このように，経済安定化政策は，その手段や財源の側面から見ても，また，その効果の及ぶ範囲の観点から見ても中央政府の役割となる．しかしながらこのことは，中央政府のイニシアティブにより地方政府が連携して地域の雇用拡大などを目指した政策を採ることまで否定するものではない．事実，国庫支出金などの中央政府からの多くの財源移転が，政策連携のための誘導策として用いられることも多い．

1.3 地方公共財とは何か

前節において述べたように，政府の供給する財やサービスは，必ずしも公共財の2つの特性を完全に満たすものではない．そのほとんどはこのような特性をある程度満たすものの，部分的には私的財の性格を持つものである．警察，消防，道路，公園，教育などのサービスがこれであり，準公共財と呼ばれている．これらの財・サービスの供給は，中央政府よりは地方政府の役割として行われることが多い．地方政府により供給されるこれらの財・サービスは，地方公共財と呼ばれている[5]．

地方公共財は，それが供給される地域内においてある程度消費の非競合性を満たす．ところが，その利用者が増大するにつれ，一定水準の公共サービスを提供するための総費用が増大するという「混雑現象」を伴うことが知られている．また，地方公共財の便益は，それが供給される地域内に限られることが多く，消費の非排除性は公共財便益の地域を越えた漏出（スピルオーバー）現象を除いては，地方政府の行政管轄区域内に限られる．

このような地方公共財と類似の特性を持つものとしてクラブ財（Club

---

5) 近年の政府支出の相対的な推移を見ると，地方政府の支出が全体の約6割を占め，また，地方分権の進展の中でその比率は上昇傾向を示している．このように，公共財の多くを地方公共財が占め，とくに，近年その比重を増している準公共財についてはその多くが地方公共財として供給されている．

Goods）があげられる[6]．クラブ財は，例えば会員制のスイミングクラブに
見られるように，施設利用などにおいて人為的に排除性を導入することによ
り，限定的な利用者間における部分的な非競合性が成立する財のことである．
また，混雑による競合性の発生を避けるため，利用者（会員）数には一定の
制限が設けられることが多い．

　以下では，このような地方公共財について，その定義，最適供給の理論，
公共財供給における地方政府の中央政府に対する優位性などについて検討す
る．

1.4　地方公共財の伝統的理論

　分権的な地方政府による地方公共財供給の効率性を分析した研究には，古
くから多くの成果が蓄積されてきた．本節では，まずそのような地方公共財
理論を概観することにより，以下の分析の出発点とする[7]．Oates（2008）
によれば，伝統的な地方財政理論は，以下に示すような2つの強い仮定の上
に展開されている．その1つは，「善良な（Benevolent）政府」の仮定であ
り，Pigou的な伝統に基づき，政府は各地域の住民の効用を最大にするよう
に公共財供給を行うことが想定されている．もう1つの仮定は，中央集権的
政府は，地域の事情に精通しておらず，また，特定地域の公共財を他の地域
より手厚いものにすることは政治的に許されないため，すべての地域に対し
て同一水準（Uniform Level）の地方公共財を提供するというものである．

　これらの想定に基づき，地方政府による公共財・サービスの供給の中央政
府に対する優位性を財政連邦主義の観点から見れば，公共財需要の地域間非
同質性を前提として，分権的公共財供給による地域間需要特性への対応と，
地域間競争がもたらす効率性やアカウンタビリティーの増加にあると言える．

　6）　クラブ財については，Buchanan（1965）を参照されたい．
　7）　包括的なサーベイ論文の1つにRubinfeld（1987）がある．

逆に，中央集権のメリットとしては，限定的な地域区割りにより発生する公共財便益のスピルオーバーや財政力格差がもたらす非効率性など，いわゆる「財政外部性」（Fiscal Externality）に対する中央政府の政策調整効果があげられる（Oates, 2008）．

以下では，分権的地方政府による公共財供給に関する研究の蓄積を，上に述べた地方分権のメリットとデメリットの観点から見てゆこう．まず，伝統的な地方公共財モデルには，いくつかの類型がある．分類の第1番目の軸は，住民や資本などの生産要素の移動の可能性に関する取り扱いである．Lockwood（2006）が指摘しているように，多くの伝統的理論においては，住民や資本の地域間移動を前提とし，それを地域間の調整メカニズムの基礎としている．逆に，これらの要素の地域間移動を想定しない研究も存在するが，その代表は以下に述べる Oates の分権化定理である[8]．

分権化定理

住民移動を考えない理論の代表は Oates（1972）において展開された「完全対応モデル」である．Oates は，単純化のために，人口移動が存在せず，また，公共財の供給コストが自治体規模により変動しない，つまり公共財供給における規模の経済が働かない状況を考えた．その下で，地方政府による各地域の住民選好に配慮した差別的公共財供給が，中央政府による一律的な供給よりも望ましいことを示している．これは，Oates の「分権化定理」として知られているものである．さらに，地方公共財便益の地域的限定性により，個々の地方公共財便益の及ぶ範囲に応じて多段階の階層的政府システムを持つことが望ましいと述べている．

この定理は，一見自明のように思われるかもしれないが，とくに，中央政府の一律的な公共財供給の想定には，以下のような2つの含意がある（Oates,

---

8) 地方分権の優位性は，しばしば，住民や資本の移動可能性の想定に大きく依存しているといわれているが，以下に示すように，住民の移動性を仮定しない場合にも多くの優位性をあげることができる（Oates, 2008）．

1999)．その1つは，情報の不完全性，あるいは非対称性に関するものである．完全情報の場合には，中央政府が各地域の選好を把握して差別的な公共財供給を行うことができる．しかしながら，住民の選好に関する情報が完全に得られない場合には，住民や当該地域の経済環境により近い位置にある地方政府が相対的に有利になる．さらに，中央政府が差別的に公共財を提供できない2つ目の理由として，政治的な圧力の存在があげられる．中央政府が特定の地域に対して，他の地域より明らかに多くのあるいは良質な公共財を提供することは，政治的にも制度的にも許されないものであろう．

Tieboutの「足による投票モデル」

第2に，住民移動を想定するモデルの代表は，Tiebout（1956）で展開された，「足による投票モデル」（Voting with One's Feet Model）である．Tieboutは，地域内において純粋公共財としての性格を持つ地方公共財が，多数の地方政府からなる分権的地方財政システムにおいて効率的に供給できることを示した．分権的地方政府の下では，地方公共財の供給と納税義務とのさまざまな組合せが提案され，人々は自分の選好にあった地域を選んで居住するといういわゆる「足による投票」のメカニズムが地方公共財の最適な供給につながることを指摘したのである．

公共財の理論的な研究において，Samuelson（1954）は，私的財と純粋公共財の最適な供給条件を提示するとともに，私的市場による公共財供給が不可能であることを証明している．その理由は，公共財の最適供給条件（Samuelson's Rule）においては，私的財と異なって多数の消費者の限界評価（限界代替率）が集計されなければならないが，市場にはそのような集計機能が無いためである．また，政府と個人の間には，政府は個人の公共財に対する選好を知らないという「情報の非対称性」（Asymmetric Information）の問題があるので，公共財に対する選好の表明がその費用負担と連動している場合には，必然的に個人の過少申告が起こり，いわゆる「フリーライダーの問題」が発生することにもよる．これに対して，Tieboutの足による投票モ

デルは，住民が自らの選好にあった公共財供給と費用負担のセットを提供する地域に移動することにより，それがある種の顕示選好（Revealed Preference）メカニズムとして機能するとともに，効用最大化のための住民移動が効率的な公共財供給を達成することを示したのである．

このモデルは，個人が自らの公共財選好に基づいて居住地域を選ぶことにより最適な公共財供給が達成されるという需要サイドが強調されたものとなっており，私的財や公共財の生産面やその技術にはほとんど触れられていない．また，多数の個人や居住地域，費用のかからない自由な地域間移動という想定の下で，個人の地域間配分の均衡が存在するかどうか，また，それが効率的であるかどうかを問題にするものであり，競争的市場における均衡分析との類似性が強く表れている（Rubinfeld, 1987）．

地方公共財に関する理論展開を分類する第2の軸は，地域および地方政府の数が与件として与えられているのか，あるいは，住民の移住選択により居住地域数が増減するのかという設定の差異であるが，通常 Tiebout モデルとして展開されているモデルにもこの2つの種類がある．

地域数が自由に選択できるケースは，J. M. Buchanan のクラブ財理論を契機として発展してきたいわゆるクラブ財モデルと呼ばれるものである[9]．先に述べたように，クラブ財と地方公共財は，限定的な範囲において発生する非競合性と混雑現象，および地域やクラブへの所属の自由選択を通じた排除性という共通点を持っている．先に述べた Tiebout の論文は，数式を用いたモデルとして示されなかったが，その後 Negishi（1972），McGuire（1974），Stiglitz（1977），Inman（1979）などによって，このモデルを援用した理論の数式化，精緻化が行われた．そして，Tiebout の述べていた公共財の最適供給が，分権的な地方財政システムにより達成されることが証明された[10]．

---

9) Buchanan（1965）を参照されたい．また，Cornes and Sandler（1996）においては，ゲーム理論を用いてクラブ財理論が展開されている．
10) 伊多波（1996）において，この結論は，競争的市場の効率性に関する厚生経済

このようなモデルを分析の基本として Tiebout 均衡の特性や性格が，その後多くの研究者により検討された．Wooders（1980）は，地域間の効率的な人口配分が，家計の流入に伴う当該地域への限界的貢献である地域生産力の増加（限界生産性）とその家計が消費する私的財の価値が等しくなるところで成立することを示した．そして，そのためには，多数の住民，居住地域の存在とともに，新たな居住地域の設立が自由に費用なしで行われることが前提となることを示している．

McGuire（1974），Henderson（1977）は，Tiebout モデルに混雑費用を導入することにより最適な地域規模を示すことに成功している．そこでは，住民の過度な流入に伴う混雑費用を，公共財の供給コストの逓増により表したうえで，新たな住民の流入に伴う公共財供給の限界費用と平均費用とが一致する点において，公共財便益を最大にする地域規模が与えられることを示した[11]．

ところで，クラブ財理論を基礎とする地方公共財理論は，居住地域数，すなわちクラブ数が自由に設定できることが特徴となっている．この点は，あらかじめ与えられた数の地域に対して，一定数の住民が地域選択を行うことにより人口配分が決まるとする地方財政の伝統的な考え方とは決定的に異なることが指摘された[12]．クラブ財理論の想定に立つなら，クラブの形成は基本的に自由であり，クラブへの所属も基本的に住民の自由選択に任される．この選択における自由度の高さが，地域数を所与とした地方公共財モデルと根本的に異なる点である．

居住地域数を所与とした地方公共財理論の研究には，Flatters, Henderson and Mieszkowski（1974）をはじめ多数のものがある．これらの研究においては，住民移動がもたらす裁定により地域間の効用水準が均等

学の基本定理との類推において，「分権的経済の命題」と呼ばれている．

11） Hoyt（1993）による包括的な研究成果がある．

12） 一定の地域数を前提とする公共財供給モデルの例としては，Atkinson and Stiglitz（1980），Wellish（2000）などがある．

化することが示され，それにより人口配分あるいは地域規模が決定される．ところがこのような想定の下では，最適な住民数を達成した上での公共財の最適供給条件は一般的には保証されない[13]．

このようなモデルを用いた地方公共財に関する応用的な研究として，土地や住宅など移動不可能な要素や資産との関係性を研究するものがある．その1つは公共財供給と地代との関係性を検討するもので，そこでは地域の最適規模が保証されており，最適な人口配分が達成されている場合には，当該地域の地代総額は地方公共財への支出総額と一致することが示される．これは，Flatters, Henderson and Mieszkowski（1974）や Stiglitz（1977）によって研究成果が蓄積されてきたが，Arnott and Stiglitz（1979）によって Henry George 定理と呼ばれている．これは，最適な地域規模が達成されている場合には，地代に対する 100％課税により地方公共財の財源が調達できることを意味している．

また，Tiebout モデルに財産税を導入し，移動不可能要素である土地や住宅に対する課税が一括固定税と同様に働き，公共財供給の最適性が達成されるかどうかも検討されている．しかしながら，移動不可能な要素に対する課税であっても，移動可能な生産要素や地方公共財との代替可能性に応じて，一般的には税負担は中立的ではなくなることが示されている（Courant, 1977; Arnot and Stiglitz, 1979）．

地方公共財や公共サービスが，とくに，移動不可能な生産要素の報酬や価値に影響を与えることを「資本化」（Capitalization）というが，Yinger（1982）は一般均衡の枠組において公共財供給が住宅価値に与える影響を研究している．その結果，地方公共財供給や課税が住宅の賃料に影響を与え，家の価値に資本化される効果を明らかにしている[14]．

---

13) このようなモデルに関する展望論文としては Wildasin（1987）が詳しい．

14) Yinger（1982）は，財産税の New View すなわち，財産税率のうち各地域に共通の部分については不動産価値を減価させ，地域ごとの税率差は要素所得などに対する個別物品税効果を持つとする見解に焦点を当て検討している．その結果，

地域間外部性とその調整

　地域間において地方公共財の便益が漏出し，スピルオーバー効果がある場合には，地方公共財の最適性は達成されない．各地域の地方政府は自らの地域の住民に与える便益を考慮して公共財の供給量を決定し他の地域の住民に与える便益は無視するため，地方公共財供給の最適性は達成されず，過小供給に陥ることが Williams（1966），Oates（1972）などにより指摘されている．Arnot and Grieson（1981）は，より詳細なモデル分析によって，最適解は達成されず，公共財は過小供給となることや，その適正化（スピルオーバー効果の内部化）のためには上位政府による補助金政策などが必要となることを示した．

　地域間外部性の第2番目の例として，資源の地域間移動を通じた地方税の輸出（Tax Export）や租税競争（Tax Competition）がある．租税輸出とは，例えば，他地域に対して競争力のある財に対する課税はその需要を大きく落とすことはないため，税を課すことにより負担を他地域に輸出することをいう（McLure, 1964）．また，租税競争とは，例えば資本など，地域間を移動可能な生産要素に対する課税は，当該生産要素の地域外流出を招くため，税収を減少させることをいう．したがって，移動可能な生産要素に対する課税しか利用可能でない場合には，最適な水準よりも低い税率でしか課税することができず，地方公共財の供給水準は過小となることが示されている（Zodrow and Miezkowski, 1986; Wildasin, 1988）．さらに，Hoyt（1991）は，このような望ましくない租税競争の程度は地域数が多くなるほど強まるため，地方分権が進み地方政府数が増えるほど深刻なものになることを指摘している．

　課税を受けた財産の生産における代替性などに依存して，結果に差が生じることを明らかにしている．

地域間補助金

地域間補助金（Interregional Grant）は，地方財政に固有な政策手段であり，地方政府間の財政や資源配分の調整に重要な役割を果たしている．それらは主に，次のような3つの役割を持つ．その1番目は，地域間のスピルオーバー効果をはじめとする地域間外部性の内部化であり，2番目は地域間の財政力格差の補正である．そしてその3番目は，中央政府を含めた租税制度全体にかかわる調整である．また，補助金の種類には，使途を限定しない（Unconditional）一括補助金と，使途を含むさまざまな条件を付した条件付き補助金（Conditional Grant）があり，後者は定額補助金（Lump-sum Grant）と定率補助金（Matching Grant）とに分けられる．また，補助上限を限定する制限付き補助金（Closed-ended Grant）と，上限を設定しない制限なし補助金（Open-ended Grant）がある．

これらのうち条件付き定率補助金は，しばしば外部性の存在などを理由として，特定の公共財供給を促進する目的で使用される．その場合，補助金による所得上昇を上回る公共財供給の増加が発生することがある．これはフライペーパー効果（Flypaper Effect）と呼ばれ，多くの研究成果が蓄積されてきた．フライペーパー効果を理論的に説明しようとする研究においては，さまざまな特定補助金がもたらす公共財価格に関する錯覚や，予算に及ぼす財政錯覚に焦点を当て，このような公共財支出の増加の説明に取り組んできた（Gramlich, 1977; Gramlich and Rubinfeld, 1982; Hines and Thaler, 1995）．

一括固定補助金については，地域間の財政力格差がもたらす不均衡の是正のために用いられることが多い．地域間の経済的な不均衡の結果，経済条件の良い地域に住民が過度に流入し，その結果均衡における両地域の効用配分には改善の余地が存在するかもしれない．そのような人口移動がもたらす効果を，Flatters, Henderson and Miezkowski（1974）は一種の財政外部性ととらえ，人口配分を補正するための補助金の効果を検討している．さらに，Myers（1990），Myers and Papageorgiou（1993）は，このような補助金を通じた住民移動がもたらす効用の改善効果を両地域の政府が正しく認識し，

自発的な補助金を相互に出し合うのであれば，望ましい地域間の住民移動が
生じ，その結果均衡における両地域の厚生水準が改善されることを示してい
る．

　他方，定率補助金の公共支出補正効果については，Wildasin（1986）は，
定率補助金が一括固定補助金と比較して，補助金1ドル当たりの公共支出増
大効果が大きく，特定の支出項目の増大に与える効果がより大きいことを述
べている．また，Boadway, Pestieau and Wildasin（1989）は，地方政府が
自発的に供給する国家的公共財の Nash 均衡において，一括固定補助金は公
共財の過小供給を改善しないが，公共財の供給水準に応じた定率補助金は公
共財供給を増大させる効果を持つことを示している．この結論は，個人間の
公共財の自発的供給に伴うフリーライダーや，それによる過小供給の問題に
対する定率補助金政策に関する Warr（1982）や Bernheim（1986）の結論
と通ずるものである[15]．また，Dahlby（1996）は，地方政府の課税や財政
支出に関する決定が他の地域の住民や政府の予算に対して働く財政外部性，
例えば租税輸出，租税競争，公共財のスピルオーバー効果や支出競争などの
補正のための定率補助金や定額補助金などの政策に関して総括的な研究を行
っている．

1.5　第2世代の地方公共経済モデル

　1980年代以降，産業組織論や労働経済学分野において情報の不完全性や
契約理論などゲーム理論の枠組みを利用した分析が進み，完全競争市場にお
ける分析とは異なった研究成果が蓄積されてきた．公共経済学の分野におい
ては，このようなゲーム理論的な相互依存関係を利用した分析は，主として

---

15)　さらに，Boadway et al.（1989）においては，1地域から一括固定税により調達
　　した定率補助金による国家的公共財の増大が，補助金の支払地域の厚生水準を高
　　め，逆に，受取り地域の厚生水準を低下させるという興味深い結論が示されてい
　　る．

公共財や地方政府間競争の行動分析において進展した．Oates（2005, 2008）
は，このような一連の研究を，第2世代の地方分権理論（Second Theory of
Fiscal Federalism）と呼んでいる[16]．

　Lockwood（2006）が指摘しているように，このような一連の研究におい
ては，伝統的な理論が前提としている住民の効用水準を最大化する善良な政
府も，中央集権的な政府がもたらす画一的な地方公共財供給という地方分権
の基本的な優位性も分析の前提とはしていない．そこにおいて共通に見られ
る基盤的な設定は，選挙という政治的プロセスを通じて決まる地方政府の意
思決定者・施政者としての政治家や，議会を通じた民主的な意思形成プロセ
スによる政策形成である．そして，地方分権により住民の選好に適応した公
共財サービスの提供と，選挙民の負託に応えるという政治的アカウンタビリ
ティーが達成されるのに対して，中央集権により地域間外部性の補整や格差
の是正が期待されることが示される（Oates, 2008）．

　第2世代の地方分権理論を含む新しい地方公共経済モデルの特徴は，以下
に示されるような点にある（Oates, 2005）．

① 情報の経済理論や契約理論を基礎的な枠組みとしている．ミクロ経済
　理論や産業組織論，労働経済学において近年急速に蓄積された研究成果
　の上に公共部門の政治経済分析を展開している．

② 情報の非対称性や不完全監視（高い情報監視コスト）を仮定し，住民
　の選好，政府の公共財供給コスト，努力水準，知識などに関する情報に
　非対称性を仮定する．

③ 非対称情報の下では，経済主体の自由な行動に任せると，社会的に望
　ましくない状態が生起する．それは，情報優位な経済主体が，その立場
　を利用して自らの利益のために行動するので，「個々のインセンティブ
　に従う行動が，社会的に望ましくない結果」をもたらすからである．

④ 住民，政治家などの主体は各自の目的関数を持って行動すると仮定し

16）　この他，堀場（1998, 2008）も参照されたい．

ており，それが各主体の行動を規定する．基本的に，政治的代理人とその政治活動に焦点を当て，公共選択や政治の経済的帰結を検討する政治経済分析が中心となる（Inman and Rubinfeld, 1997）.

⑤　そこにおいては，住民を行政サービスの委託人であるプリンシパルとし，政治家や政府を行政の代理人であるエージェントとするプリンシパル＝エージェントの想定の下に，彼らの間で結ばれる明示的あるいは暗黙的な契約がエージェントの行動に与えるインセンティブや効率性について検討し，最適な契約の設計を検討する．

⑥　政治家や首長のとる政策は，次回の地方選挙において評価され，再選の可否が決定される．したがって，選挙における得票競争は彼らの政策決定に大きな影響をもたらし，得票の増大を目指して近隣自治体との政策競争（ヤードスティック競争）が起こる．また，戦略的な代表者の議会における意思形成に対しては，意思決定権の拡大を目指す代表者間の結託や協力が，議会における意思形成に大きな影響を及ぼし，公共財供給の効率性に重要な影響をもたらす．

⑦　プリンシパルの行動目的は，さまざまな不確定性の下で，双方の利益につながるような活動や努力水準をエージェントから引き出すためのインセンティブを備えた契約を作り出すことである．

以上のような特徴を持つ第2世代の地方分権理論について，以下ではその研究の展開と成果の蓄積を検討してゆきたい．伝統的な研究展開との比較を明確にするために，主に，1.4節において検討した諸項目を中心に見てゆこう．

地方政府の政治的モデル

第2世代の地方財政理論に関する上述の特徴は，どのような経緯を経てこの分野に導入，検討されてきたのであろうか．まず，選挙を通じた政策決定者・施行者の選出がもたらす効果について，Barro（1973）はその先駆的な研究において，政治的レントの獲得を画策する利己的な政治家に対して，公

共財供給と租税負担に基づく投票行動の仮定のもとで，投票者の利益実現のための行動をするインセンティブを与えることが選挙制度の主要な役割であることを指摘した．さらに，政治家としての報酬や選挙の頻度，再選回数の上限設定などの政治的要素が，選挙を通じた政治家の規律付けに大きな影響を持つことが指摘された．Ferejohn（1986）は，Barro のモデルに情報の非対称性を導入し，プリンシパル＝エージェント関係を明示的に導入したうえで，投票者が政治家の公共財供給のパフォーマンスを過去の実績との比較において評価する場合について，無限期間の選挙がもたらす政治家の規律付（Discipline）効果を検討している．さらに，Salmon（1987）は，分権的な地方政府間における行政パフォーマンスの差を比較することは，住民＝投票者が自地域政府のパフォーマンスを評価し，再選の可否を判断する基準として有用な情報となることを指摘した．

　このような研究の流れは，その後，地方分権が進むことにより投票者が政治家の再選に対してより決定的な影響力を持つことを示した Seabright（1996）や，政治家のパフォーマンス評価の基準（Yardstick）として，過去の実績評価ばかりでなく近隣自治体や類似自治体の情報（ヤードスティック情報）を利用することにより，地方政府間の政策競争が起こることを指摘した Besley and Case（1995a）の研究に発展していった．このような一連の研究は，一般的にヤードスティック競争モデルと呼ばれている．以下では，Ferejohn や Salmon，Seabright に見られるように，正規分布を仮定した不確実性が連続的に与えられるもとでエージェントの期待効用最大化行動を取り扱うモデルを，労働経済学などと同様にトーナメント型，あるいはコンテスト（Contest）型のヤードスティック競争モデルと呼び，Besley and Case に見られるように，公共財供給のための費用に事前確率があらかじめ与えられた撹乱要因を導入した，単純化された展開型ゲームを用いたモデルを，展開型ヤードスティック競争モデルと呼ぶことにする．

地方分権か中央集権か

Seabright（1996）は，基本的に Ferejohn（1986）において展開されたモデルを拡張し，現職の政治家や首長の再選が自らの政策の評価により決まるという選挙競争の枠組において，分権的な地方政府による公共財供給と中央政府によるそれとを比較することにより，地方分権の優位性を明らかにしている．Seabright は，n 地域が存在するモデルにおいて，それぞれの地域に政策決定者が存在する地方分権と，全体の地域を1人の政策決定者が担当する中央集権とを，アカウンタビリティーの達成状況の観点から比較した．その結果，政策決定権を地域に与えるという分権制と地域の異なった状況に応じて政策を差別化することは相異なる概念であること，また中央集権の場合には，中央政府の政治家の得票に大きな影響を与える地域への政治的配慮が政策決定に重大な影響を与えることが示された．したがって，各地域の政治的アカウンタビリティーを保証するためには地方分権の方が有利になることが示された．

地方分権の相対的な効率性について Besley and Coate（2003）は，住民の選好や財政力に非同質性が存在する場合には，投票者である住民が，中央政府の政策形成を担当する議会やその代表者の選挙において戦略的な行動をとることから，中央集権的な公共財供給の決定が非効率的になることを示している．公共財の配分は，決定権を持つ代表者の連合（Coalition）にどの地域が属しているかに大きく依存する．逆に，公共財のスピルオーバー効果が大きい場合には，分権的な公共財供給よりも集権的な供給による外部性調整効果が有利な結果をもたらす．したがって，公共財のスピルオーバー効果が十分に小さいならば，地方分権が望ましいことが示された．

また，Tommasi and Weinscelbaum（2007）は，中央集権における政府を多数の地域を代理する共通エージェント（Common Agent）ととらえ，それぞれの地域を別々のエージェントが代理する分権的地方政府の相対的優位関係を検討している．その結果，中央集権と地方分権のメリット・デメリットが，地域間の選好の非同質性や外部性の存在に加えて，中央，地方の政府

が住民に対するアカウンタビリティーをどの程度保証するかに依存して決まることを明らかにしている[17].

地方分権と地域間競争

Besley and Case（1995a）は，Seabright のモデルとは異なる展開型ゲームの2地域2期間モデルを用いて，住民が近隣地域の政府の公共財供給や税負担の情報を利用して自地域の政治的代表者の評価を行い再選させるかどうかの投票を決定するなら，地域間において再選のための得票の増大を目指したヤードスティック競争が起こり，住民の効用水準が改善することを示している．このような競争がもたらす効果には，選挙競争が利己的な政府の行動を規律付け，投票者の評価を高めるための政策を実施（Basley and Case, 1995b）したり，超過レントの獲得やモラルハザードの発生を抑制させるので，地方政府のアカウンタビリティーが高まることが指摘されている（Belleframme and Hindriks, 2005）．

また，Besley and Smart（2007）においては，プリンシパル＝エージェントモデルに租税競争を導入し，課税ベースの流出を伴う租税競争は，善良な政府にとっては公共財の過小供給をもたらすが，逆に，公共選択の枠組においては，政府の利己的行為に一定の制約を与えることにより，厚生を改善する効果を持つことが指摘されている．同様の議論は，地方分権と政府の拡大の関係を分析した Rodden（2003）においても明らかにされている．そこでは，政府間における課税の重複に対して，課税標準や税率の調整が政府支出の抑制に対して効果的なことを明らかにしたうえで，政府間補助金に対する依存度が高い政府ほど政府支出の成長率が高いことが指摘されている．

ヤードスティック競争がもたらす政策決定への影響に関して，Brueckner（2003）は，地域間の政策に関するヤードスティック比較がもたらす情報の

---

17) Weingast（2013）には，このような第2世代の連邦制財政の文献についてのさまざまな側面からの包括的なサーベイがある．

交換を情報の地域間スピルオーバー効果ととらえ，ヤードスティック競争による近隣地域間の政策の相互依存関係が生じることを明らかにした．さらに，このような相互依存関係が，計量分析におけるヤードスティック競争の存在の判別に利用可能であることを指摘している．逆に，Bordignon et al. (2004) においては，ヤードスティック競争がもたらす近隣地域間の相互依存関係により，自地域の政治的代表者がとる政策が近隣地域のそれと相互に似通ったものになる場合も，また逆に，全く異なったものになる場合もあることが示されている[18]．そして，近隣地域の政府のとる政策の類似性や相関はそれだけではヤードスティック競争の存在を示すものではなく，経済状況や財政状況，租税競争などの他の事情を踏まえた推定が必要となることを示している．

地方分権における中央政府との財政関係

　ヤードスティック競争モデルを用いて中央政府と地方政府の間の財政関係を研究した論文は必ずしも多くはない．その中で，Levaggi (2002) は，中央政府と地方政府のプリンシパル＝エージェント関係において，すべての国民を対象とする政策（例えばシビルミニマムの保証など）が地方政府を通じて実施される場合には，地方政府への財源移転は，地方政府の裁量権を伴う一括補助金の形をとるべきではなく，その総額を指定するとともに使途をも明確に規定した二重規定（Double‒bounded）の補助金が望ましいことを示している．これは，基本的に善良な地方政府を分析の前提とするいわゆる第1世代の地方財政理論において，多くの文献が指摘する一括固定補助金の厚生改善効果に関する結論とは大きく異なるものである．

---

18)　「悪い政府」(Bad Government) や「有能でない政府」(Incompetent Government) にとってヤードスティック競争に勝つためのコストが大きすぎる場合には，再選をあきらめた政治家が近隣自治体の政策と競争することを避け，大きなレントを獲得して競争から離脱する行為（Separating Behavior）が起こることが指摘されている．

中央政府の補助金政策は，大きく分けて，地方政府の資源配分の効率性を改善するものと，地方政府間の財政力格差を是正するものとがある．まず，資源配分の改善に関する補助金が利用されるのは，公共財便益のスピルオーバー効果などの財政外部性が発生している状況や，地方政府の利己的な行動によりレントの搾取や政策執行に対するモラルハザードが起こっているために公共財やサービスの供給が非効率となっている状況などがあげられる．次に，財政力格差の是正のための補助金には，地域間の税源の過度な偏りを補正するための水平的補助金と，中央政府の財源を地方政府に移転する垂直的財政調整補助金，そして地方政府の歳出責任のための財源保障を行う財源保障移転がある．

これらのうち，地方政府間の財政力格差に関して，Kotsogiannis and Schwager（2008）は，財政力格差が存在する場合には，地方政府のパフォーマンス比較に関するヤードスティック評価の有効性が低下し，財政が豊かな地方政府のレント搾取を発見したり，地方政府の有能さを見極めることが困難になることを指摘している．そして，財政力格差を是正するための補助金により地域間の財政力が均等化されるならばヤードスティック競争のアカウンタビリティが高まり，公共財供給や税負担のより小さな差異も見分けることができるようになるので，レントシーキングやモラルハザードを予防できるという望ましい効果が働くことを示した．他方，財政調整が複雑な算定公式にしたがって行われる場合には，住民・投票者が公共財供給に関する情報を十分に理解することが困難になるという危惧も指摘している．

同様の問題意識において Allers（2012）は，財政力格差の存在に伴うヤードスティック比較の有効性の低下を，「ヤードスティック・バイアス」（Yardstick Competition Bias）と呼び，財政力に恵まれた地方政府の政治家がパフォーマンスが劣っていても選挙において良い結果を得られるかもしれないし，逆に，財政力が劣る地方政府の政治家の業績が優れていたとしても悪い評判を免れない可能性を指摘している．そして，このような財政力格差を均等化する補助金は，ヤードスティック・バイアスを軽減することが期待さ

れるが，歪みを完全に除去するための補助金制度の設計には困難が伴うことを述べている（Allers, 2014）[19]．

租税競争と移動可能な資源がもたらす競争効果

先に見たように，住民の効用を最大化するように行動するいわゆる善良な地方政府であっても，地域間で移動可能な，例えば資本などの要素に課税を行う場合には，課税を受けた生産要素が他の地域へ移動するためにいわゆる租税競争が生じ，課税やそれによって賄われる地方公共財の供給は最適な水準より低くとどまることが知られている．ところが，公共選択論の枠組においては，Brennan and Buchanan（1980）などが指摘しているように，支出の拡大を目的とする政府が行う支出は過大なものとなるため，租税競争は逆に政府規模を抑制し，効率性を高める効果を持つ．租税競争が持つこのような望ましい効果については，Edward and Keen（1996）や Rauscher（1998）などにより，政府が支出の拡大に関心を持つリバイアサンモデルの枠組において，租税競争がもたらす支出抑制効果が分析されてきた．Wilson and Wildasin（2004）は，このような研究を含め租税競争のさまざまな研究を展望している．

Wilson（2005）は，課税権と支出権限とを分離したモデルにおいて，租税競争ではなく支出競争の効果を分析している．そこにおいては，住民が労働所得税と資本所得税の決定権を持ち，所得の最大化を目的として税率を決定し，財政余剰の獲得に関心を持つ政府が公的な生産要素（例えば公共投資など）の支出の決定権を持つ場合を想定している．このような状況において，利己的な政府は公的生産要素に関する支出競争を行うが，それは資本や労働

---

19)　他方，Liddo and Giuranno（2016）はこれらの研究とは異なる設定の下で，地域間で財政ニーズが異なる場合においてもヤードスティックバイアスが生じること，さらに，地方政府が結託している場合には財政均等化補助金がレント搾取の可能性を高め，ヤードスティック競争のアカウンタビリティを高めることにつながらないことを指摘している．

の私的生産要素の生産性を高め，地域外からの資本流入を引き起こすので，個人の効用水準を高める効果を持つ．課税権を持つ個人は，さらなる公的生産要素のファイナンスのために資本課税を強化し，それに伴って資本移動は抑制されるが，利己的な政府による政策決定の場合には課税と支出が効率的な水準に向けて調整されることを指摘している．

　同様の問題意識に従って，政治的要素を導入した地方財政モデルが租税競争の効果に及ぼす影響を分析した研究に，Sato（2003）とIhori and Yang（2009）がある．Sato（2003）は，地方政府数を可変としたモデルにおいて，レントシーキングに関心を持つ政府による租税競争の効果を分析している．その結果，地方分権（地方政府数の増加）は利己的な政府の行動を規律付けレントシーキングを抑制する効果を持つが，他方，自治体数の増加に伴い租税競争の弊害がより深刻なものになることを指摘している．また，Ihori and Yang（2009）は，住民が投票により政治家を選ぶ代表民主主義モデルにおいて，地域間の政府による公共財供給の政策競争により，租税競争における公共財供給が最適化される可能性を指摘している．

ヤードスティック競争と政治的決定モデルのいっそうの展開

　Bivand and Szymanski（1997）は，地方政府とその委託事業者との間のプリンシパル＝エージェント関係において，事業者の費用構造に関する情報の非対称性が存在する場合には，近隣の自治体の類似の委託契約から得られる費用情報を活用した契約形態（ヤードスティック契約）が効率的な事業契約を達成することを示している．この結論は，プリンシパル＝エージェント関係の下でエージェントのパフォーマンスに応じた報酬設定の持つ効率性効果という有用な視点を示唆している．また，Revelli（2006）においては，選好が異なる2種類の住民が存在するモデルにおいて，ヤードスティック競争における福祉支出に関する地域間競争が負のスパイラルをもたらさないことを指摘している．他方，Besley and Smart（2007）においては，展開型のモデルを用いて租税競争を含むさまざまな制約的相互依存関係の経済的帰結

に関する分析を行い，ヤードスティック情報として用いる近隣地域の公共財供給の費用条件が悪い場合やレントシーキングが発生している場合には，ヤードスティック競争が非効率な帰結を導くことが指摘されている．

　ヤードスティック競争以外の地域間関係を取り扱う公共選択モデルにおいても，興味あるいくつかの展開が見られる．Besley and Case（1995b）においては，地方の政府と住民の間のプリンシパル＝エージェント関係に，選挙競争の評価材料としての政治的評判（Reputation）を導入したモデルを展開し，政府支出の決定が政治家の任期に依存して変動し，政治的循環（Political Cycles）をもたらすことを実証的に示している．Besley and Coate（1997, 1998）においては，市民が立候補し，選挙において当選した者が政治的決定を行う代表民主主義（Representative Democracy）モデルにおいて，政治的決定の効率性効果を検討している[20]．

---

20)　この他にも，汚職や贈賄などを取り扱った研究として，Fisman and Gatti（2002），Coate and Morris（1995）などがある．また，地域の合併を取り扱った Dur and Staal（2008），公共部門の効率化を取り扱った Rincke（2009）や，経済成長を取り扱った Hatfield and Kosec（2013）などの研究が蓄積されている．

第 2 章
地方分権の経済的合理性

2.1 地方公共財の特性

　中央政府と地方政府の機能配分論の観点から言えば，公共財はその便益が及ぶ範囲に応じて提供する種類が異なっている．それは，1 国全体に便益の及ぶ国防や外交などの公共財は中央政府が提供し，便益が及ぶ範囲が地域的に限定される公共財については地方政府が提供するというものである．また，政府支出の相対的な推移を見ると地方政府の支出が全体の約 6 割を占め，地方分権の進展の中でその比率は上昇傾向を示していることがわかる．このように，公共財の多くを地方公共財が占め，とくに近年その比重を増している準公共財についてはその多くが地方公共財として供給されている．

　本章においては，このような地方公共財について，その定義，最適供給の理論，公共財供給における地方政府の中央政府に対する優位性などについて検討する[1].

　前章において見たように，地方公共財は，地域内においてある程度消費の非競合性を満たすが，利用者が増大するにつれ混雑現象を伴うことが知られている．また，地方公共財の便益は供給される地域内に限られることが多く，したがって，消費の排除不可能性はスピルオーバー効果が発生する場合を除いては，地方政府の行政区域内に限られる．

　このような地方公共財と類似の特性を持つものとしてクラブ財がとりあげ

---

1)　本章は，西垣（1999, 2014）に基づき加筆・修正を行ったものである．

られるが，それは，例えば会員制のスイミングクラブのように，施設利用に
おいて部分的な非競合性を持つ財のことである．そして，混雑による競合性
の発生を避けるため，会員数には一定の制限が設けられることが多い．クラ
ブ財に関するこのような特質は，地方公共財の理論構築においても重要な役
割を果たしてきた．

　次に，第1章において展望した財政連邦主義の視点から地方の歳出の特性
を検討しよう．先に見たように地方公共財は，その便益の及ぶ範囲が地域的
に限定される公共財であり，その特性から準公共財と呼ばれることもある．
そして，外交や国防などの純粋公共財を除けば，公共財の多くは地方公共財
であると言われている．したがって，多くの公共財は地方政府によって効率
的に供給されるので，資源配分機能は主として地方政府の役割と考えられて
きた（Oates, 1997）．

　人々の選好が地域ごとに異なっている場合，中央政府が一国全体に対して
画一的な供給を行うよりも，地方政府が地域ごとに差別的な公共財供給を行
うほうが望ましい．もちろん，中央政府が地域の選好に応じて差別的な公共
財を供給することは不可能ではないが，特定の地域に手厚い公共財を供給す
ることは政治的に困難である．また，労働力や資本などの生産要素や資源が
移動可能な場合には，地域ごとの公共財や政策の差によりこれらの要素や資
源が引き付けられるので，地方政府間の競争的圧力が生じ，いっそうの効率
性の改善に資することになる．また，公共財便益が資本や土地などの資産に
帰着する場合には，地方政府が資産に対する課税を行うことが望ましい．

　逆に，住民が移動可能な場合には所得再分配機能は，基本的には中央政府
の役割になる．しかしながら近年では，福祉関連の準公共財などの例に見ら
れるように，所得再分配機能は多様な手段により実施されていることが多い．
そして，そのような準公共財について地域ごとに選好が異なる場合は，地方
政府と中央政府との連携が必要となることも多い．

　地方分権には財政外部性と呼ばれる，地方政府の行動が互いに影響を及ぼ
しあう状況の存在が知られている．例えば，公共財便益が及ぶ範囲が地方政

府の行政範囲を越える場合，スピルオーバー効果が発生する．その場合には，地方政府による公共財は過小供給となり，スピルオーバー効果を内部化するための補助金政策などの中央政府の関与が必要となる．また，公共財供給に規模の利益が働く場合，中央政府が供給するほうが効率的になる．そのほか，政府の歳入面においても，移動可能な生産要素に対して地方政府が課税する場合には，課税による生産要素の地域間移動が発生し，地方政府は公共財供給に必要となる財源を十分に調達することが困難となる．このような場合には，中央政府による一律課税か，あるいは財源移転や補助金による介入が必要となる．

2.2 地方公共財の伝統的理論の分類

分権的な地方政府による地方公共財供給を分析した研究は，古くから数多くの蓄積がなされている．本節では，まずそのような地方公共財理論を概観し，モデル設定の基礎となるいくつかの観点から分類することにより，以下の分析の出発点としたい[2]．

まず，地方公共財モデルには，いくつかの類型がある．その1つは，住民移動の可能性に関する取り扱いによるものであり，住民移動を考えない地域経済型モデルと，逆に，住民移動を前提とし，それを地域間の調整メカニズムの基礎と考えるモデルとがある．

前章において述べたように，住民移動を考えない理論の代表は Oates (1972) の完全対応モデルであり，住民の移動が存在せず，各地域の公共財の供給コストが同じ状況を考えるならば，地方政府による住民選好に対応した差別的公共財供給が，中央政府による一律的な供給よりも望ましいことを示した（Oates の分権化定理）．

---

2) 包括的なサーベイ論文の1つに Rubinfeld (1987) がある．また，伊多波 (1995)，堀場 (1999)，林 (2008)，なども参照されたい．また，実証研究には，土居 (2000)，西川・林 (2006) などがある．

逆に，住民移動を想定するモデルの代表は，Tiebout（1956）の足による投票モデルであり，分権的地方政府によりさまざまな地方公共財と税の組合せが提案されるならば，住民が自分の選好にあった地域を選んで居住することにより，地方公共財が効率的に供給できることを指摘した．

Samuelson（1954）は，私的市場による公共財供給が不可能である理由として多数の消費者の限界評価（限界代替率）を集計する機能が無いこと，また政府と個人の間には「情報の非対称性」の問題があるので，選好の過少申告とフリーライダー問題が発生することを示した．ところが，Tiebout の足による投票モデルにおいては，住民が自らの選好にあった公共財供給と租税負担を提示する地域に移動することにより，それがある種の顕示選好メカニズムとして働き，効用最大化のための住民移動が効率的な公共財供給を達成することが示されたのである．

次に，地方公共財理論を分類する第2の軸は，地域および地方政府の数が与件として一定に与えられているのか，あるいは，住民の移住により増減するのかという設定の差である．地域数が自由に選択できるモデルは，Buchanan のクラブ財理論を契機として発展してきた[3]．前章において述べたように，Tiebout の研究は Pauly（1970），McGuire（1974）などによって，クラブ財モデルを援用した数式化が行われ，公共財の最適供給が分権的な地方財政システムにより達成されることが示された．

逆に，あらかじめ与えられた数の地域に対して一定の住民数を割り当てる地方財政の考え方は，歴史的に与えられた一定数の地域に住民を割り当てるというものであり，これがクラブ財理論の想定に立つ地方公共財モデルとは根本的に異なる点である．

そして，居住地域数を所与とした地方公共財理論の研究においては，住民移動がもたらす裁定により地域間の効用水準が均等化するが，最適な住民数に関する必要条件は一般的には保証されない[4]．

---

3) Buchanan（1965）を参照されたい．

第2章　地方分権の経済的合理性　　　　53

　以下においては，地方政府による公共財供給の効率性を検討するために，
Tiebout モデルを中心としたいくつかの地方公共財モデルを検討する．まず
Oates による完全対応原理と分権化定理の含意を検討する．次に，地方政府
による公共財供給の最適性を検討するために，居住地域数も自由に選択可能
ないわゆるクラブ財理論を整理する．同時に，財や労働市場における競争的
均衡を前提として，分権的な地方政府による公共財供給が効率性を満たすこ
とを示す．その後，地域数が所与のモデルについて，住民移動が公共財供給
の効率性に与える効果と住民移動がもたらす財政外部性を検討する．

2.3　Oates の分権化定理

地方分権の 2 つの意味

　地方分権を支持する経済理論においては，地方分権の様相として，また地
方分権がもたらす帰結として，次のような 2 つの点を重視している．その 1
つは，地方政府ごとの政策の差別化である．すなわち，地方政府の場合には，
それぞれの地域の選好に合致した差別化された政策が実施されるとし，逆に，
中央政府は全国均一の政策の提供を想定するものである．その 2 番目は，政
策権限や地方の政策決定を，ゲーム論的な相互依存関係を含めた当該地域の
公共選択にゆだねるというものである．以下では，このような観点から地方
分権の経済理論を検討する．

分権化定理

　Oates（1972）は，足による投票の理論とは対照的に，住民の居住地選択
による自由移動を明示的に条件とはせずに地方分権の経済的効率性を検討し
ている．Oates が分析の中心としたのは，中央政府による全国均一の公共財
供給と地方政府による地域ごとに異なる差別化された公共財供給の相対的な

　4）　このようなモデルを用いた展望論文としては Wildasin（1987）が詳しい．

合理性の検討である．公共財のニーズは地域ごとに異なることが一般的であり，中央集権による画一的な公共財供給は，地域の事情を無視してしまうため効率的な公共財供給がなされない．

分権化定理は，そのような仮定の下で，人口移動が存在せず，また，公共財の供給コストが自治体規模により変動しないような簡単な状況を考える．その下で，地方政府による各地域の住民選好に配慮した差別的公共財供給が，中央政府による一律的な供給よりも望ましいことを述べている．

第2-1図は，中央集権的な公共財供給と地方分権的な公共財供給の相対的な効率性を示している．そこには，縦軸に私的財，横軸に公共財をとり，これら2つの財に対する選好が異なる2つの地域（A,B）の無差別曲線と予算制約線が描かれている．中央集権の下では C 点において，各地域から調達された財源を用いて一律の公共財（g^c）が供給され，各地域においては予算制約より私的財の消費量（x_A^c, x_B^c）が決まる．ところがこれは，各地域の選好に合うものではなく，各地方政府が住民のニーズに合わせて公共財供給を行う地方分権の場合（D 点）のほうが住民の満足はより高くなることがわかる（$u(x_A^*, g_A^*) > u(x_A^c, g^c)$, $u(x_B^*, g_B^*) > u(x_B^c, g^c)$）．

逆に，各地域の地方政府が住民のニーズを熟知したうえで住民の満足を最大にするように公共財供給を行うならば，差別化された公共財供給のもとで各地域の厚生水準の最大化が達成される．この考え方を突き詰めてゆくならば，選好の異なる地域ごとに1対1で対応する地方政府の必要性・合理性につながるが，これは，完全対応原理と呼ばれるものである（Oates, 1972）．このように，分権化定理は地方分権の利点である地域ごとに差別化された公共財・サービスの提供と，住民の公共財ニーズに関する不完全情報の仮定の下で，より住民に近い政府の情報上の優位を指摘するものである．

他方，地方政府による分権的な公共財供給には不可避的に生じる問題が存在する．それは，公共財供給におけるスピルオーバー効果である．分権化定理においては，地域ごとの住民ニーズの差により可能な限り細分化された地域が成立することが望ましい．しかしながら，地域が細分化されるにしたが

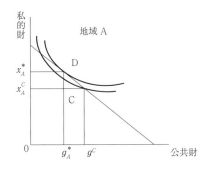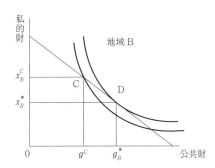

第 2-1 図　分権化定理

って，地方政府が提供する公共財の便益が他地域に漏出する（スピルオーバー）する可能性が高まる．現実的にも，地方政府が提供する都市交通や施設サービスなどのインフラが通学や通勤，買い物などに伴う住民の移動により，当該地域の住民以外にも利用されるケースを想定することは難しくない．

公共財便益のスピルオーバーが存在する場合には，地方政府はその存在を考慮することなく行動するために，社会全体から見れば公共財が十分に供給されないという，いわゆる過小供給の問題が生じることが知られている（Oates, 1972）．したがって，地方分権と中央集権の相対的な有利不利を検討する際には，中央政府の行う画一的政策の非効率性か，地方政府が提供する際のスピルオーバー効果による過小供給の非効率性の相対的な大小関係を比較し，前者が後者を上回るならば地方分権が望ましいと判断できる（Oates, 2008）．

2.4　地方公共財の最適供給：Tiebout の「足による投票モデル」

地方公共財が，多数の地方政府からなる分権的地方財政システムにおいて効率的に供給できることを示唆したのは，Tiebout (1956) であった．完全情報と自由で費用のかからない住民移動の想定の下で，分権的地方政府により地方公共財と税率のさまざまな組合せが提案され，人々が自分の選好にあ

った地域を選んで居住するならば，足による投票のメカニズムが成立し，最適な公共財供給が達成されることを指摘したのである．

地方公共財の最適供給

　本節においては，多数の地域が存在する簡単な経済モデルを用いて，超越的な政府による地方公共財の最適供給と各地域の経済活動の最適性を保証する条件を導出し，分権的な地方政府活動の最適性を検討する際のベンチマーク・ケースとして使用する．先に述べたように，Tiebout モデルには，地域数が所与のケースと，最適な地域数が選択可能ないわゆるクラブ財モデルと呼ばれるケースとがある（Rubinfeld, 1987）．もちろん，地方政府の数が可変の場合には，最適な地域数と最適な住民数とが同時に達成可能であることに他ならない．

　結果を明瞭に示すために，次のような単純化された多数地域からなる経済を考える[5]．

① 経済に存在する地域は，自然条件，地理的条件ともに全く同じである（同質的地域の仮定）ものとし，各地域の面積は L とする．

② 住民についても全く同質的な個人を考え，その数は経済全体で $\overline{N}$ 人であるとする．各個人は1人当たり1に正規化された労働供給を行い，得られた所得により私的財を消費する．

③ 経済には私的財と地方公共財の2種類の財が存在する．私的財を x，地方公共財を g として，個人の効用関数は，$U = u(x, g)$ と示される．同質的な個人の仮定から，効用関数は全く同じであると考える．

④ 地方公共財はそれぞれの地域内では純粋公共財の性格を持ち，すべての個人が同時に消費できると仮定する．また，本節では，混雑現象を反映して公共財の供給コストが変化すると仮定して議論を進める．先に述べたように，混雑現象は地方公共財の1つの重要な特徴となっているが，

---

5) 以下の議論は，金本（1983, 1989），Wellish（2000）に依拠している．

ここでは多数地域モデルの最適性条件を際だたせるためにこのような簡単化の仮定を設ける．同様に，ある地域において供給された公共財の便益が，他の地域にスピルオーバーすることはないと仮定する．

⑤　経済の生産面においてもきわめて単純化された状況を考える．企業の生産関数はすべての地域で同じであり，1企業当たりの労働投入量を n，土地投入量を l として，$f(n, l)$ と示される．1地域に存在する企業数を m とすると，その地域における生産量は $m \cdot f(n, l)$ となり，これが私的財の消費と公共財の供給に使用される．

⑥　地域数を k として1地域当たりの人口は $\overline{N}/k$ と示されるので，$mn = \overline{N}/k$ となる．また，地域の総消費量は $x\overline{N}/k$ と示される．公共財の供給に必要な費用は私的財の価格を1として $\phi(g)$ と示される．

超越的な政府による最適化問題

　以上のような想定のもとで，最適化の問題は，1地域当たりの土地面積 L，総人口 $\overline{N}$，個人の選好 $U = u(x, g)$，企業の生産技術 $f(n, l)$ などを所与として，各地域への住民（消費者）の最適配分，最適な企業数，各地域内での消費財と公共財の配分を決定する問題となる．総人口が一定に与えられているので，最適な地域数 k の決定を通じて，1地域当たりの最適人口数が決まる．また，同質的な地域の想定により，各地域で生産される財は各地域の私的財の総消費と公共財供給とに一致することになる．

　以上のような議論をふまえて，超越的な政策主体による公共財供給と地域の効率的な資源配分に関する最適化問題は，各地域の資源制約式，土地制約式，人口配分の制約式を制約条件として，社会的厚生を最大化する問題として定式化することができる．社会的厚生関数として，ここでは，全住民の効用の総和を用いることにする．この問題は通常のラグランジュの未定乗数法により解くことができる[6]．

---

6)　以下において導出される条件式の詳しい計算については，本章末の Appendix

$$H = \overline{N} \cdot u(x, g) + \lambda_1 [mf(n, l) - \frac{\overline{N}}{k} x - \phi(g)] + \lambda_2 (L - ml) + \lambda_3 (\frac{\overline{N}}{k} - mn) \quad (2.1)$$

(2.1) 式を最適化することにより得られる1階の条件を整理することにより、総効用最大化の条件が以下のように示される.

地方公共財の最適供給

まず、各地域における私的財と地方公共財の最適供給に関する次のような限界代替率条件を得る.

$$N \frac{u_g(x, g)}{u_x(x, g)} = \phi'(g) \quad (2.2)$$

ここで、N は各地域の人口であり、$N = \overline{N}/k$ としている。この式は、各地域の公共財と私的財の限界代替率、つまり、消費者の私的財と地方公共財の限界代替率を地域について合計したものが、生産における限界変形率と等しくなることを要請しており、公共財供給に関するよく知られた Samuelson 条件 (Samuelson Condition) に他ならない[7]. このように、地方公共財がその地域内において純粋公共財の性格を持つ場合には、各地域において公共財の最適供給条件が満たされなければならない.

最適な企業数

同様にして、1階の条件群を整理することにより、最適な企業数 m^* に関する次のような条件を得る.

$$f(n, l) = n \cdot f_n(n. l) + l \cdot f_l(n, l) \quad (2.3)$$

(2.3) 式は、追加的な1企業の新たな立地がもたらす当該地域への貢献を示している。右辺の第1項は、労働の生産に対する貢献を示しており、第2

を参照されたい.

7) Samuelson (1954) を参照されたい.

項は土地の生産に対する貢献度を示している．ここで，生産物価格を1に正規化していることを考慮すれば，左辺は総生産物に他ならない．したがって，企業の新規参入が自由という想定の下で，この式は企業の超過利潤がゼロとなることを意味している．

この式を生産要素間の機能的所得分配に関するオイラーの定理とあわせて理解することにより，最適点では生産関数が（局所的に）規模に関する収穫一定を満たすことがわかる．これは次のように確かめることができる．最適な生産点においては各企業の平均費用は最低となっていなければならない．横軸に生産量，縦軸に費用および平均費用をとった図を書いた場合，平均費用最低点の右側では費用逓増，すなわち規模に関する収穫逓減となっており，逆に，左側では費用逓減，すなわち規模に関する収穫逓増局面となっている．したがって，平均費用最低点では，規模に関する収穫が一定となっていることがわかる．各地域の最適な企業数 m^* は，1企業当たりの労働者数と土地面積がこのような企業の最適条件を満たす点において成立していることがわかる．

最適な地域間人口配分と最適地域数

地域の人口配分 N^* に関しては，次のような条件を得る．

$$f_n(n, l) - x = \frac{\phi(g) - L \cdot f_l(n, l)}{N} \tag{2.4}$$

(2.4) の左辺は，ある地域に住民が1人流入するときのその地域への貢献を示している．住民1人がある地域に流入することにより，その地域の生産が労働の限界生産性だけ上昇する．ところが，同時に私的財の消費が1人分だけ増加することになる．人口移動に伴って生じる，このような生産の増加と消費の増加を差し引いた値が，住民のその地域に対する限界的な「社会的貢献」と考えられ，最適解では，これがどの地域についても等しくなっていることが要請される．

また，(2.4) 式の右辺は，地方公共財の1人当たり供給コストと1人当た

り地代の差を示している．このように，最適な人口の地域間配分は，住民の地域に対する貢献と1人当たりの地方公共財供給の純コストとが等しくなるように決まる．

ところで，最適な地域数に関する1階の条件を考慮することにより，(2.4) 式右辺はゼロとなることが示される．この条件から，(2.4) 式左辺も同様にゼロとなり，

$$f_n(n, l) = x \qquad (2.5)$$

となる．すなわち，各地域において労働の限界生産物と消費者の1人当たり消費とが等しくなるように，つまり，限界的住民の地域への貢献がゼロとなるように住民の配分と最適な地域数が決まることを示している．

また，(2.4) 式の右辺がゼロとなることから，直接次の条件を得る．

$$\phi(g) = L \cdot f_l(n, l) \qquad (2.6)$$

これは，最適な人口配分，地域数の選択の下では，公共財の供給コストがその地域の地代総額と等しくなることを意味している．この式は，Flatters, Henderson and Mieszkowski (1974) によって，地方公共財供給におけるゴールデン・ルール (Golden Rule)，あるいは Arnott and Stiglitz (1979) によって Henry George 定理と呼ばれたものである．

2.5　住民の足による投票，市場均衡と地方分権の最適性

ここまでは，多数の地域からなる経済における生産，地方公共財と私的財の供給，住民の移動に関する最適条件を求めてきた．完全競争的な市場と住民の「足による投票」のもとで成立する Tiebout 均衡が，これらの最適条件を満たすかどうかを検討することがこの節の問題である．この問題は，しばしば，完全競争的な市場均衡が資源配分におけるパレート最適性を満たすのかどうかという，いわゆる「厚生経済学の基本定理」という課題設定と比

類されるものである（Rubinfeld, 1987）[8].

これまでの議論と同様に，同質的な多数の地域を想定しよう．また，同質的な選好を持つ十分な数の住民が存在すると仮定する．住民は，各地域に居住したときに実現される効用水準を目安として居住地域を選択するという，いわゆる Tiebout 的な行動仮説にしたがって地域間を移動すると仮定する．分析を簡単にするために，地域間の移動は完全に自由で，また，移動のためのコストはゼロであると仮定する．

各地域では企業の参入が自由であり，長期の均衡が成立していると仮定する．このような仮定により各企業の利潤はゼロとなる．財市場，労働市場と土地市場は完全競争的であり，それぞれの市場で財価格，賃金，地代が決まると仮定する．地方政府は，地方公共財の供給により当該地域の資源配分を改善する．そのための財源として，ここでは，地代を一括固定税として徴収する税を考える．したがって，政府の予算制約式として（2.6）式が成立している[9].

住民の完全移動の仮定より，1つの地方政府が単独で住民の効用水準の最大化を政策目標とすることはできない．なぜならば，Tiebout 的行動仮説により，ある小地域での効用水準の増加は他地域からの人口の流入を引き起こすが，このような人口流入は，結果として当該地域の住民の効用水準が他の地域の平均的な水準に一致するところまで続くからである．このように，住民の移動による裁定の結果として各地域の住民の効用水準が定まる場合には，効用水準以外の最大化の目的関数を設定する必要がある．

この問題は，以下に示すようないくつかの手法により解決されてきた．その1番目は，住民移動を長期において生じる調整過程と想定し，短期においては住民数固定の下で代表的個人の効用最大化を行うものである．このいわ

---

8) 伊多波（1996）は，これを「分権的経済の命題」と呼んでいる．

9) より簡単に，この地域の土地の使用権をすべて地方政府が持っていると想定する研究も多い．その場合には，公共財供給の費用を支払った後に残る地代は，住民に配分されると仮定する．

ば便宜的な手法は，近視眼的接近とも呼ばれている．第2番目は，住民移動を前提としたうえで公共財の供給にともなう地価や地代への影響に着目するものであり，地価や地代の動きにより住民の公共財に対する評価を測るものである（金本，1983）．総地代の合計を最大化するこの手法は土地の開発者の行動と類似するものであり，地方政府がいわばディベロッパーの視点を持つことが想定される．第3番目は，住民移動関数を明示的に考慮し，公共財供給による費用の負担と住民の移動による財政収入の増加の効果との差によって示される財政余剰を最大化する方法である（Bewley, 1981）．

　財政余剰の最大化を行う第3番目の手法において，課税標準を地代にとる場合には，これは結果として第2番目の方法と類似のものとなる．なぜならば，両者ともに公共財供給に伴う地代や地価への影響が政策決定に直接反映されるからである．以下では，まず，Tiebout均衡の下で地方公共財の便益が，公共財の消費者である住民ではなく地代（あるいは地価）に帰着するという命題を検討する．

　このような議論が妥当する場合には，地方政府は住民の効用水準ばかりでなく，地代の最大化，あるいは，上述の仮定の下では公共財の供給費用を差し引いた地代収入の最大化を目標として公共財供給を行えばよいことになる．すなわち，これは地代の変動が住民による公共財の評価関数となることを意味している．以下では，まず，地方公共財の便益帰着に関するこのような定理を検討する．そのような関係を利用して，地方政府の財政余剰最大化を目的とする公共財の供給が，パレート最適性を満たすことを明らかにする[10]．

地方公共財の便益帰着と資本化定理

　先述の多数地域モデルから1つの地域 i を取り出して，その地域で公共財の供給を増加させたときの経済変数の動きを検討しよう．n_i, l_i をそれぞれ，

---

10)　本節の資本化仮説（2.16式）の導出に関する議論については，金本（1983）に多くを依拠している．

第 i 地域の労働と土地とし，賃金と地代をそれぞれ，w_i と r_i，そして，生産物（私的財）価格を 1 とすると，企業の利潤 π_i は次のように示される．

$$\pi_i = f(n_i, l_i) - w_i n_i - r_i l_i \tag{2.7}$$

企業の自由参入が保証されるもとで企業が利潤の最大化行動をとるならば，賃金と地代はそれぞれ労働と土地の限界生産力と等しくなる．また，均衡において各企業の利潤はゼロとなる．

$$f(n_i, l_i) - w_i n_i - r_i l_i = f(n_i, l_i) - \frac{\partial f}{\partial n_i} n_i - \frac{\partial f}{\partial l_i} l_i = 0 \tag{2.8}$$

このときの企業数を m_i とすると，この地域の企業全体の労働者と土地に対する生産要素需要は，$m_i n_i$ と $m_i l_i$ になる．i 地域の総人口を N_i，土地の総供給量を L_i とすると，労働市場と土地市場の需給均衡式は次のように示される．

$$N_i = m_i n_i \tag{2.9}$$

$$L_i = m_i l_i \tag{2.10}$$

ここでは，土地から得られる地代収入はすべて地方政府に帰属し，これが地方公共財の供給費用として使用される（$\phi(g_i) = r_i m_i l_i$）という仮定を設けているので，消費者の所得は労働賃金収入のみとなる．労働者は得られた所得をすべて私的財の購入に使用すると仮定する（$x_i = w_i$）と，この地域に居住する消費者が得る最大効用は次のように示される．

$$u_i = u_i(w_i, g_i) \tag{2.11}$$

小地域の仮定と Tiebout 的行動仮説から，人口移動による効用水準の平準化が起こるので，各地域の住民の効用は，他地域の平均的効用水準 u_0 と一致する．

$$u_i(w_i, g_i) = u_0 \tag{2.12}$$

住民移動と資本化仮説

(2.12) 式は，Tiebout 均衡の下で住民移動の裁定により必ず成立する条件式である．したがって，これを全微分することにより，公共財供給と賃金率の間の関係として次のような式を得る．

$$\frac{dw_i}{dg_i} = -\frac{u_{ig}}{u_{ix}} \tag{2.13}$$

この式は，Tiebout 均衡の下で公共財が追加的に供給される場合には，居住均衡を保証する賃金を引き下げてもよいことを意味している．

また，企業の均衡条件 (2.8) を労働と土地に関して全微分することにより，地代と賃金率に関する次のような関係が得られる．

$$(f_l - r_i)dl_i + (f_n - w_i)dn_i - n_i dw_i - l_i dr_i = 0 \tag{2.14}$$

これは企業の利潤最大化行動の下で成立する関係であることから，(2.14) 式に加えて企業の利潤最大化条件を考慮することにより，左辺の第1項と第2項がゼロとなることがわかる．したがって，地代と賃金率に関する次のような関係が得られる．

$$\frac{dr_i}{dw_i} = -\frac{n_i}{l_i}\left(= -\frac{N_i}{L_i}\right) \tag{2.15}$$

このように，Tiebout 均衡の下では，賃金の変化と地代の変化は逆の方向に動くことがわかる．

(2.13) 式と (2.15) 式を連立させて整理することにより，地方公共財の供給と地代総額に関する次のような関係を得る．

$$\frac{dr_i L_i}{dg_i} = L_i\left(\frac{dr_i}{dw_i}\right)\left(\frac{dw_i}{dg_i}\right) = N_i \frac{u_{ig}}{u_{ix}} \tag{2.16}$$

この式の最右辺は，公共財と私的財の限界代替率をすべての個人について合計したものであり，私的財の単位ではかった公共財の限界便益を示している．したがって，(2.16) 式は公共財の追加的供給による地代総額の増加が，公共財の限界便益と一致することを示している．すなわち，Tiebout 的均衡

においては，公共財の供給による便益がすべて地代に帰着（Capitalization）することがわかる．このような観点は，「キャピタライゼーション仮説」あるいは公共財の「開発利益」として議論されているものである．

地方政府の財政余剰最大化と公共財供給の最適性

以上のような準備をへて，いよいよ地方政府の財政余剰最大化による公共財供給の最適性を検討しよう．先述のように，ここでは，地方政府は地代の総額を税として徴収し，公共財供給をまかなうと想定している．したがって，地方政府の最大化問題は以下のように記述できる．

$$\max_{(g_i)} \quad BS_i = r_i L_i - \phi(g_i) \tag{2.17}$$

（2.17）の最大化問題を解くと，1階の条件として次のような式が得られる．

$$\frac{dBS_i}{dg_i} = \frac{dr_i L_i}{dg_i} - \phi'(g_i) = 0 \tag{2.18}$$

（2.18）式と，政府の予算制約式として成り立っている（2.6）式とをあわせて理解することにより，公共財供給のための最適条件（2.2）式が成立していることがわかる．

$$\frac{dr_i L_i}{dg_i} = \phi'(g_i) = N_i \frac{u_{ig}}{u_{ix}} \tag{2.19}$$

このように，地方政府が財政余剰の最大化を目指して公共財供給を行う場合には，超越的な政府の最大化問題から得られる条件と同一のものが成立している．さらに，地方政府の総数を制限せず，政府についていわば完全競争的な自由参入を認めるならば，財政余剰はゼロとなり（2.6）式が成立する．この式を，（2.8）式と住民と政府の予算制約式から得られる（2.4）式に代入すれば，最適な人口配分条件（2.5）式を得る．したがって，市場均衡における地方政府の公共財供給は First Best を達成することがわかる．

ところで，公共財の資本化仮説を示す（2.16）は，完全競争的企業の利潤最大化条件と新規企業の自由参入の条件を合わせた（2.8）式，労働と土地

に関する生産要素市場均衡条件（2.9, 2.10）式，および住民の自由移動に関する効用の裁定条件式（2.12）式に基づいて導出されたことに注意しなければならない．すなわち，完全競争的な企業と市場均衡のもとで，多数地域からなる地方政府の公共財供給は，最も効率的な資源配分を達成することがわかる．これは，完全競争市場の効率性に関する「厚生経済学の基本定理」との関連で，「分権的経済の命題」と呼ばれているものである[11]．

2.6　限定的地域数と地方公共財供給：地方分権の失敗

これまでの2節においては，地域数が多数で政策的に選択可能か，あるいは最適性との関係で弾力的に増減する想定のもとで公共財供給の最適性を議論してきた．すでに2.3節において述べたように，地域数が所与で一定な場合には，議論は大きく異なる．以下では，地域数が所与のモデルにおいて地方公共財供給の効率性を検討しよう．

地域数が限定的なモデルの代表として2地域モデルを考える．さらに，地域間均衡の特性を検討するために，対称的な2地域と非対称的な2地域モデルとを比較する．それぞれのモデルにおいて分権的な地方政府による公共財供給と住民の自由な地域間移動が，効率的な地方公共財供給を達成するかどうかを検討しよう．

ところで，足による投票の均衡を別の角度から評価すると，住民の地域選択の結果として，同じ選好を有した個人が同じ地域に居住するといういわゆる Tiebout Sorting と呼ばれる状況が起こる．これは，住民が各自のニーズに合致した公共財を提供する地域を選んで居住することにより，同一地域内に居住する住民の選好が似通ったものになることを意味している．

11）このような，公共財便益の地代への完全転嫁は，単純化のためにとられたいくつかの仮定のもとで成立するものであることに注意しなければならない．もちろん，これらの仮定を変更するならば，公共財便益の地代への帰着は不完全なものとなる．

対称的 2 地域モデル

　対称的な 2 地域からなる経済を考える．前節までと異なる仮定を記述すると以下のようなものである．

① 2 地域間において個人は同質的であり，土地も同質的でその賦存量も地域間で同じであると仮定する．$(L_1 = L_2 = L)$

② 同質的な 1 種類の財が 2 地域で生産され，それは前節までと同様に私的財にも公共財にも利用される．生産関数は一次同次関数であり，生産物は地域間で取引される．

③ 生産要素はこれまでと同様に労働と土地であり，住民 1 人当たり 1 の労働を供給すると考える．したがって，労働は地域間を自由に移動できるが土地は固定である．

④ 土地は政府が所有しているか，あるいは，地代はすべて税として徴収されると仮定する．そして，地代はすべて公共財の供給費用として使用される．

⑤ 住民は 2 地域のどちらかより高い効用を得られる地域に居住する．2 地域の住民数は固定 $(\overline{N})$ とする．

　このような想定の下で，2 地域における財の生産と私的財および公共財の最適な資源配分に関する最適条件を導出しよう．

まず，財市場均衡の条件として，2 地域の生産と資源配分の制約式が成立する．

$$N_1 x_1 + N_2 x_2 + g_1 + g_2 = f(N_1, L) + f(N_2, L) \tag{2.20}$$

(2.20) 式の左辺は 2 地域にわたる私的財と公共財の資源配分を示し，右辺は財の生産を示している．またこの式は，仮定②より，両地域で生産された財が地域間で取引されることを意味している．さらに，2 地域にわたる労働市場の均衡式として，次の式が成立する．

$$N_1 + N_2 = \overline{N} \tag{2.21}$$

またここでは，住民は居住地において労働を供給することが暗黙的に想定されている．

仮定①にあるように，前節までとは異なって地域数が限定的であり，最適な地域数の選択，あるいは最適な人口配分が達成できない．したがって，前節において得られたような最適な状態（First Best）は達成できない．

また，住民が地域間を自由に移動可能であり，住民移動の裁定により次のような効用均等化式が成立する．

$$u(x_1, g_1) = u(x_2, g_2) \tag{2.22}$$

したがって，(2.22) 式を制約条件として，例えば第1地域の住民の効用を最大化する問題は，同時に第2地域にも同じ水準の効用を保証することになるので，パレート最適の条件を満たすことになる．

2 地域モデルの最適条件

以上の準備に基づき，2地域における生産と私的財，公共財の最適配分に関する最大化問題が次のように示される．

$$\max_{(x_1, x_2, g_1, g_2, N_1, N_2)} u(x_1, g_1)$$
$$s.t. \quad N_1 x_1 + N_2 x_2 + g_1 + g_2 = f(N_1, L) + f(N_2, L)$$
$$N_1 + N_2 = \overline{N}$$
$$u(x_1, g_1) = u(x_2, g_2) \tag{2.23}$$

最大化のための1階の条件は次のように示される．

$$N_i \frac{u_{gi}}{u_{xi}} = 1, \quad i = 1, 2 \tag{2.24}$$
$$f_{N1}(N_1, L) - x_1 = f_{N2}(N_2, L) - x_2 \tag{2.25}$$

および制約条件式 (2.20)，(2.21)，(2.22) である．

(2.24) 式は，私的財と公共財の最適配分に関する Samuelson 条件に他ならない．したがって，左辺は第 i 地域の公共財と私的財の限界代替率を示し

ており，右辺は限界変形率を示している．仮定②より，ここでは両財は1対1で変換され，したがって限界変形率は1になっている．このように，地域数が限定されるモデルにおいても公共財の最適供給が実現される．

他方，(2.25) 式は住民移動が各地域に与える限界的な便益を示している．各辺の第1項は各地域に住民1人が移住したときに各地域に発生する限界生産物であり，第2項は住民が消費する私的財を示している．これは住民1人が地域に与えるネットの限界的貢献を示している．したがって，住民数決定の最適条件として，住民流入の限界的貢献度が各地域で等しくなることが要請されている．

ところで，地域数を選択可能としていた前節までの最適条件と比較すると，最も大きく異なるのはこの条件である．地域数が可変の場合には，最適な地域数に関する (2.5) 式に見られるように，住民1人当たりの限界的貢献度は地域間で等しいとともにゼロとなることが要請されていた（Wooders, 1980）．これは，住民の限界的貢献度がプラスである限り住民の移動を受け入れるか，あるいは逆に地域数を減らして各地域の住民数を増やすことにより限界的貢献度をゼロに近づけることが最適な人口配分を達成する方法であることを意味していた．地域数（および住民数）が固定の設定の下では，このような条件を追求することは不可能であり，パレート最適の下においても地域の最適数，あるいは最適な人口配分を達成することはできない．このように，地域数が固定的な場合には，消費を最大とする人口配分が達成できないことがわかる（Atkinson and Stiglitz, 1980）．

ところが，Tieboutモデルを応用する多くの研究においては，このような限定的地域数状況を想定して分析することが多い[12]．そこで，前節と同様に，限定的地域数の下でのパレート最適性が，人々の自由な地域選択と完全競争的な市場均衡の下で，分権的な地方政府により達成されるか否かを検討

---

12) 例えば，Flatters, Henderson and Mieszkowski (1974)，Boadway and Flatters (1982)，Myres (1990) などを参照されたい．

しよう.

個人の地域選択と分権的地方政府

　住民は私的財や公共財の消費により達成できる効用を2地域間で比較し,
より高い効用が得られる地域を選んで居住すると仮定し,地方政府は当該地
域の住民の効用を最大化するように地方公共財の供給を決定すると仮定しよ
う.したがって,住民の居住地選択は,各地方政府の公共財供給に依存して
決まることになる.これは,地方政府が公共財の供給を通じて住民を自地域
に呼びこむことができることを意味しているとともに,住民移動を通じて2
つの地域の公共財供給という政策決定が相互に依存しあうことを意味してい
る.このような相互依存関係の下での政策決定は,通常,ゲーム論的な相互
依存関係を前提として,Nash均衡を求めることにより分析が進められるこ
とが多い.

　これまでの研究の蓄積を検討するために,ここでは,Flatters,
Henderson and Mieszkowski (1974), Stiglitz (1977), Boadway and
Flatters (1982) などにしたがって,近視眼的 (Myopic) な地方政府を想定
しよう.このような想定のもとでは,地方政府は公共財供給がもたらす住民
移動の効果を考慮することなくその供給水準を決定することになる.そして
その後で,人口制約式を通じて働く住民移動の相互依存関係を考慮した地域
均衡を導出し検討を進める.

　近視眼的な地方政府を想定した上で,地方政府の公共財供給の最適条件を
求めよう.生産関数の一次同次性に関する仮定①と地代に関する税の仮定④
より,次のように示すことができる.

$$x_i = f_{Ni} - \frac{f(N_i, L) - f_{Ni}N_i}{N_i} = \frac{1}{N_i}[f(N_i, L) - g_i], \quad i = 1, 2 \tag{2.26}$$

　したがって,政府の最大化問題は次のように示すことができる.

$$\max_{\{x_i, g_i\}} \quad u(x_i, g_i)$$
$$s.t. \quad x_i = \frac{1}{N_i}[f(N_i, L) - g_i], \quad i = 1, 2 \tag{2.27}$$

　近視眼の仮定から，政府は公共財供給に伴う住民の移動には考慮することなく最大化行動を行う．その結果，最適化のための1階の条件として次のような条件式を得る．

$$N_i \frac{u_{gi}}{u_{xi}} = 1, \quad i = 1, 2 \tag{2.28}$$
$$f(N_i, L) = N_i x_i + g_i, \quad i = 1, 2 \tag{2.29}$$
$$u(x_1, g_1) = u(x_2, g_2) \tag{2.30}$$
$$N_1 + N_2 = \overline{N} \tag{2.31}$$

ここで，(2.28) 式は，第1地域，第2地域の公共財供給における Samuelson 条件に他ならない．(2.29) 式は，各地域の資源制約条件である．また，(2.30) 式は，Tiebout 均衡の条件を2地域のケースについて示したものであり，地域間の効用均等化条件となっている．最後に，(2.31) 式は人口制約を示している．

地域経済の均衡

　(2.28) 式から (2.31) 式により示される分権的均衡条件が，効率的資源配分の条件を満たすものであるかどうかを検討しよう．まず，私的財と地方公共財の最適供給条件に関しては，(2.28) 式は私的財と公共財の限界変形率が1という簡単化の仮定の下で，公共財の最適供給条件に一致することがわかる．また，生産の最適条件に関しては，各地域の生産関数を1次同次と仮定したことから，完全競争的な市場の下で企業の利潤最大化活動により成立していることがわかる．残された問題は，完全な人口移動の下で成立する両地域の効用均等化条件 (2.30) 式と人口配分式 (2.31) により，同時に人口の最適地域間配分条件式 (2.25) が成立するか否かである．

Tiebout 均衡と最適人口配分

Tiebout モデルにおいて各個人は，自分の効用が最大となる地域を選んで地域間移動することが想定されている．そこで，最適な人口移動が達成されれば各地域の効用水準は均等化することが示される．このような分析を進めるために，Stiglitz（1978）に従って間接的効用関数を用いて，各地域の住民数と効用水準の関係を示す．ここでは，（2.28）式の最適条件を満たす私的財と公共財について，（2.29）式を用いて各地域の効用関数 $u=u(x_i,g_i)$ を書き換えることにより，その地域の住民数に依存する間接的効用関数を以下のように示そう[13]．

$$V_i(N_i) = u_i[\frac{f_{Ni}(N_i, L) - g_i^*(N_i)}{N_i}, g_i^*(N_i)], \quad i = 1, 2 \tag{2.32}$$

これを人口 N_i に関して微分することにより，次の表現を得る．

$$V_{Ni}(N_i) = u_{xi}[\frac{f_{Ni}(N_i, L) - g_i^*(N_i)}{N_i}, g_i^*(N_i)] \cdot [f_{Ni}(N_i, L) - x_i^*], \quad i = 1, 2 \tag{2.33}$$

（2.33）式は，住民1人が第 i 地域に追加的に移住したとき当該地域の住民の効用に与える影響を示しており，「人口移動の社会的限界便益」と呼ばれている．2.4. 節（2.5）式に見られるように，各地域の効用が人口 N_i に関して最大化されているのであれば，（2.33）式はゼロとなる．その下では，次のような関係が成立している．

$$f_{Ni}(N_i, L) - x_i^* = 0, \quad i = 1, 2 \tag{2.34}$$

（2.34）式第1項は，住民が1人増えたとき，労働者として1人が生産に参加することによる生産量の増加分を示し，第2項は，同様に消費者1人が増加することによる消費の増加分を示している．すなわち，（2.34）式は追加的住民の当該地域に対する限界的貢献がゼロとなるまで人口流入を要請するものであり，最適な人口の地域間配分条件式に他ならない．さらに，このと

---

13) Varian（1978）などを参照されたい．

き同時に各地域の住民移動に関する限界効用がゼロとなり，各地域の効用を最大化していることがわかる．したがって，最適な人口配分に関する条件が満たされることがわかる．

ところが，地域数が固定の場合には，(2.34) 式が成立するのは偶然でしかありえない．一般的には (2.34) 式は正あるいは負の両方の符号を取りうる．(2.34) 式が正の場合には，さらなる人口増加が当該地域の生産活動にプラスの効果を及ぼし，住民の効用水準を上昇させることを意味している．逆に，(2.34) 式が負の場合には，この限界的貢献もマイナスとなり，住民の流入が効用水準を下げることを意味している．

対称的地域の仮定から，均衡における人口は均等 $(N_1＝N_2＝N^*)$ であり，また，生産関数が等しいことから私的財，公共財の供給量も等しくなる．したがって，この点における人口移動の社会的限界便益 (2.33) 式を求めると，両地域において等しく，$V_1(N_1)＝V_2(N_2)$ となっていることがわかる．

このような関係を図に示したものが第2-2図および第2-3図である．そこでは，縦軸に両地域の効用水準 $[V_1(N_1), V_2(N_2)]$ を測り，横軸にはそれぞれの地域の人口を，第1地域の N_1 については左側から，第2地域の N_2 については右側から測っている．横軸の長さは $\overline{N}$ であり，N^* 点において最適な人口配分を示している．

第2-2図は，安定的な Tiebout 均衡を示している．均衡が得られる人口配分は，対称的な地域の仮定から $N_1＝N_2＝N^*$ となる．この図の均衡点 (E) においては，両地域の効用水準は等しくなっており，(2.30) 式が満たされている．さらに，両地域の住民移動に伴う限界便益 (2.34) 式は負となっており，均衡点における人口は最適とはなっていないことがわかる．しかしながら，対称的地域の仮定から均衡点において両地域の住民移動の限界便益は等しくなっており，最適条件 (2.25) 式を満たすことがわかる．

他方，第2-3図は不安定な Tiebout 均衡を示している．ここでは人口移動に伴う限界的貢献がすべての人口範囲において正となっており，人口の増加による規模の利益が働いている．そのため，ひとたび人口がどちらかに偏

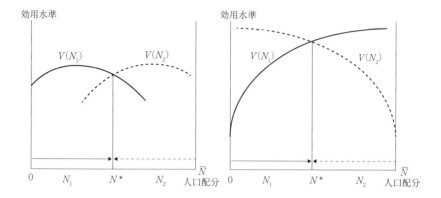

第 2-2 図　安定的な Tiebout 均衡　　　第 2-3 図　不安定な Tiebout 均衡

れば，すべての人口を有する地域と住民がまったく存在しない地域とができる．規模の経済が発生する場合には，人口の増大に伴って労働者1人当たりの生産性が上昇し，さらに，公共財供給に規模の利益が働くため，1人当たりの公共財供給コストが低下し，それに伴って住民の効用水準が増加する．この場合には，両地域の効用水準は，人口が増加すれば増加するほど高くなり，ひとたび均衡点を外れるとどちらかの地域に人口が集中してしまうことになる[14]．

2.7　非対称的地域の場合

以下の分析では，地域の非対称性の問題に焦点を当て，住民の地域間移動と地方政府の分権的政府活動の効率性を検討する．地域間非対称性の原因としては，いくつかのものが考えられる．それらのうちの重要な1つとして，土地の賦存量や生産関数が異なる場合など，各地域の生産条件が異なる場合があげられる．ここでは，土地の賦存量が地域ごとに異なる場合について分

---

[14]　Atkinson and Stiglitz (1980) を参照されたい．

析を進めよう[15].

非対称的地域モデル

ここでも 2 地域からなる経済を検討する．これらの地域は，土地の供給量が異なる点を除いては基本的に同じである．ただし，分析を簡単にするために，各地域には規模に関する収穫一定のもとで操業する，それぞれ 1 つの企業が存在すると考える．また，結果を明瞭な形で示すために，地方公共財は私的財と完全代替の関係にあり，その供給費用は 1 と仮定する．

以上のような仮定の下で，各地域が地方公共財の供給について最適化行動を取っている場合の分権的地域経済の均衡条件は次のように示される．

$$N_i \frac{u_{ig}}{u_{ix}} = 1, \quad i = 1, 2 \tag{2.35}$$

$$f(N_i, L_i) = N_i x_i + g_i, \quad i = 1, 2 \tag{2.36}$$

$$u_1(x_1, g_1) = u_2(x_2, g_2) \tag{2.37}$$

$$N_1 + N_2 = \overline{N} \tag{2.38}$$

(2.35) 式は，第 1 地域，第 2 地域の公共財供給における Samuelson 条件に他ならない．(2.36) 式は，各地域の資源制約条件である．また，(2.37) 式は，Tiebout 的定住均衡の条件を 2 地域のケースについて示したものであり，地域間の効用均等化条件となっている．最後に，(2.38) 式は人口制約式を示している．

地域経済の均衡

(2.35) 式から (2.38) 式により示される分権的均衡条件が，効率的資源配分の条件を満たすものであるかどうかを検討しよう．まず，私的財と地方公共財の最適供給条件に関しては，(2.35) 式は私的財と公共財の限界変形

---

15) 本節における議論は，Atkinson and Stiglitz (1980) や伊多波 (1995) に多くを依拠している．

率が1という簡単化の仮定の下で，公共財の最適供給条件に一致することがわかる．また，生産の最適条件に関しては，各地域の生産関数を1次同次と仮定したことから，完全競争的な市場のもとで利潤最大化条件が成立していることがわかる．残された問題は，完全な人口移動の下で成立する両地域の効用均等化条件（2.37）式が，人口の最適配分条件式を成立させるか否かである．

Tiebout 均衡と最適人口配分

Tiebout モデルにおいて各個人は，自分の効用が最大となる地域を選んで地域間移動することが想定されている．そこで，最適な人口配分が達成されれば各地域の効用水準は均等化することが示される．ここでも，（2.35）式と（2.36）式を用いて，各地域の効用関数を書き換えることにより，その地域の住民数に依存する間接的効用関数を以下のように示すことができる．

$$V_i(N_i, L_i) = u_i[\frac{f_N(N_i, L_i) - g_i{}^*(N_i)}{N_i}, g_i{}^*(N_i)], \quad i = 1, 2 \qquad (2.39)$$

これを N_i に関して微分することにより，次の表現を得る．

$$V_{Ni}(N_i, L_i) = u_{xi}[\frac{f_{Ni}(N_i, L_i) - g_i{}^*(N_i)}{N_i}, g_i{}^*(N_i)] \cdot [f_{Ni}(N_i, L_i) - x_i{}^*], \quad i = 1, 2 \quad (2.40)$$

（2.40）式は，住民1人が第 i 地域に追加的に移住したとき当該地域に与える影響を示すいわゆる「人口移動の社会的限界便益」である．先に述べたように，各地域の効用が人口 N_i に関して最大化されているのであれば，（2.40）式はゼロとなる．

非対称地域間の住民移動と経済厚生

（2.39）式の間接的効用関数を代入した地域間効用均等化条件と，人口配分制約式（2.38）式とから決まる人口配分の効率性を検討しよう．先に見たように，地域間人口配分が（2.34）式を満たすものであれば，効率的な地域間資源配分が達成され，非対称的な複数地域経済における分権的均衡の効率

性が保証される．これを検討するために，間接的効用関数と人口配分の制約式とにより示される典型的な均衡を示したのが第2-4図である．(2.40)式からわかるように，間接的効用関数がどのような形状をとるかは，一般的には確定できない．ここでは典型的なケースとして，適当な人口の範囲内で最大値をとるようなものを想定している．また，この図では，第1地域の方を相対的に土地供給が豊富な地域と想定して描かれている．

第2-4図は，安定な均衡点であるが，両地域ともに最大効用を達成することができず，人口の地域間最適配分は達成されていない．さらにこの場合には，非対称地域の仮定より，均衡点における住民移動の限界的便益は，一般的には両地域間で異なっている．したがって，非対称的地域の場合には，Tiebout均衡を示す効用均等化条件式 (2.37) が成立したとしても，住民移動の最適条件 (2.25) 式は一般的には成立しないことがわかる．例えば，$f_{N1}-x_1 < f_{N2}-x_2$ の場合には，第1地域から第2地域への人口の再配分により，両地域の効用水準が高まるというパレート改善の余地が残されている．このような意味で，非対称地域間の分権的均衡には非効率性が残り，「分権的経済の失敗」が生じることになる[16]．

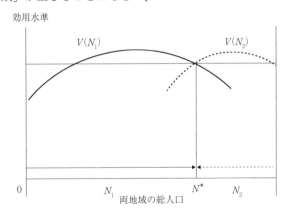

第2-4図　非対称的地域の典型的な均衡

---

16) 伊多波 (1995) を参照されたい．

「足による投票」と「分権化定理」

　足による投票が持つ選好顕示に関するこのような積極的な議論と比較して，Oates の「分権化定理」は，住民の選好が地域的に分布しており，いわば，地域ごとに必要となる公共財が異なっている場合で，しかも異なる地域間では公共財に対する住民のニーズも異なるような状況に議論を限定している．すなわち，住民の選好が地域内では同一で，かつ，地域間では異なるような多数の地域が存在する場合，中央政府が全国的に画一的な公共財を供給するよりも，住民のニーズをよく知る地方政府が分権的に供給することが効率的であり，望ましいことを述べている．このように，「分権化定理」が示唆する地方分権の合理性は，Tiebout モデルが持つ公共財に対する選好顕示といった積極的な側面は弱いが，住民の選好の地域ごとの差異に対応すべき公共財供給のあり方を述べていると考えることができよう．

Appendix　超越的な政府による公共財供給の最適化問題

　超越的な政府による公共財供給と地域の効率的な資源配分に関する最適化問題は，各地域の資源制約式，土地制約式，人口配分の制約式を制約条件として，社会的厚生を最大化する問題として定式化することができる．社会的厚生関数として，全住民の効用の総和を用いて，この問題を通常のラグランジュ未定乗数法により解くことにしよう．

$$H = \overline{N} \cdot u(x, g) + \lambda_1 [mf(n, l) - \frac{\overline{N}}{k} x - \phi(g)] + \lambda_2 (L - ml) + \lambda_3 (\frac{\overline{N}}{k} - mn) \quad (A2.1)$$

(A2.1) 式より，最適化のための 1 階の条件は次のように与えられる．

$$\frac{\partial H}{\partial x} = \overline{N} \frac{\partial u}{\partial x} - \lambda_1 \frac{\overline{N}}{k} = 0 \qquad (A2.2)$$

$$\frac{\partial H}{\partial g} = \overline{N} \frac{\partial u}{\partial g} - \lambda_1 \phi'(g) = 0 \qquad (A2.3)$$

$$\frac{\partial H}{\partial m}=\lambda_1 f(n, l)-\lambda_2 l-\lambda_3 n=0 \tag{A2.4}$$

$$\frac{\partial H}{\partial n}=\lambda_1 m\frac{\partial f}{\partial n}-\lambda_3 m=0 \tag{A2.5}$$

$$\frac{\partial H}{\partial l}=\lambda_1 m\frac{\partial f}{\partial l}-\lambda_2 m=0 \tag{A2.6}$$

$$\frac{\partial H}{\partial k}=\lambda_1 x\frac{\overline{N}}{k^2}-\lambda_3\frac{\overline{N}}{k^2}=0 \tag{A2.7}$$

$$\frac{\partial H}{\partial\lambda_1}=f(n, l)-\frac{\overline{N}}{k}x-\phi(g)=0 \tag{A2.8}$$

$$\frac{\partial H}{\partial\lambda_2}=L-ml=0 \tag{A2.9}$$

$$\frac{\partial H}{\partial\lambda_3}=\frac{\overline{N}}{k}-mn=0 \tag{A2.10}$$

（A2.2）式と（A2.3）式より，各地域における私的財と公共財の最適供給に関する Samuelson 条件（2）式を得る．

$$N\frac{u_g(x, g)}{u_x(x, g)}=\phi'(g) \tag{A2.11}$$

ここで，N は地域の住民人口であり，$N=\overline{N}/k$ と示される．次に，（A2.7）式を（A2.4）〜（A2.6）の条件式に適用し，整理することにより，最適な企業数に関する以下のような条件を得る．

$$f(n, l)=n\cdot f_n(n. l)+l\cdot f_l(n, l) \tag{A2.12}$$

本章第4節に示されているように，最適な企業数は，各地域，各企業の労働者数が（A2.12）式を満たすように配分される数であることを要請している．
　次に，各地域の最適な人口配分については，（A2.8）式から得られる財の資源制約式に（A2.4）〜（A2.6）式を用いて整理することにより，次式を得る．

$$f_n(n, l) - x = \frac{\phi(g) - L \cdot f_l(n, l)}{N} \tag{A2.13}$$

これは（2.4）式に他ならない.

次に，（A2.5）式に（A2.7）式を代入することにより，（A2.13）式の右辺はゼロとなることがわかる. すなわち,

$$f_n(n, l) = x \tag{A2.14}$$

を得る. これは，（2.5）式に他ならない. また，（A2.13）式の左辺もゼロとなることから，直接次の式を得る.

$$\phi(g) = L \cdot f_l(n, l) \tag{A2.15}$$

これは，（2.6）式に他ならない.

第 3 章
ヤードスティック競争と公共財供給の効率性

3.1 はじめに

第 2 章においては，Tiebout（1956）の足による投票が地方公共財の最適供給を導くことを示した．それは，住民が多数存在する地域の公共財と課税の組み合わせを比較し，自身の効用水準が最も高い地域を選んで移住することにより，地方政府間で住民獲得競争が生じ，地方公共財が効率的に供給されるというものであった．この理論は，それ以降，地方分権と地方公共財の最適供給に関する理論的な根拠となってきた．

しかしながら，いわゆる足による投票仮説が成立するためには，①多数の地域が提供する公共財やその費用条件などに関して住民が完全情報を持っており，②住民が地域間を自由に，しかも移動費用なしで移動することができ，また，③地方政府は自身の公共財供給量に対する住民の選好や評価を完全に把握していることなど，非常に厳しい前提条件が満たされることが必要となる[1]．また，④住民の効用を最大化する善良な政府の仮定も，近年の公共選択論やゲーム論をベースとした理論的展開の中ではその妥当性が検討の対象となっている[2]．住民と地方政府のより現実的な関係を描写するためには，新たな接近が必要となっている．

現実的には，住民の地域間移動には少なからぬコストが伴うことは言をま

---

1) Rubinfeld（1987）を参照されたい．
2) 例えば，Brennan and Buchanan（1980, 1985），Mueller（2003）などを参照されたい．

たないが，住民にとって地方政府の行政活動の多くは迂遠なものであるかも
しれないし，また，地方政府が住民の公共財に対する選好や租税負担の支払
い意思などについて十分な情報を持っているとは想定できない．このような
認識に立って，その後いくつかの新たな視点を含む理論的な展開がなされた．
まず住民の移動性に関する仮定については，Hirshman（1972, 1978）によ
る「声と退出」（Voice and Exit）のモデルにおいて，住民が地域間を自由に
移動する代わりに，居住地域の公共財に不満がある場合には，住民運動を組
織して政府に対して交渉を試み，それがうまく行かなかった時に初めて退出
するという設定をとっている．

　また，公共選択論の分野においては，政府の行動目標が「住民の効用の最
大化」をはかるものではなく，官僚の自己目的行動の結果，予算，公共支出
の最大化をはかるものとなっていたり（Niskanen, 1971），利己的な政府に
よるレントシーキングを前提とするものもある（Brennan and Buchanan,
1980）[3]．Barro（1973）においては，そのような利己的な政府の行動を規律
付け，個人の利益にかなう行動を引き出すメカニズムとして選挙が有効であ
ることが示されている．また，Ferejohn（1986）においては，情報の非対
称性を前提とするプリンシパル＝エージェントモデルを用いて，住民の実績
評価に基づく投票行動が利己的な政府の規律付けに与える長期的な効果を検
討している．

　本章では，このような研究を発展させた，Seabright（1996）による地方
選挙を導入した公共選択モデルを用いて，地方政府の公共財供給行動に接近
する．Seabright が構築した実績投票モデルを発展させ，近隣自治体とのパ
フォーマンス比較（ヤードスティック比較）に基づく投票行動を導入するこ
とにより，いわゆるヤードスティック競争と呼ばれるモデルを構築する．こ
のモデルは，住民と地方政府の間の情報の非対称性を前提として，選挙にお

---

3) 日本においては，横山（1995），長峯（1998, 2012）などの研究が蓄積されてい
る．

いて住民の信託を受けた地方政府の代表が地方公共財の供給を代行するという，いわゆるプリンシパル＝エージェント（委託人と代理人）関係を基本的な設定としている．その下で，プリンシパルである住民が自地域と隣接地域の地方政府の政策を比較し，不満がある場合にはエージェントである地方政府の再選を許さないという選挙行動をとることにより，公益事業規制におけるヤードスティック競争と同様に，地方政府の最大限の努力を引き出すことが可能となることが示される[4]．

このように，ヤードスティック競争における住民および政府の行動は，先に述べた Tiebout モデルの問題点に対して，より現実に近い地方政府間競争を描写したものであると考えられる[5]．ところで，小西（2009）および田中（2013）においては，Seabright のモデルを応用した 2 地域モデルにおいて，政治家の努力水準である地方公共財供給量が 2 種類の場合（高いケースと低いケース）に限定してヤードスティック競争の効果を検討し，両地域の経済条件が似通ったものであるほど政治家の努力を引き出す効果が期待できることが明らかにされている．このように，従来のヤードスティック競争モデルにおいては，地方公共財の供給水準をエージェントの努力水準と設定し，したがって公共財供給量が高いほど地方政府は努力していると解釈されてきた．ところが，Samuelson の貢献にも見られるように，公共財の最適供給

---

4) 選挙が地方政府に与える規律付けの効果については，Seabright（1996）などを参照されたい．また，この論文では，住民の信託に政府がどの程度こたえられるかというアカウンタビリティの観点から地方分権と中央集権を比較し，地方分権の優位性を証明している．

5) ヤードスティック競争に関する実証的研究として，Besley and Case（1995a）は，アメリカでは減税が票獲得の手段となり，地方の首長は再選のための手段として住民税や所得税を切り下げる行動が観察できることを実証的に示た．Nishigaki, et al.（2013）は，日本の都道府県データに基づき，地方税率にはほとんど差がないことを考慮して支出ベースでの推計を試みた．その結果，民生費や固定資本形成などいくつかの支出項目について，現職知事の再選確率との間に有意な正の相関が示されている．このほか，Bordignon et al.（2003），Case（1993），Revelli（2003, 2005, 2006a），Revelli et al.（2007）などの研究がある．

量は，資源制約の下で代替的な財としての私的財の供給量との関係で，消費者の限界代替率と生産における限界変形率との関係により測られることが知られている（Samuelson, 1954）．したがって，私的財を考慮しないこのような体系では，ヤードスティック競争によって達成される地方公共財供給量の資源配分上の経済的効率性については判断を下されてこなかった．

　さらに，Seabright のモデルにおいては，プリンシパルによって与えられた固定的な再選レントの獲得を目的とする設定になっており，自己利益追求型の政府を扱いながらも，彼らのレントシーキングの可能については検討の対象とされてこなかった．他方，Besley and Case（1995a）をはじめとして研究成果が蓄積されてきたもう１つのヤードスティック競争の研究の流れの中では，地方政府が同じ水準の公共財を提供するという簡単化の仮定の下で，公共財供給のための費用に攪乱要因を導入し，徴収する税による競争の中でレント獲得の可能性を取り扱っている．事前確率をあらかじめ与えた単純化された展開型ゲームを用い，情報の非対称性の下でレントシーキングと税率の設定によるヤードスティック競争を分析している[6]．

　本章の目的は，住民による私的財と地方公共財の消費選択を導入し，ヤードスティック競争において達成される地方公共財の供給水準が，資源配分の観点から効率的な水準にあるのか否かを考察することである．また，地方政府によるレントシーキングの可能性を明示的に導入することにより，ヤードスティック競争が地方政府の行動に規律を与え，超過レントの発生を抑制することができるかどうかを検討する[7]．

　さらに，Seabright（1996）においては，経済環境や住民の選好等の地域間の差に関する攪乱項を導入し，それが住民と政府の間の情報の非対称性をもたらしていた．ここでは，非対称情報をより明確に位置づけるため，地方

---

6)　Bordignon et al.（2004），Besley（2006），Congleton and Hillman（2015）などを参照されたい．

7)　本章は，基本的に Nishigaki, Higashi and Nishimoto（2015b）に基づきながら大幅に加筆・修正したものである．

政府の公共財供給コストにおける地方政府間格差の代理変数として攪乱項を導入し，公共財の供給コストについての政府と住民の間の情報の非対称性を明示的に取り扱う．

ところで，すでに第1章で述べたように，ここで取り扱うトーナメント型のプリンシパル＝エージェントモデルと，Besley and Case をはじめとする展開型のモデルの差異については，Salmon（2006）が，以下のようにまとめている．すなわち，Besley and Case をはじめとする多くのヤードスティック競争の研究においては，基本的に情報の非対称性がもたらすアカウンタビリティの問題に焦点を当て，住民＝投票者が直面する逆選択の問題を分析する．つまり，ヤードスティック競争により，投票においてレントシーカーの政治家ではなく，善良な政府を再選させることができるかどうかを分析している[8]．それに対して，ここで取り扱うトーナメントタイプのモデルは，基本的にモラルハザードの問題に焦点を当て，地方政府間のヤードスティック競争の効果として，現職の政治家が最大の努力水準を払うインセンティブがあるかどうかを問題にしている．

したがって，本章における研究の相対的な優位性については，次のようにまとめることができよう．第1に，展開型のヤードスティック競争モデルにおいては公共財供給量を一定と仮定することが多いが，ここでは，公共財供給量を可変として政府の選択変数とすることにより，私的財の明示的な導入と相まって，ヤードスティック競争における公共財供給の最適性を検討することが可能になる．第2に，従来のトーナメント型ヤードスティックモデルでは取り扱わなかった，公共財供給費用における攪乱的要因や，レントシーキングの可能性を含めたヤードスティック競争を分析することが可能となっている．第3に，ここで取り扱うヤードスティック競争モデルにおいては，政府の政策決定行動を扱うことができるので，財政外部性に対処する地域間

8）　この他，Besley and Ghatak（2003），Lockwood and Hindricks（2002）などの関連研究がある．また，政府のレントシーキング行動については Congleton and Hillman（2015）等を参照されたい．

財源移転や定率補助金，ヤードスティック競争における租税競争の帰結といった政策的な分析に容易に応用することができる．最後に，同じ理由から，Tiebout モデルや，あるいは一般均衡の地域モデルにおいて展開されてきた既存の研究成果の蓄積と本モデルにより得られた結論を直接比較することが可能となることにある．

　分析の結果は以下の通りである．第1に，住民の公共財と私的財の選択を考慮したヤードスティック競争によって達成される地方公共財の供給水準は，Seabright モデルの供給水準より小さく，とくに，パレート最適値と比較しても過小であることが明らかになった．第2に，超過レントが発生しない状況は，再選レントという報酬が十分に高い場合や，攪乱項の標準偏差が低い場合など，レントシーキングがもたらす再選確率の限界的な低下効果が大きい場合であることがわかった．第3に，ヤードスティック均衡における公共財供給の効率性を改善するために，公共財供給の努力水準に伴って増加するインセンティブ型の報酬形態を検討し，公共財の過小供給が軽減される状況について検討した．

　以下では議論は次のように展開される．まず，第3.2節において，プリンシパル＝エージェントモデルの基本的な想定や先行研究の成果が提示される．続いて，第3.3節において，後の分析の比較の対象として Seabright のモデルが提示される．続いて第3.4節においては，拡張されたヤードスティック競争モデルが提示され，レントシーキングの抑止効果や公共財供給水準の望ましさが検討される．第3.5節においては，インセンティブ契約を導入し，公共財供給水準に与える影響を検討する．最後に，第3.6節において結論を述べる．

3.2　暗黙的契約と投票によるトーナメントモデル

　プリンシパル＝エージェント関係における暗黙的な契約モデルの代表的な研究には Lazear and Rosen（1981）がある[9]．彼らの研究では，エージェ

ントとしての労働者が互いに競い合うようなトーナメントモデルにおいて，プリンシパルである雇用者がどのような報奨金を与えればエージェントの努力水準を最も引き出すことができるかを検討している．このモデルでは，労働者が生産する生産物の量は，努力水準に加えてランダムに発生する撹乱項に依存しており，この存在により雇用者には各労働者の正確な努力水準は観察されない．したがって，労働者が得る報奨金は努力水準に直接的に依存しない．そのような設定の下で，2人の競争者に生産物を生産させ，より多くの生産物を生産した競争者に高い報奨金を，生産量が低かった競争者には低い報奨金を与えるという報酬設定になっている．したがってここでは，他の競争者よりも多くの生産物を生産し，高い報奨金を獲得するといった，競争相手の生産性をものさしとするヤードスティック競争が生じている．そして，努力水準が完全に特定できない状態で，どのような報奨金を与えることで労働者の努力水準を上昇させることができるのかが分析されている（Green and Stoky, 1983; Nalebuff and Stiglitz, 1983）．

Ferejohn（1986）やSeabright（1996）は，このようなプリンシパル＝エージェントモデルを応用して，住民が地方選挙を通じて地方政府と公共財供給の代理契約を行うモデルを構築した．そこでは，情報の非対称性の存在を前提として，プリンシパルとしての住民が地方公共財の供給をエージェントである地方政府に任せ，その供給水準と費用負担とが満足のいくものであるならば次期の選挙において現職の政府に投票し，再選を果たした政府は一定の再選レントを得るという設定になっている．住民は，政府が提供する公共財やサービスに関する費用などの情報を必ずしも熟知しているわけではないし，また，地方政府も住民の公共財の選好等について完全な情報を得ているわけではない．このような非対称情報のもとでは，エージェントのレントシーキングやモラルハザードなどの問題が発生することが知られている．地方

---

9) 契約理論やインセンティブメカニズムの設計に関しては，伊藤（2003），伊藤・小佐野（2003），柳川（2000）などの研究がある．

財政の枠組みにおいては，これは，効率性の低い公共財供給，すなわち公共財供給の費用効率性を高める努力を怠ったり，住民の望まない公共財を安易に提供するなどの政府の怠慢を示すと考えることができよう．地方財政のヤードスティック競争モデルは，このような問題を防止し，エージェントである地方政府の行動を効率的なものとするように規律付けすることができるかどうかを検討するものである．

　しかしながら Ferejohn（1986）や Seabright（1996）は，現職政府のパフォーマンスを過去の実績と比較して，一定以上の要求水準を満たし満足できるなら住民＝投票者は現職政府に投票するという，いわゆる実績投票（Retrospective Voting）により再選されるか否かが決定される設定となっている．これは，平均的な他地域住民の効用水準を基準として，その効用水準よりも高くなるように自地域の地方公共財供給量が決まるなら現職に投票するという設定に変更することができる．また，第1章において述べたように，Salmon（1987）においては，地域間のパフォーマンスの差を比較することが，自地域の政府や政治家のパフォーマンス評価に有用な情報を与えることが指摘されている．さらに，先述のように小西（2009），田中（2013）においては，Seabright 型の2地域モデルを用いて，ヤードスティック競争がエージェントの努力水準を引き出す効果を検討し，両地域の経済環境や諸条件の相関が高いほどヤードスティック競争が有効であることを示している．

　そこで，本章ではまず，競争者間の相互作用によって生じる Lazear and Rosen（1981）や Green and Stokey（1983）のコンテストあるいはトーナメントモデルの枠組みを，Seabright（1996）の地方政府による公共財供給モデルへ導入し，地方政府間の地方公共財供給量決定の相互作用においてヤードスティック競争が行われるモデルを新たに構築する．すなわち，自地域や他地域の地方公共財供給量が変化したときに，自地域地方政府の再選確率にプラスやマイナスの影響を与え，地方政府が地方公共財の供給量を変化させるといったヤードスティック競争の枠組を構築し，その効果を分析する．

　さらに，公共財供給の最適性は，Samuelson（1954）のいわゆる

Samuelson 条件にも見られるように，有限な資源を私的財と公共財にどのように配分するかという問題から判断されるべきものであることに注意しなければならない．この観点から Seabright（1996）のモデルを見ると，公共財供給の努力水準のみに焦点が当てられており，私的財を含む 2 財モデルの枠組みとなっていないという問題点がある．そこで，本章においては，Seabright（1996）のモデルに私的財を導入し，これら 2 財の資源配分の最適性を通じて，地域間のヤードスティック競争の効率性を検討する[10]．

ところで，私的財を導入することに伴い，ここでは住民と地方政府の予算制約式を明示的に取り扱うことが必要になる．それに伴って，政府と住民の間の情報の非対称性についても，より詳細な取り扱いが求められる．ここでは，Besley and Case などを先駆的研究とする展開型のヤードスティック競争モデルと同様に，公共財供給の費用に攪乱的要因を導入し，より明確な非対称情報の下で分析を行う．あわせて，トーナメントモデルではあまり考えられてこなかったエージェントによるレントシーキングの可能性を明示的に取り入れ，より一般的な想定の下でヤードスティック競争の経済的帰結やインセンティブ効果を検討する．

3.3 ヤードスティック競争モデル

3.3.1 基本的な仮定

本節においては，2 地域モデルにおいてヤードスティック競争モデルを構築し，そこにおいて供給される地方公共財の最適性を検討する．隣接する 2 地域による公共財供給のヤードスティック競争モデルを展開する前に，先行研究との比較において結果を明瞭に示すために，まず，Seabright による実績投票モデルを展開する．その後，公共財に加えて私的財が存在する 2 財モデルにおいて，住民が近隣自治体の公共財供給のパフォーマンスと比較して

---

10) 本章では財の生産は明示的には取り扱わない．第 8 章においては，地域間移動可能な生産要素である資本を導入し，生産活動を明示的に取り扱う．

90

現職政府への投票を決定するヤードスティック競争モデルを用いて公共財供給の効率性を検討する。以下では、まず、これら2つのモデルに共通する特徴をまとめて示そう。

① 自己利益を追求する利己的な政府を仮定する。地方政府の行動目標は、公共財供給を通じた当該地方の住民の効用最大化ではなく、次回の選挙で再選されることにより得られるレントの獲得をめざして再選確率を高めるように公共財供給を行うことである。

② 住民の地域間移動は仮定しない。したがって、Tiebout モデルにおいて見られた地方公共財供給の最適性を達成するための調整メカニズムとしての住民移動や、課税にともなう移動可能資源の地域外への流出などはおこらない11)。その代わりに、各地方が供給する公共財やサービスに関する情報が地域間を移動することにより、住民の当該地方の政府を評価するための情報として機能し（ヤードスティック評価）、政策競争を引き起こす。

③ 住民の公共財に対する需要や課税に対する要望は、地方選挙において得票を得て再選することができるかどうかを通じて間接的に政府に伝わる。したがって、住民の意思決定は、選挙を通じて政府の政策決定に影響を及ぼすことができる。

④ 利己的な政府の行動はこのようにして、選挙により規律を与えられる。再選によるレント獲得のインセンティブが、住民の評価を高めるような公共財供給の行動をもたらし、アカウンタビリティの達成につながる。

3.3.2 Seabright（1996）モデル

本小節では、後に行う消費選択を導入したヤードスティック競争モデルにおける地方公共財の供給条件と比較するため、まず Seabright モデルから得

---

11) 先述のように、本書の第8章においては移動可能な資本ストックを導入し、ヤードスティック競争における租税競争の効果を検討する。

第3章　地方政府間のヤードスティック競争と公共財供給の効率性　　　91

られる均衡条件を導出しその効率性を検討する．このモデルは，地方政府の
再選に関する住民の投票決定が実績投票にて行われることと，私的財の消費
やレントシーキングの可能性を明示的に考えず，いわゆる公共財供給決定モ
デルとなっている点が，後に提示される拡張されたヤードスティック競争モ
デルと異なっている[12]．

① 　住民の効用水準は，次のような手順で決定されると仮定する．最初に，
　　地方政府がそれぞれ非負の地方公共財供給水準 g_i を選択する．また，g_i
　　が決定されるとき，税率 t_i も決定される．次に，攪乱項 ε_i が独立に平
　　均ゼロの密度関数 $D(\varepsilon_i)$ に従い決定され，住民の効用水準が決まる．

② 　住民は一定の評価基準値 C をもっており，それと自らの効用水準を
　　比較し，自地域の地方政府を選挙によって再選させるか否かを決定する．
　　すなわち，住民は，自身の効用水準が C と同じかそれを超えれば，当
　　該地域の地方政府を再選させる．したがって，当該地域の地方政府が再
　　選されるための条件は，

$$U(g_i, \varepsilon_i) = u(g_i) + \varepsilon_i \geq C \tag{3.1}$$

　　と示される．ここで，C は自地域の地方政府から得られた過去の効用水
　　準や，他地域の平均的な住民の効用水準と解釈してもよい[13]．

③ 　住民と地方政府の間の非対称的な情報構造は以下のようなものを仮定
　　している．公共財が供給され，攪乱項が確定すると，住民は効用水準の
　　実現値 $U(g_i, \varepsilon_i)$ を確定することができる．しかしながら，攪乱項 ε_i の存
　　在により，地方政府が供給する地方公共財の供給量 g_i は住民によって
　　観察されない．逆に，地方政府は効用の実現値 $U(g_i, \varepsilon_i)$ を観察すること
　　はできるが，攪乱項 ε_i が存在するために，住民の真の公共財選好を知
　　ることはできない．したがって，地方政府は住民の真の公共財選好を知

---

12) ただし，Seabright (1996) は，中央集権と地方分権の比較検討をするため，1
　　地域モデルに加えて n 地域モデルも検討している．
13) これを過去の実績値と解釈する場合，実績投票と呼ばれる．

らず，また，住民も政府の真の地方公共財供給量（努力水準）を知らないことを意味している．

④ 選挙の結果，地方政府は再選を果たしたとき，固定的な再選レント R を得ると仮定する[14]．地方政府は公共財供給の努力を払うことから負の限界効用を感じると仮定する．$v(g_i)$ は，地方公共財を g_i だけ供給したとき地方政府が感じる効用水準であり，$v(g_i)>0$, $v'(g_i)<0$, $v''(g_i)<0$ と仮定する．これは，地方政府が g_i だけ地方公共財の供給量を増加させたとき，地方政府自身の効用水準が減少する $(v'(g_i)<0)$ ことを示している．したがって，地方政府の期待効用は，g_i を増加させたときの効用水準に，再選したときに受け取る再選レントに再選確率を掛けたものの和により示され，政府はこの期待効用を最大化するように公共財を供給する．

　以上のような仮定の下で，ヤードスティック競争における地方政府 i の期待効用の最適化問題は，次のように定式化することができる．

$$\max_{(g_i)} E[v(g_i)+R]=v(g_i)+R \cdot \Pr[C-u(g_i)\leq\varepsilon_i] \qquad (3.2)$$

ここで，$Pr[C-u(g_i)\leq\varepsilon_i]$ は，$C-u(g_i)$ の点において評価した再選確率を示している．そして，密度関数 $D(\varepsilon_i)$ の定義より，

$$\Pr[C-u(g_i)\leq\varepsilon_i]=\int_{C-u(g_i)}^{\infty} D(\varepsilon_i)d\varepsilon_i \qquad (3.3)$$

と示される．これは，公共財供給を増やせば $C-u(g_i)$ が低下し，それに伴って再選確率が上昇することを意味している．

　g_i に関する地方政府 i の最適化問題の 1 階の条件を求めると，次式が得られる．

---

14) Seabright（1996）は，このレントの例として政治的利権（Spoil of Office）や地位の名誉から得られる自己満足（Ego-rent）を挙げている．

第3章　地方政府間のヤードスティック競争と公共財供給の効率性　　93

$$\frac{dE[v(g_i)+R]}{dg_i}=v'(g_i)+R\cdot D[C-u(g_i)]\cdot\left(\frac{\partial u}{\partial g_i}\right)=0 \tag{3.4}$$

（3.5）式を整理すると次式が得られる．

$$R\cdot D[C-u(g_i)]u'(g_i)=-v'(g_i) \tag{3.5}$$

ここで，$D[C-u(g_i)]$ は，$C-u(g_i)$ において評価した再選の周辺密度を示しており，$D[C-u(g_i)]u'(g_i)$ は，公共財一単位の供給増加による再選確率の限界的上昇を示している．したがって，（3.5）式の左辺は，地方公共財の増加がもたらす再選確率の上昇に伴う，再選レント R から得られる期待効用の限界的増加を意味している．したがって，これは地方政府が得る公共財供給の限界便益を示している．他方，（3.5）式右辺は，地方公共財の供給を増加させることに伴う地方政府の限界負効用を示しており，これが地方政府にとっての公共財供給の限界費用となる．

このように，地方政府は g_i を増加させることによって選挙の再選確率が上昇し，再選レントが得られる期待値が上昇する．しかし，追加的に地方公共財を供給するためには $v'(g_i)$ の負効用が伴う．（3.5）式から，Seabrigt のプリンシパル＝エージェントモデルにおいては，自己利益追求型の地方政府は各自の限界便益と限界費用が一致するところで地方公共財の供給量を決定することがわかる．

このようなヤードスティック競争を通じて実現する公共財は，最適な水準とどのような関係があるのであろうか．Downs（1957）による得票最大化モデルの結論や Brennan and Buchanan（1980）によるリバイアサンモデルの結論から類推すれば，このモデルにおいては住民の投票決定式（3.3）が公共財供給量の増加関数となっていることから，得票の最大化のため政府は過大な公共財供給を行う可能性がある．これを検討するために，（3.5）式を書き換え，代表的個人の公共財に対する限界評価について整理することにより以下のような表現を得る．

$$u'(g_i) = -\frac{v'(g_i)}{R \cdot D[C - u(g_i)]} \tag{3.6}$$

　ここで取り扱っている部分均衡的な公共財供給の最適性のためには，公共財の限界評価と限界供給費用が一致する必要がある．（3.6）式の右辺は，利己的な政府にとっての公共財供給に伴う限界効用の低下と，再選確率の限界的上昇に伴うレント獲得の期待値の上昇を示している．ところが，Seabright（1996）においては，個人の所得や私的財の消費，予算制約が明示的に取り扱われていない．また，政府の租税や予算制約式も同様に取り扱われていない．このため，公共財供給の限界費用は確定できない状態にある．そこで，説明のため仮想的な限界供給費用 MC を用いると，公共財が過大供給となる条件は，（3.6）式の右辺がこの MC を下回るケースである．これは次のように示される．

$$-\frac{v'(g_i)}{R \cdot D[C - u(g_i)]} < MC \tag{3.7}$$

　（3.7）式より，政府の公共財供給に伴う限界負効用が小さければ小さいほど，また，再選レントが大きければ大きいほど，さらに，再選確率の限界的増加が大きければ大きいほど，公共財の過大供給が起こる可能性が高くなることがわかる．逆に，公共財供給に伴う限界負効用が大きい場合，また，再選レントが小さい場合，さらに，再選確率の限界的増加が小さい場合には，公共財の過小供給が起こる可能性がある．第3-1図は，縦軸に公共財の限界便益と限界費用をとり，横軸に公共財供給量をとって，Seabright モデルの均衡点を，過大供給の場合について示したものである．

　このように，Seabright による地方公共財のヤードスティック競争モデルにおける公共財の供給は，現職の地方政府が次期選挙において再選をかけて得票を獲得することを目指して行われる．そしてその最適条件は，公共財供給がもたらす再選レントの期待値の限界的増加と，公共財供給の努力に伴う限界負効用とが等しくなるというものであった．したがって，公共財供給は住民の効用最大化を目的とするものではなく，その供給水準は個人の最適値

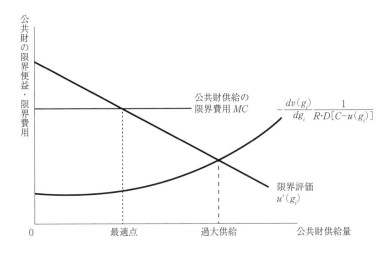

第 3-1 図　Seabright モデルの均衡

と比べて過大なのか過小なのかを判定することはできない．

　また，公共財供給の効率性を判断するためには，通常，公共財と私的財の代替関係がその基準として用いられている．一定の資源制約の中で，私的財と公共財の消費における限界代替率と，生産における限界変形率とをあわせて検討しなければならないからである．このような目的から，次節においては，Seabright モデルに，私的財を明示的に導入し，ヤードスティック競争モデルを拡張するとともに，公共財と私的財との代替関係において公共財供給の最適性を検討する．

3.4　ヤードスティック競争と地方公共財供給

3.4.1　ヤードスティック競争と公共財供給の合理性（住民の選択を導入したヤードスティック競争モデル）

　本節では，ヤードスティック競争を行う地方政府の公共財供給の効率性を検討するために，Seabright モデルを以下のような4つの観点から拡張する．

まず第1に，ヤードスティック競争の効果を明示的に検討するために，Lazear and Rosen（1981）や Green and Stokey（1983）のコンテスト（Contest）あるいはトーナメントモデルの枠組みを導入し，地方政府間の公共財供給量決定においてヤードスティック競争が行われるモデルを新たに構築する[15]．そして，Besley and Case（1995a）などと同様に，自地域や他地域の地方公共財供給量が変化したときに，自地域地方政府の再選確率にプラスやマイナスの影響が及び，それに対応するため地方公共財の供給量を変化させるといったヤードスティック競争の枠組を構築する．

第2に，公共財供給の最適性は，Samuelson（1954）における最適条件にも見られるように，私的財と公共財の代替関係における資源配分の最適性によって判断される．このような判断を行うためには，公共財に加えて私的財を明示的に導入したモデルを構築し，私的財と公共財の代替関係を検討する必要がある．

第3に，私的財とそれに伴う個人や政府の予算制約式の明示的な導入に伴い，政府と住民の間の情報の非対称性についてもより詳細な取り扱いが求められる．ここでは，Besley and Case などを先駆的研究とする展開型のヤードスティック競争モデルと同様に，公共財供給の費用に攪乱的要因を導入し，より明確な非対称情報の下で分析を行う．さらに，情報の非対称性を前提とする分析においては，エージェントのモラルハザードに加えてレントシーキングの可能性が問題となることが多い．地方財政の枠組みにおいては，前者は十分な公共財供給の努力が払われず，公共財が過小に供給されることに関連している．また，後者は汚職（Corruption）や，公共財の供給費用において無駄な費用が発生するといった非効率性に相当すると考えられる．ここでは第4番目の変更点として，レントシーキングの可能性を明示的に取り扱う．

このような考察から，本節では，住民による私的財の消費と，地方政府に

---

15) このほか Holstrom and Milgrom（1991）は，複数の委託事業に関するプリンシパル＝エージェントモデルを展開している．

よるレントシーキングの可能性を明示的に導入した地方政府間のヤードスティック競争モデルを構築し，地方公共財の供給行動が最適水準を達成するか否かを考察する．

モデルの仮定は以下のようなものである．

仮定

① 2地域からなる経済を考える．地域1と地域2は，対称的な地域と仮定し，したがって，住民数，土地の面積，企業の生産技術などが等しいと仮定する．

② 各地域にはそれぞれの地域を管轄する地方政府1と地方政府2が存在する．両地域の政府は，住民から税を徴収し，地方公共財を供給する．

③ 地域 i （$i=1,2$）に居住する住民数は n_i であり，両地域の住民数は同じ（$n_1=n_2$）で，地域間住民移動はないと仮定する．

④ 住民は選好に関して同質的であり，私的財 x_i と公共財 g_i とから効用を得ると仮定する．分析結果を明瞭に示すために，Besley and Smart（2007）や，Dur and Staal（2008）と同様に，準線形（Quasi-linear）の効用関数を仮定し，代表的住民の効用は次式のように表されるとする．

$$U_i(x_i, g_i) = \alpha x_i + \mu(g_i), \quad i=1, 2, \tag{3.8}$$

ここで，α は私的財消費に伴う限界効用，$\mu(g_i)$ は地方公共財から得られる効用を示す関数であり $\alpha>0$，$\mu'(g_i)>0$，$\mu''(g_i)<0$ と仮定する．このように仮定すると，関数 $U(\cdot)$ は，通常の準凹関数の仮定を満たすことがわかる[16]．

⑤ 住民は，地域の企業に非弾力的に1単位の労働を供給し，外生的な賃金 w_i を得る．住民が得る所得は労働賃金のみである．地方政府は労働所得に対して税率 t_i の所得税を住民に課し，住民は税引き後所得のすべてを私的財の購入に使用する．したがって，住民の予算制約は次式の

---

16) これは，$U_{xx}^i U_g^{i2} + 2U_{xg}^i U_x^i U_g^i + U_{gg}^i U_x^{i2} = \alpha^2 \mu'' < 0$ を満たしている．

ように表される.

$$x_i = (1 - t_i)w_i, \quad i = 1, 2 \tag{3.9}$$

⑥　地方政府 i は地域 i の住民のみが便益を享受する地方公共財 g_i を供給する[17].　また，情報の非対称性の下で，地方政府にはレントシーキングの可能性を考える．レントは ρ_i により示し，再選時に与えられるレントと区別するため，これを超過レントと呼ぶ．

⑦　公共財 g_i の供給には，予想できないコスト削減効果や Leibenstein 流の内部組織的 X 非効率性（X-inefficiency）が発生すると仮定する[18].　これは，不確実な攪乱項 ε_i により表されると仮定する．収入は所得税 t_iw_i のみによって賄われると仮定すると，地方政府の予算制約式は次のように示される．

$$g_i = t_iw_in_i - \rho_i + \varepsilon_i, \quad i = 1, 2 \tag{3.10}$$

　ここで，攪乱項（ノイズ）ε_i は，平均（期待値）が 0，地域間で独立な密度関数 $h(\varepsilon_i)$ から与えられる連続的な確率変数であると仮定する．

⑧　代表的住民の効用関数は，私的財と公共財の消費に依存して（3.8）式のように表されるとする．個人の予算制約式（3.9）と地方政府の予算制約式（3.10）を代入し整理することにより，以下のように書き直すことができる．

$$U_i(x_i, g_i) = \mu(g_i) + \alpha[w_i - \frac{1}{n_i}(g_i + \rho_i - \varepsilon_i)], \quad i = 1, 2 \tag{3.11}$$

（3.11）式は，個人の効用水準が公共財，私的財に加えて，地方政府のレント取得や公共財供給の費用に発生する攪乱要因にも依存していることを示している．

---

17)　スピルオーバー効果については，本書の第 6 章において検討する．

18)　Leibenstein（1966）を参照されたい．

⑨　以下での分析の準備のために $\alpha>0$ および n_i は定数であることを考慮して，個人の効用関数を次のように表現する．

$$U_i(x_i, g_i) = \mu(g_i) + \alpha[w_i - \frac{1}{n_i}(g_i + \rho_i)] + \frac{\alpha}{n_i}\varepsilon_i$$

$$= U_i(x_i^E, g_i) + \frac{\alpha}{n_i}\varepsilon_i, \quad i = 1, 2 \qquad (3.12)$$

ただし，$x_i^E = E(x_i) = w_i - \frac{1}{n_i}(g_i + \rho_i)$ とする[19]．

⑩　地方政府の公共財供給に伴う効用変化は，Seabright モデルと同様に $v(g_i)$ 関数を用いて表現する．これは $v(g_i)>0$ で厳密に減少関数であると想定し，$v'(g_i)<0$，$v''(g_i)<0$ とする．倉沢 (1989)，Jensen and Meckling (1976) は，これをエージェンシーコストと呼んでいる．

⑪　地方政府と住民の間の情報構造は，以下のように仮定する．すなわち，公共財供給 g_i の供給コストとレント ρ_i は，住民には直接観察することができず，政府の私的情報にとどまる．したがって，両地域の住民は効用水準 U_i と U_j を知っているが，地方公共財 g_i, g_j の供給コストやレント ρ_i, ρ_j，そしてノイズ ε_i, ε_j を知らないと仮定する．

⑫　政府は再選されたとき固定的な再選レント R を得ると仮定する．これは，現職政府や政治家が再選を目指して競争するための十分なインセンティブを与えると仮定する．

⑬　地方政府は，他地域の住民の効用水準を所与として，再選から得られる期待効用を最大化するように公共財供給量とレント取得の水準を決定する（Nash の行動仮定）．

⑭　住民は，自分の効用水準を近隣地域の住民のそれと比較して自分の効用が上回っているか，あるは両者が等しい場合には，現職政府に対して再選に投票する．

⑮　各地域の地方政府が公共財供給水準と超過レントを決定し，その後自

───────────────

19)　オペレーター E は期待値を示し，$E(x_i) = \int_{-\infty}^{+\infty} x_i(\varepsilon_i)h(\varepsilon_i)d\varepsilon_i$ と表される．

然が攪乱項 ε_i を決定し，住民の効用水準が決まる．それに基づいて現職政府が政権を維持できるかどうかを争点とした選挙が行われる．選挙の結果，政府が政権を維持できれば固定レント R を得るが，落選すれば利得はゼロである．

Seabright モデルに必要な修正をほどこし整理すれば，地方政府 i の期待効用最大化をはかる最適化問題は次のように定式化される．

$$
\max_{(g_i,\,\rho_i,\,x_i^E)} E[v(g_i)+\rho_i+R]=v(g_i)+\rho_i+R\cdot\mathrm{Pr}\left[U(x_i^E,g_i)+\frac{\alpha}{n_i}\varepsilon_i\geq U(x_f^E,g_j)+\frac{\alpha}{n_j}\varepsilon_j\right]
$$

$$
s.t. \quad x_i^E=w_i-\frac{1}{n}(g_i+\rho_i), \quad i,j=1,2, \quad i\neq j \tag{3.13}
$$

ここで，分布関数の定義を用いて再選確率関数を書き換えると，

$$
\mathrm{Pr}\left(U_i(x_i^E,g_i)+\frac{\alpha}{n_i}\varepsilon_i\geq U_j(x_f^E,g_j)+\frac{\alpha}{n_j}\varepsilon_j\right)=\mathrm{Pr}\left(U_i(x_i^E,g_i)-U_j(x_f^E,g_j)\geq\frac{\alpha}{n}(\varepsilon_j-\varepsilon_i)\right)
$$

$$
=\frac{\alpha}{n}\int_{-\infty}^{U_i(x_i^E,g_i)-U_j(x_f^E,g_j)}f(\xi)d\xi \quad i,j=1,2, \quad i\neq j \tag{3.14}
$$

ここで，$\xi\equiv\varepsilon_j-\varepsilon_i$，$f(\cdot)$ は確率密度関数を表している．仮定により，ε_i と ε_j は互いに独立（iid）で，期待値 0 の正規分布であるので，ξ も期待値が 0 の正規分布に従う[20]．

（3.13）の最大化問題に制約条件式（住民の予算制約式）と（3.14）式とを代入し，1 階の条件式（Khun-Tucker 条件）を g_i と ρ_i に関して求めると，次式が得られる．

$$
\frac{\partial E[v(g_i)+\rho_i+R]}{\partial g_i}=v'(g_i)+R\frac{\alpha}{n_i}\frac{\partial \mathrm{Pr}}{\partial g_i}\leq 0, \quad i=1,2 \tag{3.15}
$$

$$
g_i\frac{\partial E[v(g_i)+\rho_i+R]}{\partial g_i}=g_i[v'(g_i)+R\frac{\alpha}{n_i}\frac{\partial \mathrm{Pr}}{\partial g_i}]=0, \quad i=1,2 \tag{3.16}
$$

---

20) Lazear and Rosen (1981) を参照されたい．

第3章　地方政府間のヤードスティック競争と公共財供給の効率性　　101

$$\frac{\partial E[v(g_i)+\rho_i+R]}{\partial \rho_i}=1+R\frac{\alpha}{n_i}\frac{\partial \mathrm{Pr}}{\partial \rho_i}\leq 0, \quad i=1,2 \tag{3.17}$$

$$\rho_i\frac{\partial E[v(g_i)+\rho_i+R]}{\partial \rho_i}=\rho_i[1+R\frac{\alpha}{n_i}\frac{\partial \mathrm{Pr}}{\partial \rho_i}]=0, \quad i=1,2 \tag{3.18}$$

ここで，$\partial \mathrm{Pr}/\partial g_i$，$\partial \mathrm{Pr}/\partial \rho_i$ は次のように導出される．

$$\frac{\partial \mathrm{Pr}}{\partial g_i}=\left(U_x^i\frac{\partial x_i^E}{\partial g_i}+U_g^i\right)f(U_i(x_i^E,g_i)-U_j(x_j^E,g_j)), \quad i,j=1,2, \quad i\neq j \tag{3.19}$$

$$\frac{\partial \mathrm{Pr}}{\partial \rho_i}=\left(U_x^i\frac{\partial x_i^E}{\partial \rho_i}\right)f(U_i(x_i^E,g_i)-U_j(x_j^E,g_j)), \quad i,j=1,2, \quad i\neq j \tag{3.20}$$

3.4.2　ヤードスティック競争とレントシーキング

　まず，ヤードスティック均衡におけるレントシーキングの可能性について検討しよう．このモデルには再選時に得られるレント R が想定されているので，エージェントである地方政府が公共財供給の努力を払うインセンティブは存在している．したがって，ここで検討するレント ρ_i は，先に述べたように超過レントと呼んでも差し支えないものである．ここでの関心は，そのような超過レントの発生をヤードスティック競争が抑えることができるかどうかである．

　市場競争との関連で言えば，当該産業への新規参入に障害がない場合に，新規参入の潜在的な圧力により超過利潤や超過レントの発生が抑制されることが知られている．これは，地方財政との関連では，第2章第4および第5節において展開した「地域数が限定されない」地方政府システムによる公共財提供モデルの設定に近いものであり，ここで検討しているような2地域モデルには当てはまらない．

　また，ここで検討しているような戦略的な地方政府の行動においては，自らの公共財供給努力にもかかわらず，撹乱的要因が原因となって次期選挙における再選がかなわないと判断する場合が考えられる．そのような場合には，地方政府が再選レントをあきらめて現時点で得られる超過レントを獲得する

という戦略的行動も考えられる[21].

　このような考察から，以下では地方政府間のヤードスティック競争の帰結として，地方政府の期待効用最大化問題の解として得られる最大化条件を検討することにより，ヤードスティック競争下のレントシーキングと超過レント発生の可能性を検討しよう．

　(3.17) 式に (3.20) 式を代入することにより，次式を得る．

$$\frac{\partial E}{\partial \rho_i} = 1 + R \cdot \frac{\alpha}{n_i}\left(U_x^i \frac{\partial x_i^E}{\partial \rho_i}\right) f(U_i(x_i^E g_i) - U_j(x_j^E, g_j)) \leq 0, \quad i,j = 1,2, i \neq j \quad (3.21)$$

対称的な2地域を仮定しているので，両地域の影響力は等しくなり，Nash均衡は対称均衡 ($g_i = g_j = g$, $\rho_i = \rho_j = \rho$) となる．そして，住民の予算制約式をNash均衡において評価することにより $x_i^E = x_j^E = x^E$ を得る．これらの条件を利用して整理することにより，レントシーキングの1階の条件が次のように表される．

$$\frac{\alpha}{n} \cdot R \cdot \frac{\alpha}{n} f(0) = R \cdot \frac{\alpha^2}{n^2} f(0) > 1 \quad (3.22)$$

(3.22) 式が成立するときには，(3.18) 式の右辺中括弧の中が厳密に負となり，ヤードスティック均衡におけるレント ρ_i がゼロとなることがわかる．

　(3.22) 式の左辺は，1単位のレントを取ることにより住民の私的財が1人当たり $1/n$ だけ減少し，それに伴い再選確率が限界的に減少することによる期待効用の減少を示している．つまり，これはレントシーキングの限界費用を再選確率とレントの期待値により示したものである．

　この式は，再選時に得られる報酬として固定レント R が大きければ大きいほど成立しやすくなる．このことは，いわゆる成功報酬としての再選レントが大きいほど超過レントを取るコストが大きくなることを意味している．この結論は，Besley and Case (1995a) などにおいて展開型のゲーム分析を

---

21)　このような戦略は，離脱 (Separation) と呼ばれ，展開型ゲームによるヤードスティック競争モデルにおいては，地方政府の取りうる標準的な戦略の1つとして分析されている．

用いて得られたものとも整合的である．逆に，人口数 n が大きくなればなるほどこの式が成立しにくくなることがわかる．つまり，人口数が大きく比較的税収を上げやすい地域においては，レントシーキングの再選に与えるコストが住民1人当たりで考えると小さくなり，超過レントを取る可能性が高くなることを意味している．

このように，ヤードスティック競争においては，再選レントが大きければ大きいほど超過レントが発生する可能性は低くなり，逆に，住民数が大きいいわば財政力の大きい地域においては，ヤードスティック競争下でも超過レントが発生する可能性が高くなる．このような考察から，以下のような命題が得られる．

命題 3.1　ヤードスティック競争下においてレントシーキングの可能性は一般的には排除されない．しかしながら，再選レントが十分に高い場合や $f(0)$ が高く，選挙を通じて働くレントシーキングのコストが十分に大きい場合には超過レントはゼロになる．逆に，人口が多く財政力が高い場合には，住民1人当たりのレントシーキングのコストが小さくとどまり，超過レントが発生する可能性が高まる．

3.4.3　ヤードスティック競争と公共財の最適供給

次に，ヤードスティック競争下の地方政府による公共財供給の最適性について検討しよう．すでに述べたように，ここではヤードスティック均衡の条件 (3.15) 式，(3.16) 式が公共財供給の最適条件である Samuelson 条件を満たすかどうかを検討する．

(3.15) 式に (3.19) 式を代入することにより，以下のように整理することができる．

$$v'(g_i)+R\frac{\alpha}{n_i}\left(-\frac{U_i^x}{n_i}+U_g^i\right)f(U_i(x_i^E,g_i)-U_j(x_j^E,g_j))\leq 0, \quad i,j=1,2, i\neq j \quad (3.23)$$

(3.16) 式より，正の公共財が供給される場合 $(g_i>0)$ には，(3.23) 式は

ゼロとならなければならない．対称均衡条件（$g_i = g_j = g, \rho_i = \rho_j = \rho$）および $x_i^E = x_j^E = x^E$ を用いてこの式を整理することにより，以下のように示すことができる．

$$R\frac{\alpha}{n}\left(-\frac{U_x}{n} + U_g\right)f(0) = -v'(g) \tag{3.24}$$

地方政府が地方公共財 g を増加させることによって，選挙の再選確率が上昇し再選レントを獲得する確率が上昇する．このように，（3.24）式の左辺は地方公共財の供給増加による地方政府の限界便益であり，右辺は地方公共財の供給増加により地方政府が感じる限界費用である．

前節において展開した Seabright モデルとの比較のため，（3.5）式と（3.24）式を比較すれば，主な違いは左辺小括弧中の第1項目であることがわかる．これは，地方公共財供給量の増加に伴って税額が上昇し，住民の私的財消費水準が減少することを意味している．これに伴い，住民の効用水準が減少し，その分だけ地方政府の再選確率が低下することがわかる．このように，私的財と公共財の代替関係を明示的に考慮しない Seabright モデルにおいては，公共財供給がもたらす再選確率の上昇を過大に評価していることがわかる．したがって，公共財と私的財の代替関係を考慮する場合には，均衡点における公共財供給自体も低くとどまることがわかる．

次に，住民の予算制約式を利用して（3.24）式をさらに書き換えることにより，次のような表現を得る．

$$n\frac{U_g}{U_x} = 1 - v'(g)\frac{n^2}{\alpha \cdot R \cdot f(0) \cdot U_x} \tag{3.25}$$

（3.25）式の左辺は，個人の公共財と私的財の限界代替率を住民の数だけ足し合わせたものであり，社会的限界代替率（MRS_{xg}）を示している．他方，右辺の第1項はこのモデルにおける公共財と私的財の限界変形率（MRT_{xg}）を示している．ここでは，簡単に私的財1単位が公共財1単位に置き換えられると想定しているので，限界変形率は1になる．このような関係を図に示したものが，第3-2図である[22]．そこにおいては，縦軸に限界代替率と限

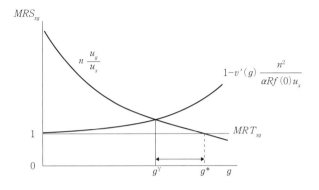

第 3-2 図 ヤードスティック競争の均衡

界変形率をとり，横軸に公共財供給量をとっている．

公共財の最適供給に関する Samuelson 条件によれば，(3.25) 式の右辺が 1 であれば，最適供給が達成されている（$MRS_{xg}=MRT_{xg}=1$）[23]．ところが，(3.25) 式右辺には第 2 項があり，これは負となるため，右辺合計は 1 より大きくなっている．したがって，限界代替率は限界変形率を超過して 1 より大となっていて，公共財が過小にしか供給されていないことを示している．このような考察は，次のような命題にまとめられる．

命題 3.2 自己利益を追求する地方政府によりヤードスティック競争において達成される地方公共財の供給水準は，社会的に最適な供給水準と比較して過小になる．

---

22) 第 3-2 図の曲線の傾きについては，詳しい計算が Appendix にある．
23) このモデルにおける Samuelson 条件を導出するため，社会的厚生関数 $W \equiv n_1 U_1 + n_2 U_2$ を，社会全体の資源制約条件式 $w_1 + w_2 = n_1 x_1^E + n_2 x_2^E + g_1 + g_2$ の制約のもとで最大化することにより，最適条件式 $n\dfrac{U_g^i(x_i^E, g_i)}{U_x^i(x_i^E, g_i)} = 1$ を得る．この式の左辺は社会的限界代替率 MRS_{xg} を示し，右辺は限界変形率 MRT_{xg} を示している．

次に，ヤードスティック競争下における地方公共財の供給水準をさらに検討するために（3.25）式の第2項に注目しよう．

まず，（3.25）式第2項の分母は，先に検討したように，公共財供給による私的財の消費水準の減少がもたらす再選確率の低下とそれに伴う再選レントの期待値の低下を示している．この期待値の低下が大きければ大きいほど，地方政府の公共財供給努力が低下し，過小供給がより深刻になる．逆に，この期待値が大きく留まれば，過小供給は軽減される．そこで，再選レントが大きければ大きいほど，（3.20）式第2項の分母が大きくなり，過小供給が軽減される．これは，再選の報酬が高い場合には，エージェントの再選に向けた公共財提供の努力が大きくなることを意味している．

次に，（3.25）式右辺第2項の分子には，当該地域の住民数が含まれている．したがって，住民数が多ければ多いほど，公共財の過小供給がより深刻になることがわかる．この関係の直感的な解釈は，前節と同様に，次のように考えることができよう．すなわち，人口数が大きく比較的税収を上げやすい地域においては，過小な公共財供給の再選に与えるコストが，住民1人当たりで考えると小さくなるからである．

また，政府の公共財供給に伴う負の限界効用 $v'(g_i)$ が大きければ大きいほど，（3.25）式第2項が大きくなり，公共財の過小供給がより深刻になる．これは，限界負効用が大きいほど，エージェントの努力水準が低下することを意味している．逆に，もし $v'(g_i)=0$ ならば，（3.25）式は Samuelson 条件に一致し，最適な水準の公共財が供給される．このような意味で，いわゆる善良な政府によるヤードスティック競争は，再選の確率にかかわらず最適になることがわかる．さらに，$v'(g)>0$ ならば公共財は過剰供給になる．これは，リバイアサン政府の一例と考えることができよう．

最後に，撹乱項（ξ）の分布が公共財供給の効率性に及ぼす影響を検討しよう．この撹乱項（$\varepsilon_i, \varepsilon_j$）は期待値が0，標準偏差が σ の正規分布に従っているので，密度関数 $f(\xi)$ は次のように示される．

$$f(\xi) = \frac{1}{\sqrt{2\pi}\,\sigma} e^{-\frac{(\xi-\mu)^2}{2\sigma^2}} \tag{3.26}$$

ただし，ここで，$\mu=0$ である．この密度関数に $\xi=0$ を代入すれば，$f(0)=\dfrac{1}{\sqrt{2\pi}\,\sigma}$ を得る．撹乱項 (ε_i，ε_j) に関する仮定から，$\sigma^2 = V(\xi) = V(\varepsilon_i) + V(\varepsilon_j) = 2V(\varepsilon)$ と示されるので，この式において撹乱項 (ε_i，ε_j) の標準偏差が上昇すれば，ξ の標準偏差も上昇することがわかる．標準偏差 σ が小さい時，ξ は期待値 0 に近い値をとる確率が上昇するので，密度 $f(0)$ が大きくなり，逆に標準偏差 σ が大きくなれば，ξ は期待値 0 から離れた値をとる確率が上昇するので，$f(0)$ は小さくなることがわかる．このような考察をまとめることにより，次の命題を得ることができる．

命題 3.3　地方公共財の供給水準は標準偏差 σ に依存し変化する．すなわち，標準偏差 σ の値が上昇（低下）したとき，地方公共財供給量は減少（増加）する．

命題 3 の直観的解釈は次の通りである．標準偏差 σ の値が大きく（小さく）なったとき，撹乱項 ξ の変動が大きく（小さく）なる．ξ の変動範囲が広くなるに従い地方政府の再選確率は低下（上昇）するため，地方政府は，地方公共財の供給量を減少（減少）させる．

3.5　インセンティブ契約とヤードスティック競争

ここまで見てきたように，地方政府間のヤードスティック競争は，戦略的な政府の行動に地域間競争による規律を与えることにより，特定の条件の下で超過レントの獲得を抑制するという効率性効果が得られた．しかしながら，均衡における公共財の供給水準は，過小供給となることがわかった．その原因の 1 つは，ヤードスティック競争における地方政府の行動目的が再選による報酬（レント）の獲得であり，住民の効用を最大にする公共財の供給が地

域間のヤードスティック競争に勝利する手段といういわば二次的な目標となっていることにある（エージェンシープロブレム）.

　ところで，プリンシパル＝エージェント間の契約の形態としては，エージェントの努力水準がより直接的に報酬に反映されるものも検討されている. いわゆるインセンティブ契約と呼ばれるこの契約形態は，エージェントの努力水準をより多く導き出すことが期待される. 例えば，Green and Stoky (1983) においては，労働契約におけるプリンシパル＝エージェントモデルを用いて，比例報酬型の契約と固定報酬型のトーナメントモデルとの解の特性を比較し，トーナメント競争者間のランダムノイズの相関が十分に高い場合を除けば，比例報酬型の契約形態が望ましいことを示している.

　以下では，ヤードスティック競争の体系にインセンティブ契約型の報償体系を導入して，公共財供給の効率性に与える影響を検討したい. まず，これまで固定的と考えてきた再選レントを可変とし，エージェントである地方政府の努力水準，すなわち公共財の供給量に応じて増加させる報償システムを検討する. これまでの前提と同様に，このレントは再選が実現した後に与えられ，非金銭的な満足を与えるものと想定する. 次に，公共財供給量に比例した報酬を与える形式を考える. これは，地方政府の在職中に与えられる金銭的な報酬であると仮定する.

　このような報償体系を設定することにより，再選のための投票獲得を目的とする地方政府の行動目的の中で，公共財の供給がより明確に位置づけられることになる（Nalebuff and Stiglitz, 1983）. 以下ではこれらの報償システムの変更が，地域間ヤードスティック競争における公共財供給の効率性にどのような影響をもたらすのかを検討する.

努力比例型再選レントの場合

　ここでは，第 3.4 節の仮定を以下のように変更する. まず，再選レント R を地方政府の努力水準の増加関数として以下のように定義する[24].

$$R(g_i)>0 \tag{3.27}$$

ここで，$R'(g_i)>0$ である．このような変更に伴って，分析結果の明確化のため，地方政府の超過レント取得の可能性は考えないことにする．

以上のような変更の下で，地方政府の期待効用最大化の問題は次のように示される．

$$\max_{(g_i,\,x_i^E)} \quad E[v(g_i)+R(g_i)]=v(g_i)+R(g_i)\mathrm{Pr}\left[U_i(x_i^E,g_i)+\frac{\alpha}{n_i}\varepsilon_i\geq U_j(x_j^E,g_j)+\frac{\alpha}{n_j}\varepsilon_j\right]$$
$$s.t. \quad x_i^E=w_i-\frac{1}{n}g_i, \quad i,j=1,2, \quad i\neq j \tag{3.28}$$

この最大化問題の制約条件式を目的関数に代入し，最大化のための1階の条件式を g_i に関して求めると，次式が得られる．

$$\frac{\partial E[v(g_i)+R(g_i)]}{\partial g_i}=v'(g_i)+R'(g_i)\mathrm{Pr}\left[U_i\geq U_j\right]+R(g_i)\frac{\alpha}{n_i}\frac{\partial \mathrm{Pr}}{\partial g_i}=0, \quad i=1,2,i\neq j$$

$$\tag{3.29}$$

前節と同様に，$\partial \mathrm{Pr}/\partial g_i$ は次のように導出される．

$$\frac{\partial \mathrm{Pr}}{\partial g_i}=\left(-\frac{U_i^x}{n_i}+U_g^i\right)f(U_i(x_i^E,g_i)-U_j(x_j^E,g_j)), \quad i=1,2, \quad i\neq j \tag{3.30}$$

(3.29) 式に (3.30) 式を代入し，対称均衡条件（$g_i=g_j=g$）と住民の予算制約式から得られる $x_i^E=x_j^E=x^E$ を用いて整理することにより，以下のように示すことができる．

$$v'(g)+R'(g)\mathrm{Pr}\left[\xi\leq 0\right]+R(g)\frac{\alpha}{n}\left(-\frac{U_x}{n}+U_g\right)f(0)=0 \tag{3.31}$$

(3.31) 式を書き換えることにより，次のような表現を得る．

$$n\frac{U_g}{U_x}=1-\{v'(g)+R'(g)\mathrm{Pr}\left[\xi\leq 0\right]\}\frac{n^2}{R(g)\cdot\alpha^2\cdot f(0)} \tag{3.32}$$

---

24) Seabright (1996) に従って，このレントは非金銭的な利権や地位から得られる名誉などと仮定する．

(3.32) 式において，右辺第 2 項の大括弧の中がゼロとなれば，公共財供給の Samuelson 条件と一致することがわかる．これを書き換えることにより，以下の式を得る．

$$v'(g)+R'(g)\Pr[\xi\le 0]=v'(g)+\frac{1}{2}R'(g)=0 \tag{3.33}$$

したがって，$-v'(g)=\frac{1}{2}R'(g)$ が成立していれば，(3.32) 式は Samuelson 条件

$$n\frac{U_g}{U_x}=1 \tag{3.34}$$

に一致することがわかる．

このように，再選確率を勘案した可変的再選レントを公共財供給の限界負効用がカバーできるように設定することにより，地方政府の最適な努力水準を誘導できることがわかる．したがって，エージェントである地方政府の公共財供給に伴う限界負効用をカバーする適切な可変的インセンティブ報酬システムにより，ヤードスティック競争の公共財供給を最適な水準に導くことができる．この考察は，以下のような命題にまとめられる．

　命題 3.4　地方政府の公共財供給に伴う限界負効用と再選確率を勘案した
　　　期待値が一致するインセンティブ型再選レントの設定により，ヤード
　　　スティック競争下の地方公共財供給を最適化することができる．

公共財比例型報酬体系

ここでは，第 3.4 節の仮定を以下のように変更する．公共財供給に比例した線型報酬（Linear Compensation）β を考え，努力水準の増加関数として以下のように定義する．

$$\beta g_i>0,\quad i=1,2 \tag{3.35}$$

ここで，$\beta\in(0,1]$ とする．この報酬は，再選レントとは異なって政府の在任

中に税収の中から支払われると仮定する．したがって，政府の予算制約式は次のような変更を受ける．

$$g_i + \beta g_i - \varepsilon_i = (1+\beta)g_i - \varepsilon_i = t_i w_i n_i, \quad i=1,2 \tag{3.36}$$

なおここでも，分析をより明確にするために，地方政府の（超過）レント取得の可能性は考えないことにする．

以上のような変更を加えると，地方政府の期待効用最大化の問題は次のように示される．

$$\max_{(g_i, x_i^E)} \quad E[v(g_i)+\beta g_i + R] = v(g_i)+\beta g_i + R \cdot \Pr\left[U(x_i^E, g_i)+\frac{\alpha}{n_i}\varepsilon_i \geq U(x_j^E, g_j)+\frac{\alpha}{n_j}\varepsilon_j\right]$$
$$s.t. \quad x_i^E = w_i - \frac{(1+\beta)}{n}g_i, \quad i,j=1,2, \quad i \neq j \tag{3.37}$$

(3.37) の最大化問題の制約条件式を目的関数に代入し，最大化のための1階の条件式を g_i に関して求めると，次式が得られる．

$$\frac{\partial E[v(g_i)+\beta g_i + R(g_i)]}{\partial g_i} = v'(g_i)+\beta+R\frac{\alpha}{n_i}\frac{\partial \Pr}{\partial g_i}=0 \quad (i=1,2) \tag{3.38}$$

(3.38) 式に (3.30) 式を代入することにより，以下のように整理できる．

$$\frac{\partial E}{\partial g_i} = v'(g_i)+\beta+R\frac{\alpha}{n_i}\left(-(1+\beta)\frac{U_x^i}{n_i}+U_g^i\right)f(U_i(x_i^E, g_i)-U_j(x_j^E, g_j))=0$$
$$i=1,2, \quad i \neq j \tag{3.39}$$

対称均衡条件 ($g_i=g_j=g$) と住民の予算制約式から得られる $x_i^E=x_j^E=x^E$ を用いてこの式を整理することにより，以下のように示すことができる．

$$v'(g)+\beta+R\frac{\alpha}{n}\left(-(1+\beta)\frac{U_x}{n}+U_g\right)f(0)=0 \tag{3.40}$$

(3.40) 式をさらに書き換えることにより，次のような表現を得る．

$$n\frac{U_g}{U_x} = (1+\beta)-[v'(g)+\beta]\frac{n^2}{R(g)\cdot\alpha^2\cdot f(0)} \tag{3.41}$$

(3.41) 式の右辺を書き換えることにより，以下の表現を得る．

$$n\frac{U_g}{U_x}=1-v'(g)\frac{n^2}{R\cdot\alpha^2\cdot f(0)}+\beta(1-\frac{n^2}{R\cdot\alpha^2\cdot f(0)}) \tag{3.42}$$

報償システムを考慮しないヤードスティック競争における最適条件（3.20）式との比較で言えば，（3.42）式において右辺第3項が負となっていれば，公共財の過小供給が改善されることがわかる．そのためには以下の条件が満たされる必要がある．

$$f(0)<\frac{n^2}{R\cdot\alpha^2} \tag{3.44}$$

これは，再選レントが比較的小さい状況や，密度関数 $f(0)=\dfrac{1}{\sqrt{2\pi}\sigma}$ を考慮すれば，確率変数 ξ の標準偏差が十分に大きい状態のとき成立することがわかる．これは，次のような命題にまとめられる．

命題3.5　再選レントが比較的小さい場合や確率変数 ξ の標準偏差が比較的大きい場合には，地方政府の公共財供給に応じた報酬システムにより，ヤードスティック競争下の地方公共財供給の効率性を改善することができる．

とくに，$\beta=-v'(g)$ の場合について，（3.42）式は次のように書き換えられる．

$$n\frac{U_g}{U_x}=1-v'(g) \tag{3.45}$$

この式は，地方政府の公共財供給に伴う負効用が線型報酬によりカバーされる場合には，公共財の限界費用がそれに応じて上昇することを示している．これは，これまで非金銭的な負効用と扱ってきた地方政府の公共財供給に伴う負効用が線型報酬により内部化され，公共財の調達費用を直接上昇させるからと考えることができよう．

3.6 ヤードスティック競争の政策的インプリケーション

ヤードスティック競争は，地方政府の努力水準を引き出す原動力となることが従来より議論されてきた．しかしながら，ヤードスティック競争による地方公共財供給水準の効率性に関して議論された研究はきわめて少ない．そこで本章では，従来のヤードスティック競争モデルに地方政府によるレントシーキングの可能性と住民による私的財と地方公共財の選択を導入し，ヤードスティック競争の下で達成される地方公共財の供給水準が効率的であるのか否かを考察した．

本章では，以下のような結論を得た．まず，第1に，再選レントRを超える超過レントがゼロとなる条件は，再選時に得られる報酬としての固定レントが十分に大きい場合や，レント取得による再選確率の限界的低下効果が大きい場合に満たされ，逆に，人口数nが大きくなればなるほど満たされにくくなることがわかった（命題3.1）．これは，自己利益追求型の政府でも，レント取得に伴う再選確率の低下が大きい場合や，成功報酬としての再選レントが十分に大きい場合には，超過レントを取らないことが最適行動となることを示している．したがって，ヤードスティック競争モデルにおいては，選挙を通じた住民と政府の間の暗黙的契約が重要な規律付けを行っていることが示された[25]．

第2に，住民による私的財と地方公共財の選択を考慮した新たなヤードスティック競争モデルでは，Nash均衡において供給される地方公共財の水準が一般的には過小供給となることがわかった（命題3.2）．この結論は，自己利益追求型の政府でも得票のために過大な公共財やサービスを提供するのではなく，むしろ十分公共財を提供することに失敗することを意味してい

---

25) 植草（1991）は，ヤードスティック競争がエージェントの行動に対するモニタリングの効果を持つことを指摘している．

る．この結論は，自己利益追求型の政府が公共支出の拡大をもたらすといういわゆるリバイアサンモデルの結論や，非対称情報の想定の下で再選をかけて地域間競争をする政府という想定から予想される結論とは大きく異なるものである．むしろ，公共財供給に伴う税負担の増加や私的財消費の減少，さらには政府自身の政策努力の必要性といった機会費用を十分に認識することが，十分な公共財供給ができない理由となることがわかる．

第3に，再選レント R が高い場合や，ランダム攪乱項の標準偏差が小さく，公共財供給に伴う地域固有の経済条件や環境条件が地域間で同質的になればなるほど，地方公共財供給量は増加する（命題3.3）．これは，再選時に得られる報酬としてのレントが高くなることにより，地方政府が公共財供給のためのさらなる努力を払うことや，ランダム攪乱項の標準偏差が小さくなることにより，ヤードスティック比較が情報の非対称性を緩和し，結果として公共財供給のために払った努力がより確実に再選につながることを意味している．このように，ヤードスティック競争によって引き起こされる非効率性の源泉は，主に，住民と政府間の情報の非対称性にあることがわかる．情報の非対称性を解決するために地方政府が地域固有の住民の選好，地域独自の環境条件などの情報を正確に察知すること，また住民が地方政府に対して情報を伝えやすい制度を構築することによって再選を目的としたヤードスティック競争の非効率性を改善することが可能となるだろう．

第4に，公共財供給の効率性を高めるため，公共財供給の努力報償型の報酬を導入したヤードスティック競争では，非金銭的な再選レントが増加する場合や，あるいは，金銭的レントを報酬として用いる場合には再選レントが比較的小さい場合や税負担の増加に伴う再選確率の限界的低下が相対的に小さい場合には，地方公共財の過小供給を緩和する効果を持つ（命題3.4，3.5）．Seabright型のヤードスティックモデルのように再選レントのみを報償として考慮している場合には，再選という不確実な事象が実現した場合にのみ報酬が得られることになり，それがエージェントの努力水準に大きな影響を与えていると考えることができる．したがって，インセンティブ型の契

約形態は，それをまかなうための税負担がもたらす再選確率の限界的な低下が比較的小さいという一定の条件の下に，公共財供給の非効率性を緩和させることがわかった．

さらに，公共財供給に影響を与える有力な財政的手段として，古くから補助金が考えられてきた．ヤードスティック競争モデルにおいても，伝統的に考えられてきた補助金政策が有効性を持ちうるかどうかは興味深い問題である．この問題については，第6章において地方政府間の自発的補助金と中央政府の垂直的補助金の経済効果の議論の中で再び検討したい．

Appendix　期待効用最大化のための2階条件

ここでは，第3-2図の背後にある地方政府の期待効用最大化条件の2階微分と，この図の曲線の勾配に関する条件を検討する．

地方公共財に関する正の供給条件（$g>0$）を考慮して（3.15）式=0と置き，2階微分を求めることにより以下の式を得る．

$$\frac{\partial^2 E[v(g_i)+R]}{\partial g_i^2} = v''(g_i) + R\frac{\alpha}{n_i}\frac{\partial^2 \mathrm{Pr}}{\partial g_i^2} \tag{A3.1}$$

ここで，再選確率の2次微分項は次のように示される．

$$\frac{\partial^2 \mathrm{Pr}}{\partial g_i^2} = U_{gg}^i f(U_i(x_i^E, g_i) - U_j(x_j^E, g_j))$$
$$+ \left(U_x^i \frac{\partial x_i^E}{\partial g_i} + U_g^i\right)^2 f'(U_i(x_i^E, g_i) - U_j(x_j^E, g_j)) \tag{A3.2}$$

ここで，対称的なNash均衡に議論を限定し，$f'(0)=0$を考慮することにより，（A3.2）式はさらに次のように簡単に示される．

$$\frac{\partial^2 \mathrm{Pr}}{\partial g_i^2} = U_{gg}^i \cdot f(0) \tag{A3.3}$$

したがって，（A3.1）式は，効用関数に置いた仮定が満たされる場合に負となる．また，（3.25）式左辺の限界代替率は右下がりで逓減し，また，

(A3.3) より，右辺は右上がりで逓増してゆくことがわかる．

第 4 章
公共財の供給費用とパフォーマンス評価

4.1 はじめに

　地方分権の進展とともに，地方政府の政策決定の自由度がこれまで以上に高まっている[1]．それに伴って，政策運営・管理のプロセスにおいて，政策評価の重要度も著しく増している．政策評価は公共政策運営の効率性や成果の有効性を高めるための重要な一手段であり，多くの研究成果が蓄積されてきた．経済学との関連で言えば，費用便益分析は公共プロジェクトを評価するよく知られた手法である．ところが，費用便益分析は長期間にわたる費用の現在価値合計と便益の現在価値合計とを比較し，投資の有効性を判断するものであり，個々の政策評価や，あるいは大きなプロジェクトの一部の政策評価には応用することが難しい[2]．

　近年，地方分権の進展とともに新しい公共運営（NPM：New Public Management）が注目されている．そこにおける政策評価は，①政策の策定段階，②実施段階，そして③成果の評価段階について，「投入要素の最小化による経済性」（Input Economy），「産出物の最大化に関する効率性」（Output Efficiency），「成果の目的合理性に関する有効性」（Effectiveness）の基準に基づき行うものである．しかしながら，データの利用可能性に関する制約や成果測定の技術的な問題から，実際には数量的な評価は困難であり，

---

　1)　地方分権改革やその進展については，神野（2006），林（2007），貝塚（2008），西本（2014）などを参照されたい．
　2)　政策評価については伊多波（2009）に詳しい説明がある．

記述的，抽象的な評価にとどまるのが現状である[3]．

　経済学の分野においては，投入要素の最小化による経済性や産出物の最大化による効率性に関する検討は，費用関数や生産関数を用いて実施されてきた．本章では，そのような生産活動に関する効率性分析に加え，住民の地方公共財に関する効用を地域間で比較するというヤードスティック評価の有効性を検討する．それにより，地方政府の公共財供給プロセスの効率性と，住民の地方政府間の政策比較という視点から政策評価に接近する．それにより，これまで公益事業分野に適用されてきたヤードスティック規制の手法を，地方政府の行政コストのパフォーマンス評価に適用する手法を提案する[4]．

　地方政府間の競争的な関係は地方行政当局の規律を高め，地方政府が公共財供給の費用削減の努力を払うことが研究によって明らかにされてきた．これまでに見てきたように，このような研究の先駆的な貢献は Tiebout の足による投票理論（Tiebout, 1956）である．先述のように，これは，さまざまな公共財供給水準と税負担の組み合わせを提供する多数の地方政府があり，住民が各自の効用を最大化するように居住地域を選択することができるのであれば，地方分権的財政システムにより効率的な地方公共財供給が達成されるというものである．このように，住民の地域間の自由移動が保証されるなら，住民の居住地選択がいわば公共財に対する顕示選好メカニズムの役割を果たし，各自治体のパフォーマンス評価につながることが明らかにされた．しかしながら，先に見たように，このモデルは地方政府による公共財供給のいわば完全競争的モデルとも言えるもので，多数の政府の存在や，完全情報，住民の費用を伴わない地域間移動など制約的な仮定を基礎として成立するものであった．

　他方，Seabright（1995）によるヤードスティック競争モデルは，情報の非対称性を想定するプリンシパル＝エージェントモデルであり，そこでは，

---

　3)　大住（2002），山内・上山（2012），西垣（2017）などを参照されたい．
　4)　公益事業に対するヤードスティック規制については，Shleifer（1985），Tirol（1991），井堀（1996），長岡・平尾（2013）などを参照されたい．

第4章　公共財の供給費用とパフォーマンス評価　　　119

多数地域の存在，情報の完全性や，住民の完全移動性を基礎としない点が，
Tiebout モデルよりも現実的な想定に立つものであるといわれている．先述
のようにこのモデルは，プリンシパルとしての住民がエージェントである地
方政府の政治家と，公共財供給とそのための租税負担に関する契約を選挙を
通じて結ぶことを想定する．そして，住民が居住地域の公共財と租税負担か
ら得られる効用水準を近隣地域のそれと比較検討したうえで次期の再選を許
すかどうかを決定し投票するなら，地域間のヤードスティック競争が現出し
て，政府の努力水準を最大化することができるというものである．

　すでに第3章において検討したように，このような地域間のヤードスティ
ック競争は，特定の条件の下でエージェントである地方政府の超過レントの
獲得を抑制する効果を持つ．住民の投票決定におけるヤードスティック比較
が，地域間の政府による再選のための得票競争を引き起こし，政府の行動に
一定の規律付けを行うからである．ところが，第3章において見たように，
ヤードスティック競争によって成立する Nash 均衡はパレート最適ではなか
った．再選のために政府が最大限の努力を払ったとしても，公共財は過小供
給に陥ることが示された．このようなプリンシパル＝エージェント関係に発
生する非効率性の問題に対しては，インセンティブ型報酬の導入，モニタリ
ングや政策評価による政府活動の効率性の管理・向上などの有効性が知られ
ている[5]．

　ところで，ヤードスティック競争に関する研究の進展の中で，Bivand
and Szymanski（1997）は，ヤードスティック競争モデルを地方公益事業に
関する委託契約に適用し，費用構造が似通った近隣地域の情報を用いたヤー
ドスティック評価が効率的な委託契約をもたらすことを明らかにした．本章
では，Nishigaki et al.（2016）を応用して，ヤードスティック競争モデルに
公共財の供給活動とインセンティブ型の報償システムを明示的に導入し，地

———————————

5)　プリンシパル＝エージェント問題については，例えば，Mas-Colell, Winston
　　and Green（1995），Fudenberg and Tirol（1991）などを参照されたい．

方政府の公共財供給費用に関するパフォーマンス評価を検討する．以下で展開されるモデルは，Bivand と Szymanski のモデルを拡張し，地方政府の公共財供給過程を明示的に導入したうえで，公共財供給費用に関するパフォーマンス評価を可変報酬型再契約システムに応用するものである．それを用いて，近隣地域の情報を活用したヤードスティック評価が，地方政府の公共財供給における費用の効率性に与える影響を検討する．

　以下では，住民をプリンシパルとし地方政府をエージェントとする非対称情報のプリンシパル＝エージェントモデルにおいて，地方政府の公共財供給費用に関する情報をもとに，住民が地方政府に評価（可変報酬の決定）を下すことを想定する．分析の結果，近隣地域の費用情報を活用したヤードスティック評価に基づくインセンティブ契約が，個々の地方政府のパフォーマンス評価と比較して，公共財生産の費用削減努力を促進することにより公共財供給の効率性を高め，地域住民の厚生を改善することが示される．とくに，近隣地域間の自然，経済条件や費用構造が似通っている場合には，ヤードスティック情報に基づく評価の有効性がさらに高まることが示される[6]．

　以下では，議論は次のように進められる．まず，第4.2節において，2地域からなる地方政府間のヤードスティック競争とパフォーマンス評価に関する簡単なモデルとその仮定が示される．そして，さまざまなインセンティブ契約の形態とその厚生効果が検討される．第4.3節においては，このようなヤードスティック競争の現実妥当性とヤードスティック評価の応用可能性が検討される．最後に，第4.4節において結論を述べる．

4.2　公共財供給費用とヤードスティック競争モデル

4.2.1　仮定と基本モデル

Bivand と Szymanski のモデルを拡張して，非対称情報の下でプリンシパ

---

6)　本章は，Nishigaki, Nishimoto, Yasugi, Higashi and Wong (2016) に基づきながら，大幅に加筆・修正したものである．

第4章 公共財の供給費用とパフォーマンス評価　　121

ルとしての住民が，エージェントとしての政府と地方公共財の供給および税
による費用負担に関する契約を交わすモデルを考える．ここで言う契約とは，
住民が次期の選挙において現職の地方政府を再選させるかどうかという選択
を示している．自地域の公共財供給とその費用負担を近隣地域のそれと比較
して，自地域の政府に満足すれば現職政府に投票し再選させることで契約を
継続する．逆に，満足しない場合には契約を破棄し，新たに更改しない．こ
れは，現職政府には投票せず，再選できないことを意味している[7]．

　このモデルにおける基本的な設定は，以下のようなものである．

① 2つの地域が存在し，各地域には同質的な住民がいる．

② この住民は地域間を移動せず，公共財とその負担に関する選好をもと
　　にエージェントである地方政府の公共財の供給費用を評価して，その評
　　価率を決定する．

③ 評価率決定にあたり，住民は近隣地方政府の公共財供給費用に関する
　　情報を利用する．

④ エージェントである地方政府の報酬は，住民の決めた評価率を反映し
　　て決定される

住民の効用関数

　プリンシパルである住民は，私的財と公共財とから効用を得る．

$$U_p = (x_i)^\eta g_i^\gamma, \quad i=1,2 \tag{4.1}$$

ここで，x_i は所得で示した私的財の消費量であり，g_i は地方公共財である．
この効用関数は，相対的危険回避度一定（CRRA：Constant Relative Risk
Aversion）であり，$0<\eta<1$ ならばこの個人は危険回避的であり，$\eta=1$ なら
ば危険中立的である．

---

7) ここに展開するモデルは第3章のものと大きく異なるが，選挙競争に関する仮
　　定は基本的に同様のものと解釈できよう．

政府の効用関数

政府も同様に，相対的危険回避度一定の CRRA 効用関数を持つと仮定する[8].

$$U_G = (R_i - \frac{e_i^2}{2})^\theta, \quad i=1,2 \tag{4.2}$$

ここで R_i は政府に対する報酬であるレントであり，e_i は公共財やサービスを提供するために払う努力水準を示し，θ は一定のパラメーターである（$0<\theta\leq1$）．各政府が再選をかけて競争するための最低水準のレントを Z とする．これはリザーベーションレントとして働き，プリンシパルから得られる報酬がこれ以下であれば，再選のための努力を行わない．

公共財の生産活動

以下では，公共財供給の費用効率性に分析を集中するため，Besley and Case（1995a），Bivand and Szymanski（1997），Besley and Smart（2007）などに従って，公共財は 2 つの地域で同じ量だけ供給すると仮定し，それを 1 に基準化する[9]（$g_i=1$）．もちろんその供給コストは可変であり，各自治体の政府が払う努力水準に依存して低下すると仮定する．

各エージェントの公共財供給コスト関数は以下のように示されると仮定する．

$$C(e_i) = y_i - e_i + \varepsilon_i, \quad i=1,2 \tag{4.3}$$

ここで y_i は標準的な公共財供給のコストであり，$g_i=1$ の仮定と同様に両地域で同じとなっており，住民に知られていると仮定する．e_i は地方政府が

---

8) 以下では，先行研究にしたがって住民（プリンシパル）は危険回避的であり，政府（エージェント）は危険中立的である場合と，逆に住民が危険中立的で政府が危険回避的な場合の両方について検討する．前者は，労働経済学などに見られるプリンシパルとエージェントの通常のリスク態度に関する仮定とは異なる．

9) この仮定は，展開型のヤードスティック競争モデルを用いる研究においては非常によく見られるものとなっている．

払う努力水準であり，これは公共財の供給コストを低下させると仮定する．すなわち，政府が効率的な供給に向けて努力をしているのなら，少ない予算で公共財を供給することができることを意味している．そして，ε_iはランダム変数であり，これにより公共財供給コストが確率変数となる．したがって，地方政府の本当の努力水準はプリンシパルである住民には観察できない．このように，この攪乱項の存在が，政府と住民の間の非対称情報を生起させる重要な要因となっている．

資源制約

私的財の生産面を簡単にするために，各地域の住民は同一の固定的労働供給を行い一定の報酬を得ると想定する．これは，w_iと示される．そこから公共財供給のためのコストと地方政府への報酬が租税として引かれるので，残りが私的財の消費量となる．

$$x_i=(1-t_i)w_i$$
$$=w_i-C(e_i)-R_i, \quad i=1,2 \tag{4.4}$$

確率変数

簡単にするために，ランダム変数は以下の2つの値のみが実現すると仮定し，相対的に高い値ε^Hが確率pで実現し，相対的に低い値ε^Lが確率$(1-p)$で実現すると仮定する（$\varepsilon^H>0, \varepsilon^L<0$）．そして，その平均値あるいは期待値は$E(\varepsilon_i)=0$と仮定する．

公共財供給に伴うランダムなコスト変数は，2つの地域で相互に連関していて相関係数はパラメーターχにより示されると仮定する．2地域におけるランダム変数の実現する確率を以下のように示す．

$$\Pr(\varepsilon_i=\varepsilon_1^H, \varepsilon_j=\varepsilon_2^H)=p[1-(1-p)(1-\chi)]$$
$$\Pr(\varepsilon_i=\varepsilon_1^H, \varepsilon_j=\varepsilon_2^L)=\Pr(\varepsilon_i=\varepsilon_1^L, \varepsilon_j=\varepsilon_2^H)=p(1-p)(1-\chi)$$
$$\Pr(\varepsilon_i=\varepsilon_1^L, \varepsilon_j=\varepsilon_2^L)=(1-p)[1-p(1-\chi)] \tag{4.5}$$

ここで，$\chi=0$ ならば両地域のランダム変数間に相関が存在しないことを意味し，逆に，$\chi=1$ ならば，両地域に実現するランダム変数が完全に一致して動いていることを示している．

パフォーマンス評価とプリンシパル＝エージェント間の契約形態

プリンシパルである住民は，エージェントである地方政府の本当の努力水準を知らないと仮定しているので，住民による地方政府に対する政策評価は実現した公共財の供給コストを基礎として行われる．住民は，当該地方政府のパフォーマンスを評価してその評価率を決定する．

以下では，議論を明確にするために，プリンシパルである住民は，以下のような2つのタイプのインセンティブ契約のうちどちらかをエージェントに提示するとしよう．

(1) 個別契約：

$$R_i = a_i - b_i C_i, \quad i=1, 2 \tag{4.6}$$

(2) ヤードスティック契約：

$$R_i = a_i - b_i(C_i - C_j), \quad i, j=1, 2, \quad i \neq j \tag{4.7}$$

ここで，a_i は固定的な報酬であり，b_i が評価率を示す．住民は，これらの変数の選択により政府のコスト削減努力に評価を下し，それをもとに政府に対するインセンティブ型報酬 R_i が決まることになる．以下では，この契約方式の選択（1もしくは2）や実際に選ばれる数値が，住民の厚生水準に大きな影響を及ぼすことを示す．

個別契約の場合においては，エージェントは自らの公共財供給費用の実現値を下に評価される．他方，ヤードスティック契約においては，エージェントの公共財供給費用は隣接地域のそれと比較され，彼らの行った費用削減の超過分が報酬に反映されることになる．このような設定は，Shleifer (1985) において示された公益事業のヤードスティック規制と類似のもので

あり，地域間における政策競争による公共財供給費用の削減効果をもたらすものと期待される[10].

4.2.2 最適なインセンティブ契約

政府の最適行動

まず，エージェントである地方政府の最適な努力水準の決定について見てゆこう．公共財供給のコスト関数 (4.3) 式をインセンティブ契約における報酬決定式 (4.6)，(4.7) にそれぞれ代入することにより，エージェントの報酬を努力水準の関数として示すことができる．

$$R_i^I(e_i) = a_i - b_i C_i(e_i) = a_i - b_i(y_i - e_i + \varepsilon_i), \quad i = 1, 2 \tag{4.8}$$

$$R_i^Y(e_i) = a_i - b_i[C_i(e_i) - C_j(e_j)] = a_i - b_i(y_i - e_i + \varepsilon_i - y_j + e_j - \varepsilon_j), \quad i, j = 1, 2, \quad i \neq j \tag{4.9}$$

ここで，R_i^I および R_i^Y は，それぞれ独立契約時とヤードスティック契約時のインセンティブ報酬を示している．政府は，住民が設定する固定的報酬 a_i，評価率 b_i，ランダムノイズ ε_i，および他地域の変数 e_j, ε_j を所与として行動する．

エージェントの効用関数 (4.2) 式に，それぞれ (4.8) 式，(4.9) 式を代入することにより，エージェントの期待効用最大化問題は次のように示される[11].

$$\max_{(e_i)} \quad E[U_G] = E[(R_i^k(e_i) - \frac{e_i^2}{2})^\theta], \quad i = 1, 2, \quad k = I \, or \, Y \tag{4.10}$$

この問題を解くことにより，以下のような 1 階の条件を得る．

$$(b_i - e_i)\theta(R_i^k(e_i) - \frac{e_i^2}{2})^{\theta-1} = 0 \quad i = 1, 2, \quad k = I \, or \, Y \tag{4.11}$$

---

10)　この方式がもたらす競争効果については，Shleifer (1985) を参照されたい．

11)　後の分析の準備として，ここでは情報の非対称性が存在する状況における効用最大化問題を解いている．

この式よりエージェントにとって最適な努力水準に関する選択が,

$$e_i = b_i \quad i = 1, 2 \tag{4.12}$$

と与えられる. ところで, この式は個別契約においてもヤードスティック契約においても成立することに注意しなければならない. また, この最大化問題は情報の非対称性が存在する状況において成立するものであるが, 同時に, 完全情報均衡の下では $\varepsilon_i = 0$ となり, 報酬の確定値において最大化問題を解くことができる[12]. そして, この時にも同じ最適条件 (4.12) 式が示されることがわかる[13].

さらに (4.12) 式は, プリンシパルである住民にとって, 自らの評価が直接政府の努力水準に影響を与えることを意味している. このように, 住民がパフォーマンス評価を通じて政府の公共財生産の効率性をコントロールすることができるので, この評価率は住民にとっても自らの効用を最大化するための重要なパラメーターとなることがわかる.

完全情報における最適解

公共財供給量は一定と仮定しているので, 住民の効用最大化による固定的報酬 (a_i) と評価率 (b_i) の決定は, 私的財消費量 (4.4) 式を最大化する問題として示される. 完全情報均衡のもとでは, $\varepsilon_i = 0$ となることを考慮しながら, 住民の資源制約 (4.4) 式に公共財の費用関数 (4.3) 式とそれぞれの契約の下での報酬の定義式 (4.8), (4.9) 式を代入することにより以下の式を得る.

$$x_i = w_i - C(e_i) - R_i^I = w_i - a_i - (b_i - 1)C(e_i), \quad i = 1, 2 \tag{4.13}$$

---

12) $\varepsilon_i^H = \varepsilon_i^L = \varepsilon_i$ と置くと, $E(\varepsilon_i) = 0$ より $\varepsilon_i = 0$ となる.

13) (4.8), (4.9) 式において, $\varepsilon_i = \varepsilon_j = 0$ と置いて最大化問題を解けば (4.12) 式が得られる.

$$x_i = w_i - C(e_i) - R_i^Y = w_i - a_i - (b_i - 1)C(e_i) - b_i C(e_j), \quad i, j = 1, 2, \ i \neq j \quad (4.14)$$

これらについて，エージェントである政府にリザーベーション水準の効用を保証したうえで，住民の効用水準を最大化する問題，あるいは公共財の総供給費用（$C_i + R_i$）を最小化する問題を解くことにより，最適な報酬率が得られる．

以下では，政府は危険回避的で（$0 < \theta < 1$）で，住民は危険中立的（$\eta = 1$）であると仮定しよう[14]．また，上で示したように，エージェントの最適な努力水準設定から求められるインセンティブと両立的なパラメーターセッティングは $e_i = b_i$ である．そこで，この関係を考慮しながら，個別契約のケースについてその問題を示すと次のようになる．

$$\min_{\{a_i, \, b_i\}} \quad (y_i - b_i) + [a_i - b_i(y_i - b_i)]$$
$$s.t. \quad [a_i - b_i(y_i - b_i) - b_i^2/2]^\theta - Z \geq 0, \quad i = 1, 2 \quad (4.15)$$

同様に，ヤードスティック契約について最適化問題を示すと次のようになる．

$$\min_{\{a_i, \, b_i\}} \quad (y_i - b_i) + a_i - b_i[(y_i - b_i) - (y_j - b_j)] \quad (4.16)$$
$$s.t. \quad (\{a_i - b_i[(y_i - b_i) - (y_j - b_j)] - b_i^2/2\}^\theta - Z) \geq 0, \quad i, j = 1, 2, \ i \neq j$$

これらの問題の解は，個別契約，ヤードスティック契約の両方において $b = 1$ となることが示される[15]．すなわち，上に示したような線形のインセ

---

14) ここではまず，危険回避的なエージェントと危険中立的なプリンシパルというよく見られる想定から検討する．ただし，第 4.2.4 節においては，これとは逆に，住民が危険回避的で，地方政府が危険中立的な状況に関する検討を行う．

15) ラグランジュ関数を作ってこれらの問題を解くことにより，個別契約の場合の解が $b_i = 1, a_i = y_i - \frac{1}{2} + Z^{\frac{1}{\theta}}$ と示され，ヤードスティック契約の場合の解が $b_i = 1$, $a_i = (y_i - y_j) + b_j - \frac{1}{2} + Z^{\frac{1}{\theta}}$ と示されることがわかる．

ンティブ契約においては，エージェントのコスト削減努力に対して 100% の報酬評価を行うことが最適となることを意味している．（Green and Stokey, 1983）.

4.2.3　情報の非対称性と線形契約問題

情報の非対称性が存在する状況においては，上に示した 2 つの契約形態についてのインセンティブパラメーターの設定は，プリンシパルの期待効用最大化問題を解くことにより求められる．まず，ここでもプリンシパルである住民は危険中立的であり，エージェントである地方政府は危険回避的であると考えよう．住民の期待効用最大化問題は次のように示される．

$$\max_{\{a_i, b_i\}} \quad E(w_i - C_i - R_i)$$
$$s.t. \quad E[(R_i - b_i^2/2)^\theta] - Z \geq 0, \quad i = 1, 2 \tag{4.17}$$

政府の期待効用最大化から得られる $e_i = b_i$ の関係を，プリンシパルの期待効用最大化問題（4.17）式に代入し，2 つの契約形態の下での最大化問題を考えよう．

住民の私的財消費量（4.4）式を検討することにより，これらの問題は，住民にとっての公共財の費用である税負担（$C_i + R_i$）を最小化する問題と同値であることがわかる．そこで，以下ではこのような税負担の最小化問題を用いてこの問題に接近する．

個別契約における最適解

［個別契約］

$$\min_{\{a_i, b_i\}} \quad E\{(y_i - b_i + \varepsilon_i) + [a_i - b_i(y_i - b_i + \varepsilon_i)]\}$$
$$s.t. \quad E\{[a_i - b_i(y_i - b_i + \varepsilon_i) - b_i^2/2]^\theta\} - Z \geq 0, \quad i = 1, 2 \tag{4.18}$$

この最小化問題の 1 階の条件を整理することにより，インセンティブ両立的なパラメーターセッティングとして次のようなルールが得られる[16]．

$$b_i^* = 1 - \frac{E(U_G' \cdot \varepsilon_i)}{E(U_G')}, \quad i = 1, 2 \tag{4.19}$$

ここで，ランダム変数に関する仮定より

$$E(U'_G \cdot \varepsilon_i) = p(1-p)\left(\left.\frac{dU_G}{dM}\right|_{\varepsilon_i=\varepsilon^H} - \left.\frac{dU_G}{dM}\right|_{\varepsilon_i=\varepsilon^L}\right)(\varepsilon^H - \varepsilon^L) > 0 \tag{4.20}$$

ここで，$\left.\dfrac{dU_G}{dM}\right|_{\varepsilon_i=\varepsilon^H}$ は，$U_G = (M)^\theta$, $M = (R_i - e_i^2/2)$ として，$\varepsilon_i = \varepsilon^H$ が実現したときの政府の限界効用を示している．

(4.20) 式の符号を考慮すれば，(4.19) 式に示される最適な報酬率のセッティングが，最適値である1を下回っていることがわかる．つまり，プリンシパルである住民は，エージェントに対して最適な報酬を支払わないことを意味している．そしてその差額は，エージェントの努力による公共財のコスト削減が確率的な要因により変動することに伴うリスクに相当する部分となっている．このように，リスク中立的なプリンシパルは，確率的な要因により発生するリスクを，危険回避的なエージェントに負担させることができる (Lazear and Rosen, 1981; Green and Stokey, 1983).

ヤードスティック契約の解

ヤードスティック契約については，プリンシパルである住民の最適化問題は次のように示すことができる．

[ヤードスティック契約]

$$\min_{(a_i,\,b_i)} \quad E[C(b_i) + a_i - b_i(C_i - C_j)]$$

$$s.t. \quad E\{[a_i - b_i(C_i - C_j) - b_i^2/2]^\theta\} - Z \geq 0, \quad i, j = 1, 2, \ i \neq j \tag{4.21}$$

この最小化問題の，1階の条件を整理することにより，インセンティブ両立的なパラメーターセッティングとして次のようなルールが得られる[17]．

---

16) Appendix 1 を参照されたい．

$$b_i^{**}=1-\frac{E[U'_G(\varepsilon_j-\varepsilon_i)]}{E[U'_G(\varepsilon_i)]}, \quad i,j=1,2, \quad i\neq j \tag{4.22}$$

ここで，右辺第 2 項の分子は次のように示される．

$$E[U'_G\cdot(\varepsilon_j-\varepsilon_i)]=(1-\chi)p(1-p)\Big(\frac{dU_G}{dM}\Big|_{\substack{\varepsilon_j=\varepsilon^L\\\varepsilon_i=\varepsilon^H}}-\frac{dU_G}{dM}\Big|_{\substack{\varepsilon_j=\varepsilon^H\\\varepsilon_i=\varepsilon^L}}\Big)(\varepsilon^H-\varepsilon^L)>0,$$
$$i,j=1,2, \quad i\neq j \tag{4.23}$$

（4.22），（4.33）式より，ヤードスティック契約の場合にも，最適な報酬率のセッティングが 1 を下回っていることがわかる．つまり，住民は，エージェントに対して最適な報酬を支払わず，コスト削減が確率的な要因により変動することに伴うリスクをエージェントに負担させることがわかる．しかしながら，（4.20）式と（4.23）式を比較すれば，公共財供給コストに関する共分散に関する項が異なっていることから，両地域の攪乱項の相関が高い場合には，報酬率が 1 に近づくことがわかる．このような考察から，次のような命題が得られる．

命題 4.1　2 つの地方政府の公共財供給に関する攪乱項 ε_i の相関が十分に大きい場合には，隣接地域の公共財供給コスト情報を利用するヤードスティック契約は，公共財供給の費用効率性を改善する．とくに，相関係数が 1 の場合にはヤードスティック契約は最適を達成する．

証明　（4.23）式において，相関パラメーター χ が 1 に近づけば，共分散項の期待値はゼロに近づく．これは，（4.22）式の右辺第 2 項の分子がゼロに近づくことを意味しており，したがって b_i^{**} が 1 に近づく．前節における考察より，これは完全情報の場合の最適条件に一致する．

個別契約の場合においては，ランダム変数がもたらす政府と個人の間の情

17）　Appendix 2 に詳しい計算がある．

報の非対称性により評価パラメーターが最適値（＝1）より小さく過小評価になっており[18]，これに伴って政府の費用削減努力も最適値より小さくなる．したがって，このようなインセンティブ契約において政策評価が最適条件を満たさない場合には，政府の努力水準を十分に引き出すことができず，公共財供給コストが高くとどまる理由となってる．

　ところが，ヤードスティック評価の手法を取り入れて隣接地域の費用情報を「ものさし」として活用することにより，両地域のランダム変数の相関が高い場合には公共財供給コストを削減することができる．とくに，ランダム変数が完全に相関（$\chi=1$）しており，$\varepsilon_i^H=\varepsilon_j^H$ もしくは $\varepsilon_i^l=\varepsilon_j^l$ となっている場合には，評価パラメーターは完全情報における最適な選択のケースと一致することが示される．

　ヤードスティック評価のスキームが利用可能な条件として，近隣の地域における公共財供給の関連コストが利用可能であることが前提条件となる．したがって，地方財政の政策情報に関する情報公開や地域間の相互利用が行政効率を上げるための前提であり，また有効な手段となりうる[19]．

4.2.4　危険中立的なエージェントと危険回避的なプリンシパルの場合

　これまでとは逆に，この小節ではプリンシパルである住民が危険回避的であり，エージェントである地方政府が危険中立的である場合を考えよう[20]．この場合には，$\theta=1$ および，$0<\eta<1$ と仮定する．住民の期待効用最大化問題は次のように示される．

---

18)　住民の効用関数の形状と危険回避の想定から，所得の限界効用は逓減することになる．したがって，(4.23) 式は一般的に正と示すことができる．

19)　この点に関しては，ヤードスティック競争が要請する情報は，しばしば過大であるという認識が示されていることに注意しなければならない．例えば，Revelli (2006) などを参照されたい．

20)　例えば Lazear and Rosen (1981) においては，エージェントが危険中立的な状況に関する検討がなされている．

$$\max_{(a_i,\, b_i)} \quad E[(w_i - C_i - R_i)^\eta].$$
$$s.t. \quad E(R_i - e_i^2/2) - Z \geq 0, \quad i = 1, 2 \tag{4.24}$$

　前小節と同様に，エージェントのパラメーターセッティングに関する $e_i = b_i$ の関係を，プリンシパルの期待効用最大化問題（4.24）式に代入することにより，2つの契約形態のもとでの最大化問題を検討する．

個別契約における最適解

［個別契約］

$$\max_{(a_i,\, b_i)} \quad E\{[w_i - C(e_i) + a_i + b_i(y_i - e_i + \varepsilon_i)]^\eta\}$$
$$s.t. \quad E[a_i - b_i(y_i - e_i + \varepsilon_i) - e_i^2/2] - Z \geq 0, \quad i = 1, 2 \tag{4.25}$$

　この問題を解き，最大化のための1階の条件を整理することにより，インセンティブ両立的なパラメーターセッティングとして次のようなルールが得られる[21]．

$$b_i^* = 1 + \frac{E(U'_P \cdot \varepsilon_i)}{E(U'_P)}, \quad i = 1, 2 \tag{4.26}$$

　ここでも，ランダム変数に関する仮定より，次式が示される．

$$E(U'_P \cdot \varepsilon_i) = p(1-p)\left(\left.\frac{dU_P}{dM}\right|_{\varepsilon_i = \varepsilon^H} - \left.\frac{dU_P}{dM}\right|_{\varepsilon_i = \varepsilon^L} \right)(\varepsilon^H - \varepsilon^L) > 0, \quad i = 1, 2 \tag{4.27}$$

ここで，$\left.\dfrac{dU_G}{dM}\right|_{\varepsilon_i = \varepsilon^H}$ は $U_P = (M)^\eta$，$M = (w_i - C_i - R_i)$ として $\varepsilon_i = \varepsilon^H$ が実現したときの限界効用を示している．

　（4.26）式の評価率設定において，前小節で検討した（4.16）式との主な違いは右辺第2項がプラスとなっていることである．これは，住民が最適な評価率以上の評価をエージェントである政府に与えることを意味している．つまり，プリンシパルである住民は，エージェントに対して最適な報酬率である1を超えて支払っていることを意味している．そしてその差額は，エー

---

21)　Appendix 3 を参照されたい．

ジェントの努力による公共財のコスト削減が確率的な要因により変動することに伴うリスクに相当する部分となっている．このように，危険回避的なプリンシパルは，確率的な要因により発生するリスクを負担することがわかる．これは，第4.2.3項において得られた結論とはちょうど逆になっており，プリンシパルが危険回避的でエージェントが危険中立的という第4.2.3項とはちょうど逆の仮定がもたらしたものと考えることができる．このように，危険回避的な主体が，エージェントの公共財コスト削減行動に発生する変動リスクを負担することがわかった．

ヤードスティック契約の解

　同様に，ヤードスティック契約についても，プリンシパルである住民の最大化問題を次のように示すことができる．

[ヤードスティック契約]

$$\max_{(a_i, b_i)} \quad E\{[w_i - C(e_i) - a_i + b_i(C_i - C_j)]^\eta\}$$
$$s.t. \quad E[a_i - b_i(C_i - C_j) - e_i^2/2] - Z \geq 0, \quad i, j = 1, 2, \quad i \neq j \quad (4.28)$$

この最大化問題から，1階の条件を求め整理することにより，インセンティブ両立的なパラメーターセッティングとして次のようなルールが得られる．

$$b_i^{**} = 1 + \frac{E[U'_P(\varepsilon_j - \varepsilon_i)]}{E(U'_P)}, \quad i, j = 1, 2, \quad i \neq j \quad (4.29)$$

ここで，右辺第2項の分子は次のように示される．

$$E[U'_P(\varepsilon_j - \varepsilon_i)] = (1-\chi)p(1-p)(\left.\frac{dU_P}{dM}\right|_{\substack{\varepsilon_j = \varepsilon^L \\ \varepsilon_i = \varepsilon^H}} - \left.\frac{dU_P}{dM}\right|_{\substack{\varepsilon_j = \varepsilon^H \\ \varepsilon_i = \varepsilon^L}})(\varepsilon^H - \varepsilon^L) > 0,$$
$$i, j = 1, 2, \quad i \neq j \quad (4.30)$$

(4.29)，(4.30) 式より，ヤードスティック契約の場合にも，最適な報酬率のセッティングが1を超過していることがわかる．つまり，住民は，エージェントに対して最適な点を超えて報酬を支払っており，その超過分はちょうどコスト削減が確率的な要因により変動することに伴うリスクに一致するこ

とがわかった．また，(4.26) 式と (4.29) 式を比較すれば，公共財供給コストに関する攪乱項の相関パラメーターの項 $(1-\chi)$ だけが異なっていて，したがって，相関パラメーターが 1 に近づけば報酬率も 1 に近づくことがわかる．このような考察から，次のような命題が得られる．

命題 4.2 エージェントである地方政府が危険中立的で，プリンシパルである住民が危険回避的な場合には，個別契約における報酬率は一般的に最適値より大きいものとなる．そして，隣接地域の公共財供給コスト情報を利用するヤードスティック契約は，2 つの地方政府の公共財供給に関するランダム変数の相関が十分に大きい場合には，公共財供給の費用を削減し効率性を改善する．特に，完全相関の場合には，ヤードスティック契約は最適を達成する．

証明 この命題の前半部分は上述のとおりである．後半部分については，(4.29) 式において，相関係数 χ が 1 に近づけば，相関パラメーター項はゼロに近づく．これは，(4.29) 式の右辺第 2 項の分子がゼロに近づくことを意味しており，したがって b_i^{**} が 1 に近づく．前小節における考察より，これは完全情報の場合の最適条件に一致する．

住民が危険回避的な場合，個別契約において，評価パラメーターが最適値 (＝ 1) より大きくなっており[22]，これに伴って政府の費用削減努力も最適値より大きくなる．したがって，評価率が最適条件を超えて過剰に設定されている場合には，公共財供給コストが低くなるものの，同時に私的財の消費可能性が小さくなり非効率な状態がおこる．

ところが，ヤードスティック評価の手法を取り入れて隣接自治体の費用情

---

22) 住民の効用関数の形状と危険回避の想定から，所得の限界効用は逓減することになる．したがって，(4.30) 式は一般的に正と示すことができる．

第4章　公共財の供給費用とパフォーマンス評価　　135

報をものさしとして活用することにより，両地域の相関が高い場合には評価率の超過状態を緩和することができる．とくに，ランダム変数が完全に相関している場合（$\chi=1$）には，報酬率は完全情報における最適な選択のケースと一致することが示される．

4.3　ヤードスティック評価の有効性について

このような分析結果は，現実の政策評価にどのような政策的インプリケーションをもたらすのであろうか．

第1に，NPMの政策評価との関係では，ここで取り扱っている政策評価のモデルは，政策のための投入要素の経済性に焦点を当てており，提供する公共財を1と仮定していることから，生産量の最大化に関する政策の効率性を捨象している．そして，公共財供給費用の削減という政策効果が，住民満足度（厚生水準）の上昇に与える効果を測るものであるといえよう．つまり，ヤードスティック評価による公共財供給費用のパフォーマンス評価が，政府のコスト削減に関する行政努力を引き出し，住民の政策に関する満足度を最大化すると解釈することができよう．

第2に，先に述べたNPMの目標管理，および評価手法の中に「ベンチマーキング」という概念が存在する．これは，地方政府が政策目標を設定したり，あるいは政策効果の評価を客観化するために類似地域の諸変数を基準として比較するものである．ここで取り扱ったヤードスティック評価は，情報の不完全性という基本的な想定の下で，住民にとって比較的利用可能性が高い近隣地域の政策情報を自地域の政策評価に活用するというものであり，ベンチマーキングをより一般化したものと解釈することができよう．また，比較する近隣地方政府の費用や経済条件が似通ったものであるほど望ましい評価が実現し，政策評価の効果が得られるという関係性も，類似地域のベンチマーキングという概念との共通点が見出せるものである．

4.4 結論

本章においては，地方政府の公共財供給費用に関するパフォーマンス評価を政府間競争との関連において検討し，地方政府のパフォーマンスを改善し，住民の厚生水準を高める手法として隣接地方政府の情報を活用するヤードスティック評価を検討した．

住民をプリンシパルとし地方政府をエージェントとする非対称情報のプリンシパル＝エージェントモデルにおいて，公共財供給に関するパフォーマンス情報をもとに住民が地方政府に評価（可変報酬の決定）を下すことを想定し，それが公共財供給コストに与える影響を検討した．分析の結果，近隣地域の情報を利用しない個別契約は最適を達成することができず，とくに，エージェントの公共財供給コスト削減の成果に発生する確率的な変動リスクを危険回避的な主体が負担することがわかった．この点は，プリンシパルである住民が危険回避的である場合には，個別契約に発生する非効率性を住民が負担することを意味している．

他方，近隣地域のパフォーマンス情報を活用したヤードスティック評価に基づくインセンティブ契約は，個々の地方政府のパフォーマンス評価と比較して公共財供給の費用を削減し，地域住民の厚生水準を改善する．近隣地域間の経済条件や費用構造が似通っている場合には，とくに，ヤードスティック情報に基づく評価の有効性が高まることが示された．

このようにここでは，トーナメント型のヤードスティック競争モデルの中に公共財供給の費用関数を明示的に導入し，政府による公共財供給費用削減努力に焦点を当て，可変報酬を伴う業績評価の効果を示した．このモデルの特徴を生かして，公益事業分野などを含む政府部門が生産する財やサービスの提供活動におけるインセンティブ規制に応用するならば，費用効率性の改善や料金設定方式に対する新たな展開を期待することができよう．

Appendix 1　個別契約における最適解の導出

住民の租税負担の最小化問題が次のように与えられる.

$$L_i(a_i, b_i, \lambda) = E\{(y_i - e_i + \varepsilon_i) + [a_i - b_i(y_i - e_i + \varepsilon_i)]\}$$
$$- \lambda(E\{[a_i - b_i(y_i - e_i + \varepsilon_i) - e_i^2/2]^\theta\} - Z), \quad i = 1, 2 \tag{A4.1}$$

このラグランジュ関数を操作変数 (a_i, b_i, λ) について最小化することにより, 次のような1階の条件式を得る.

$$\frac{\partial L}{\partial a_i} = 1 - \lambda E(U'_G) = 0, \quad i = 1, 2 \tag{A4.2}$$

$$\frac{\partial L}{\partial b_i} = -[y_i - b_i + E(\varepsilon_i)] - (1 - b_i) - \lambda E[-(y_i - b_i + \varepsilon_i)U'_G] = 0, \quad i = 1, 2 \tag{A4.3}$$

$$\frac{\partial L}{\partial \lambda} = E(U_G) - Z = 0, \quad i = 1, 2 \tag{A4.4}$$

まず, (A4.4) 式は, エージェントの期待効用がリザーベション効用を満たしていることを要請するものである. つまり, 以下が成立する.

$$E(U_G) = Z \tag{A4.5}$$

次に, (A2) 式よりラグランジュ変数に関して次の式を得る.

$$\lambda = \frac{1}{E(U'_G)} \tag{A4.6}$$

(A4.6) 式を (A4.3) 式に代入し整理することにより

$$-y_i - 1 + 2b_i + (y_i - b_i) + \frac{E(U'_G \cdot \varepsilon_i)}{E(U'_G)} = 0, \quad i = 1, 2 \tag{A4.7}$$

(A4.7) 式を整理することにより, 最適な報酬率設定に関する (4.19) 式を得る.

$$b_i^* = 1 - \frac{E(U'_i \cdot \varepsilon_i)}{E(U'_i)}, \quad i = 1, 2 \tag{4.19}$$

ここで，ランダム変数に関する仮定より，$E(\varepsilon_i)=p\varepsilon^H+(1-p)\varepsilon^L=0$ と示すことができる．この関係を利用すれば，$E(U'_i \cdot \varepsilon_i)$ について，次のように示すことができる．

$$
\begin{aligned}
E(U'_G \cdot \varepsilon_i) &= p\ \varepsilon^H \cdot \frac{dU_G}{dM}\Big|_{\varepsilon_i=\varepsilon^H} - (1-p)\varepsilon_L \cdot \frac{dU_G}{dM}\Big|_{\varepsilon_i=\varepsilon^L} \\[2mm]
&= p[p+(1-p)]\ \varepsilon^H \cdot \frac{dU_G}{dM}\Big|_{\varepsilon_i=\varepsilon^H} - (1-p)[p+(1-p)]\varepsilon_L \cdot \frac{dU_G}{dM}\Big|_{\varepsilon_i=\varepsilon^L} \\[2mm]
&= p(1-p)\ [(\varepsilon^H-\varepsilon^L) \cdot \frac{dU_G}{dM}\Big|_{\varepsilon_i=\varepsilon^H} - (\varepsilon^H-\varepsilon^L) \cdot \frac{dU_G}{dM}\Big|_{\varepsilon_i=\varepsilon^L}] \\[2mm]
&= p(1-p)\ [\varepsilon^H(\varepsilon^H-\varepsilon^L) \cdot \frac{dU_G}{dM}\Big|_{\varepsilon_i=\varepsilon^H} - \varepsilon_L(\varepsilon^H-\varepsilon^L) \cdot \frac{dU_G}{dM}\Big|_{\varepsilon_i=\varepsilon^L}]
\end{aligned}
$$

$$i=1, 2 \quad \text{(A4. 8)}$$

(A4. 8) 式より，直接 (4. 20) 式を得る．

Appendix 2　ヤードスティック契約における最適解

ヤードスティック契約におけるプリンシパル（住民）の最適化問題は次のように与えられる．

$$
\begin{aligned}
L_i(a_i, b_i, \lambda) &= E\{(y_i-b_i+\varepsilon_i)+a_i-b_i[(y_i-b_i+\varepsilon_i)-(y_j-b_j+\varepsilon_j)]\} \\
&\quad -\lambda(E\{[a_i-b_i(y_i-b_i+\varepsilon_i-y_j+b_j-\varepsilon_j)-b_i^2/2]^\theta\}-Z),\ i, j=1, 2, i\neq j \quad \text{(A4. 9)}
\end{aligned}
$$

Appendix 1 と同様に，このラグランジュ関数を操作変数 (a_i, b_i, λ) について最小化することにより，次のような1階の条件式を得る．

$$\frac{\partial L}{\partial a_i}=1-\lambda E(U'_G)=0,\ i=1, 2 \tag{A4. 10}$$

$$
\begin{aligned}
\frac{\partial L}{\partial b_i} &= -1+(b_i-b_j)+E(\varepsilon_i)-E(\varepsilon_j)]+b_i \\
&\quad -\lambda E\{[(b_i-b_j)-(\varepsilon_i-\varepsilon_j)]U'_G\}=0,\ i, j=1, 2,\ i\neq j \quad \text{(A4. 11)}
\end{aligned}
$$

$$\frac{\partial L}{\partial \lambda}=E(U_G)-Z=0, \ i=1,2 \tag{A4.12}$$

Appendix 1 と同様の操作によりこれらを整理することにより，以下のような条件を得る．まず，(A4.12) 式より直接，$E(U_G)=Z$ を得る．次に，(A4.10) 式の関係を用いて (A4.11) 式を整理することにより，最適な報酬率決定に関する (4.22) 式を得る．

$$b_i^{**}=1-\frac{E[U'_G(\varepsilon_i-\varepsilon_j)]}{E(U'_G)}, \quad i,j=1,2, \quad i\neq j \tag{4.22}$$

さらに，$E[U'_G(\varepsilon_i-\varepsilon_j)]$ については，ランダム変数に関する仮定を利用して次のように示される．

$$E[U'_G(\varepsilon_i-\varepsilon_j)]=p[1-(1-p)(1-\chi)]\left.\frac{dU_G}{dM}\right|_{\substack{\varepsilon_i=\varepsilon^H \\ \varepsilon_j=\varepsilon^H}}(\varepsilon^H-\varepsilon^H)$$

$$+(1-\chi)p(1-p)\left.\frac{dU_G}{dM}\right|_{\substack{\varepsilon_i=\varepsilon^L \\ \varepsilon_j=\varepsilon^H}}(\varepsilon^L-\varepsilon^H)+(1-\chi)p(1-p)\left.\frac{dU_G}{dM}\right|_{\substack{\varepsilon_i=\varepsilon^H \\ \varepsilon_j=\varepsilon^L}}(\varepsilon^H-\varepsilon^L)$$

$$+(1-p)[1-p(1-\chi)]\left.\frac{dU_G}{dM}\right|_{\substack{\varepsilon_i=\varepsilon^L \\ \varepsilon_j=\varepsilon^L}}(\varepsilon^L-\varepsilon^L), \ i,j=1,2, i\neq j$$

$$=(1-\chi)p(1-p)\left(\left.\frac{dU_G}{dM}\right|_{\substack{\varepsilon_j=\varepsilon^L \\ \varepsilon_i=\varepsilon^H}}-\left.\frac{dU_G}{dM}\right|_{\substack{\varepsilon_j=\varepsilon^H \\ \varepsilon_i=\varepsilon^L}}\right)(\varepsilon^H-\varepsilon^L)>0 \tag{A4.13}$$

(A4.13) より直接 (4.23) 式を得る．

Appendix 3　プリンシパルが危険回避的でエージェントが危険中立的な場合

1) この場合において，住民の効用最大化問題を示すと，次のように与えられる．

$$L_i(a_i,b_i,\lambda)=E\{[w_i-(y_i-b_i+\varepsilon_i)-a_i+b_i(y_i-b_i+\varepsilon_i)]^\eta\}$$
$$+\lambda(E[a_i-b_i(y_i-b_i+\varepsilon_i)-b_i^2/2]-Z), \quad i,j=1,2, \quad i\neq j \tag{A4.14}$$

これまでと同様に，このラグランジュ関数を操作変数 (a_i, b_i, λ) について最大化することにより，次のような1階の条件式を得る．

$$\frac{\partial L}{\partial a_i} = -E(U'_P) + \lambda = 0, \quad i = 1, 2 \tag{A4.15}$$

$$\frac{\partial L}{\partial b_i} = E\{[(y_i - b_i + \varepsilon_i) + (1 - b_i)]U'_P\} \\ + \lambda E[-(y_i - b_i + \varepsilon_i)] = 0, \quad i = 1, 2 \tag{A4.16}$$

$$\frac{\partial L}{\partial \lambda} = E(U_G) - Z = 0, \; i = 1, 2 \tag{A4.17}$$

これまでと同様に，まず，(A4.17) 式より，エージェントの期待効用がリザーベション効用を満たす条件式，$E(U_G) = Z$ を得る．次に，(A4.15) 式の関係を用いて (A4.16) 式を整理することにより，以下の表現を得る．

$$(1 - b_i)E(U'_P) + E[U'_P \cdot \varepsilon_i] = 0, \quad i = 1, 2 \tag{A4.18}$$

(A4.18) 式を整理することにより，(4.26) 式が得られる．

$$b_i^* = 1 + \frac{E(U'_P \cdot \varepsilon_i)}{E(U'_P)}, \quad i = 1, 2 \tag{4.26}$$

(4.27) 式は，Appendix 1　における (A4.8) 式の導出過程と基本的に同様の操作により得られる．

2)　他方，ヤードスティック契約におけるプリンシパル（住民）の最適化問題は次のように与えられる．

$$L_i(a_i, b_i, \lambda) = E(\{w_i - (y_i - b_i + \varepsilon_i) - a_i + b_i[(y_i - b_i + \varepsilon_i) - (y_j - b_j + \varepsilon_j)]\}^\eta) \\ + \lambda(E\{[a_i - b_i(y_i - b_i + \varepsilon_i - y_j + b_j - \varepsilon_j) - b_i^2/2]\} - Z), \; i, j = 1, 2, i \neq j \tag{A4.19}$$

このラグランジュ関数を操作変数 (a_i, b_i, λ) について最大化することにより，次のような1階の条件式を得る．

第4章 公共財の供給費用とパフォーマンス評価 141

$$\frac{\partial L}{\partial a_i} = -E(U'_P) + \lambda = 0, \quad i, j = 1, 2, i \neq j \tag{A4.20}$$

$$\frac{\partial L}{\partial b_i} = E\{[1 - (2b_i - b_j) + (\varepsilon_i - \varepsilon_j)]U'_P\}$$
$$+ \lambda E[(b_i - b_j) + (\varepsilon_i - \varepsilon_j)] = 0, \quad i, j = 1, 2, \quad i \neq j \tag{A4.21}$$

$$\frac{\partial L}{\partial \lambda} = E(U_G) - Z = 0, \quad i = 1, 2 \tag{A4.22}$$

これまでと同様の操作により，まず，(A4.22) 式より直接，$E(U_G) = Z$ を得る．次に，(A4.20) 式の関係を用いて (A4.21) 式を整理することにより，最適な報酬率決定に関する (4.29) 式を得る．また，(4.30) 式については，Appendix 2 の (A4.13) 式の導出過程と基本的に同じ操作を重ねることにより得られる．

第5章
地方分権と補助金政策

5.1 はじめに

　日本をはじめ多くの国々において，中央政府から地方政府へ大きな財源移転がなされている．日本について両政府の蔵入歳出との関係を見れば，地方政府の歳出と中央政府の歳出の比率が約6対4となっているのに対し，税収の比率はこれとは逆に約4対6となっていて，地方政府は構造的に財源不足の状態になっていることによる．このような政府間の移転，すなわち補助金の役割としては，地方政府の財源不足を補填し必要な支出を保証する以外にも，地方政府間の過度な財政力格差の是正や地方政府の特定支出の政策的促進，さらに中央政府と地方政府が共同して行う社会資本建設への政策誘導などいくつかのものがある．本章では，そのような補助金の経済効果に関する伝統的地方財政理論の結論を検討する．

5.2 地方財政と補助金

　中央政府から地方政府へは大きな財源移転がなされている．これを平成28年度の予算ベースについて見ると，地方政府の蔵出が約97.8兆円と中央政府の歳出約70兆円を上回っているのに対し，地方政府の税収は国税の法定率および地方譲与税を入れても約57.8兆円に過ぎず，大幅な不足の状態になっているからである．このうち，約36兆円が中央政府から地方政府への補助金として，地方交付税や国庫支出金の形態をとり移転されている（窪

田編，2016）．

　このように地方政府の財源には，地方税以外にも国税の一定割合を移転する地方譲与税に加え，地方公共団体間の財源の不均衡を調整し，財政力の弱い自治体に一定の財源を保障する地方交付税がある．このうち地方譲与税は，国税として徴収した租税を一定の基準に基づき地方公共団体に譲与するものであり，現行制度では地方揮発油譲与税，石油ガス譲与税，自動車重量譲与税，航空燃料譲与税など合計 6 種類がある．

　他方，地方交付税は，各地域の人口や面積などの測定単位をもとに全国標準に基づいて測定した基準財政需要[1]と，標準的な地方税収入見込み額の75% に地方譲与税等を加えて測定される基準財政収入との差額（財源不足額）を交付するものであり，使途を制限しない財政移転である．その財源としては，国税の法定率分（所得税および法人税の 33.1%，酒税の 50.0%，消費税の 22.3%）と法定加算と呼ばれる各年度の加算額を合計したものである．

　また，中央政府は地方政府に対して補助金，交付金，負担金，補給金などさまざまな名称により支出金を交付しているが，そのうち地方交付税など一般財源であるものを除き，使途を特定した支出金を国庫支出金と呼ぶ．それには，生活保護負担金，社会資本整備総合交付金，普通建設事業支出金，義務教育負担金などが含まれている[2]．

補助金の分類

　このように，中央政府と地方政府の間では，いくつもの財政移転が行われているが，このような状況は，我が国ばかりでなくほとんどの国でも同じで

　1）　より詳しくは，基準財政需要額＝単位費用（測定単位 1 単位当たりの費用）×測定単位（人口，面積など）×補正係数（段階，寒冷補正など），と示すことができる．

　2）　日本の補助金制度については，例えば，竹内（2005）などを参照されたい．また，地方分権における補助金改革については赤井他（2003），中央政府の補助金がもたらす地方政府のソフトバジェットの問題については赤井（2006）が詳しい．

第5章　地方分権と補助金政策　　　　　　　　　　145

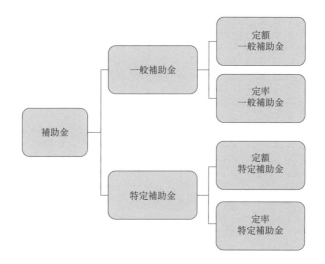

第5-1図　補助金の分類

ある．そして，その中でも最も重要なものは，いわゆる補助金を通じて行われる財源の移転である．補助金は多くの目的のために用いられているが，その目的に従っていくつかの種類に分類される．まず，補助金はその使途に地方政府の裁量が与えられているかあるいは使途が特定されているかにより，一般補助金（General Grants, Non-conditional Grants）と特定補助金（Specific Grants, Conditional Grants）とに分類される．そして，それぞれの補助金は，さらに特定の目的に対して一定額の補助金を出す定額補助金（Lump-sum Grants）と，歳出の一定割合について中央政府が地方政府に出す定率補助金（Percentage Grants, Matching Grants）とに分けられる．第5-1図には，このような補助金の種類が示されている．

　我が国の場合には，基本的に地方交付税が一般補助金に分類され，国庫支出金が特定補助金に分類される．しかしながら，道路整備事業など中央政府が奨励する事業に対する交付税措置に見られるように，地方交付税においても一部特定補助金としての機能が存在する．さらに，定率補助金と定額補助金との分類に関していえば，例えば義務教育国庫負担金は，中央政府が教員

給与の3分の1を補助する制度であるが，算定の基準となる給与や教員数が中央政府の基準に基づいており，事実上定額補助金（特定定額補助金）としての性格が強いものといえよう．

補助金の機能

　政府間補助金をその機能の観点から見ると，①財源調整機能（垂直的，あるいは水平的財政力格差の是正），②財源保障機能（一定水準の行政サービスを保障），③資源配分の効率化機能（財政外部性の内部化など）の3つの機能がある．以下では，簡単にそれぞれの機能について検討してゆこう[3]．

　まず，垂直的財源調整機能については，公共財・サービスの提供とその財源調達の能力における中央政府と地方政府の比較優位がその基本となっている．中央政府は課税において規模の経済を活用して税務執行を効率化し，徴税に要する費用を低減することができる．また，人や機械，資本設備，資金など移動可能な課税ベースに対しては，地方政府の課税能力に一定の制限があるのに対して，一般的に中央政府はこのような制限を受けない．さらに，累進所得税など再分配機能を伴う課税が可能になるなど，中央政府のほうが十分な税収を上げやすいと言われている．他方，歳出に関しては，とくに，地域密着型の公共財やサービスの差別化された提供において地方政府は大きな優位性を持っている．

　このように，中央政府は国家的公共財の提供に必要となる財源を上回る税を徴収し，地方政府は逆に自己の徴税能力を超える公共財・サービスの提供を行うことが望ましい．中央政府と地方政府のこのような歳入と歳出のギャップを埋めることが，垂直的な財政力格差是正のための補助金の機能として期待される．さらに，税源の偏在による財政力の地域間格差（水平的財政力格差）に対しては，相対的に財政力に乏しい地域に対して手厚い補助金を交付することにより，財政力の地域間平準化の機能を発揮することが期待され

---

　3)　Boadway（2006），Spahn（2007）などの展望論文がある．

る．このようにして，所得や財政ニーズの等しい個人であっても，財政力の異なった地域に居住することにより受益や負担が異なるという水平的な不公平を是正することが可能になる．

　第2に，財源保障機能に関しては，福祉，医療，教育といった社会的に重要なサービスについては，地方政府がそれを提供するとしても，全国的な一定の水準（ナショナルミニマム）を保障することが求められる．財政力が異なるさまざまな地方政府に対して，このような公共財・サービス供給のための財源保障を行うことも政府間補助金の重要な機能である．なお，このような特定の公共財・サービスの提供のための補助金としては，どのような歳出にも用いることができる一般補助金よりも，使途を限定した特定補助金の方が提供を保証する観点から望ましい．また，地方政府が一定の水準を超えてこのような公共財・サービスを提供することは排除されるものではない．

　第3の資源配分の効率化機能とは，例えば，環境政策などの便益が地域外にスピルオーバーするような公共財・サービスの提供を適正化することができることをいう．公共財やサービスの便益が地域間でスピルオーバーする場合には，地域外に発生する外部便益まで視野に入れた社会的便益と公共財の提供費用とが一致することが求められる．ところが，分権的な地方政府にとっては，地域外に発生するスピルオーバー効果は政策決定には反映されないので，公共財は過小供給に陥ることが知られている．公共財に対する特定補助金（定率補助金）は，地方政府の限界費用を低下させることにより，過小供給を改善することができる[4]．

5.3　地域間所得移転，財政均等化と経済厚生

　第2章第7節において検討したように，分権的な地方政府が効率的な資源配分，とくに効率的な人口配分に失敗する場合には，中央政府などより上位

---

[4]　Boadway and Wildasin（1984），Jha（2007）などを参照されたい．

の政府による地域間の財政移転による介入が必要となる．ここでは，財政力格差が存在するような非対称的2地域モデルを用いて，どのような条件の下で中央政府の財源移転政策が地域間人口配分を改善し，経済の厚生を高めるかを検討する[5]．

このような問題意識に基づく研究は，Flatters, Henderson and Mieszkowski（1974）などを先駆けとして展開されたものである．先に見たように，非対称的地域間における Tiebout 均衡は，最適な住民数を達成することができず非効率的であるが，Flatters et al.（1974）においては，このような非効率性の是正のために一般補助金が有効であることが示された．また，Boadway and Flatters（1982）においては，地域間補助金の効果について公共財供給を含む資源配分の効率性と財政均等化の効果とが検討され，地域間において財政力が異なる場合には，財政均等化のための補助金も同時に必要となることを明らかにしている．

このように，地域間所得移転の政策には，資源配分の効率性を改善する目的ばかりではなく，非対称的な地域間の所得再分配により地域間の経済力格差を縮小する（地域間の財政均等化）目的をも持っている[6]．ところが，効率性を改善するための政策と公平性を追求するための政策は，しばしば相反する結果を経済にもたらすことが知られている．本節では，これらの観点から地域間所得移転政策の資源配分効果と経済厚生効果を検討する．

非対称的地域モデルと地域間所得移転政策

第2章第7節で使用した非対称的な2地域からなるモデルに，地域間所得移転政策を導入しよう．この政策は，中央政府などより上位の政府が責任を

---

5) 本章は，基本的に西垣（1999, 2014）に基づきながら，大幅に加筆・修正したものである．

6) Oates（1972）においては，地域間の財政均等化補助金の役割として，ナショナルミニマムの達成や地域間の水平的分配の改善があげられている．また，財政均等化補助金の目的や役割については，Boadway（2006）が詳しい．

もち，一方の地域政府から徴収した財源をもう一方の地方政府に移転することにより，地域間人口配分を改善し，両地域の経済厚生をパレート改善することを目的とする．

ここでも，地方政府は住民から一括所得税（t_i）を徴収し地方公共財（g_i）を供給すると仮定する．地域間所得移転がモデルに導入されることにより，第 i 地域の政府予算制約式は次のようになされる．

$$g_i = t_i n_i + S_i, \quad i = 1, 2 \tag{5.1}$$

ここで，第 i 地域が中央政府より所得移転を受ける場合には $S_i > 0$，逆に，中央政府への所得移転がなされる場合には $S_i < 0$ となる．

第 i 地域に発生する地代は，当該地域の住民の間で均等分配されると仮定しよう[7]．政府予算制約式の変更により，第 i 地域の資源制約は次のようになる．

$$f(N_i, L_i) = N_i x_i + g_i - S_i, \quad i = 1, 2 \tag{5.2}$$

それゆえ，第 i 地域の 1 人当たり消費は次のように示される．

$$x_i = [f(N_i, L_i) - g_i + S_i] / N_i, \quad i = 1, 2 \tag{5.3}$$

(5.1) 式から (5.3) 式をあわせて，人口制約式から得られる $N_2 = \overline{N} - N_1$ の関係を利用することにより，地方政府の公共財の最適供給を含む，この経済の Tiebout 均衡を示す 6 本の均衡条件式が次のような 3 本の式にまとめられる[8]．

---

7) Flatters et al. (1974) においては，両地域の土地を占有する地主が想定されているが，このような想定にしても結果は大きくは変わらない．

8) 両地域の住民の効用関数に (5.3) 式を代入することにより，(5.4) ～ (5.6) を得る．この時，住民の効用水準は，各地域の人口や公共財，財政移転などに依存して決まる間接効用関数として示される．詳しくは，Atkinson and Stiglitz (1980) などを参照されたい．

$$N_1 u_{1g}(N_1, g_1, S_1, L_1) = u_{1x}(N_1, g_1, S_1, L_1) \tag{5.4}$$

$$(\overline{N} - N_1)u_{2g}(N_1, g_2, S_2, L_2) = u_{2x}(N_1, g_2, S_2, L_2) \tag{5.5}$$

$$u_1(N_1, g_1, S_1, L_1) = u_2(N_1, g_2, S_2, L_2) \tag{5.6}$$

(5.4)，(5.5) 式は，それぞれの地方政府の公共財の最適供給に関する Samuelson 条件である．また，(5.6) 式は，人口移動に関する Tiebout 均衡を規定する式に他ならない．ここで両地域の土地の供給量 L_i を所与と考えているので，これら 3 本の均衡条件より両地域の人口配分 N_1，$N_2(=\overline{N} - N_1)$，最適な公共財供給量 g_1, g_2 が，中央政府の地域間所得移転 S_i の関数として決まることになる．

中央政府の所得移転政策

ここでの関心は，中央政府が地域間所得移転政策を通じて両地域の Tiebout 均衡に働きかけることにより，公共財供給を含む資源配分の状況や社会的厚生水準をパレート改善するための条件を示すことにある．このためには，中央政府が地域間所得移転により両地域間に望ましい人口移動を引きおこし，両地域の資源配分の効率性を高める事が必要となる[9]．

中央政府の所得移転政策に関して，比較静学の手法を用いてこの問題を検討しよう．第 1 地域が相対的に財政力の高い地域であると仮定し，所得移転に関して $S = -S_1 = S_2 > 0$ とする．両地域の均衡条件 (5.4) から (5.6) 式を地域間所得移転 S に関して全微分することにより，中央政府の所得移転が人口配分の変化にもたらす影響を次のように求めることができる[10]．

$$\frac{dN_1}{dS} = D\left(\frac{u_{x1}}{N_1} + \frac{u_{x2}}{N_2}\right) \tag{5.7}$$

ただし，

---

9) このような 2 地域モデルにおいて所得移転と住民移動を取り扱ったモデルには，Harris and Todaro（1970）などがある．

10) 詳しい計算については，Appendix を参照されたい．

$$D \equiv \left[\left(\frac{u_{x_1}}{N_1} \right)(f_{1N} - x_1) + \left(\frac{u_{x_2}}{N_2} \right)(f_{2N} - x_2) \right]^{-1} \tag{5.8}$$

とする.

ここで, (5.7) 式右辺の括弧内は, 両地域の個人の限界効用を当該地域の人口で割ったものであり, 常に正となる. したがって, (5.7) 式の符号は D の符号に依存して決まる事になる. 両地域の最適人口配分に関する第 2 章第 4 節における (2.5) 式と同様に, (5.8) 式の D にある $(f_{iN} - x_i)$ は, 新たに第 i 地域に流入した住民の当該地域に対する限界的貢献であり, 追加的な住民の流入がその地域経済にもたらす純便益である. したがって, 分母の符号は両地域の人口配分状況に依存していることがわかる. 両地域の人口が最適点を超えている場合すなわち過剰人口の場合には, 第 2 章第 2 節における分析から, (5.8) 式は負となることがわかる. これは第 2 章第 6 節, 第 2-2 図のケースに対応している. 逆に, 両地域で人口が過小な場合には, この式の符号は正となる. このケースは第 2-3 図に示されている.

所得移転政策と経済厚生

相対的に財政力の高い第 1 地域から徴収した財源により, 第 2 地域に対する所得移転が行われる場合を検討しよう[11]. まず, 第 2 章第 7 節における考察から, 両地域において人口移動の社会的限界便益 (2.33) 式が正となり, したがって両地域ともに人口流入が厚生水準の改善につながる場合には, Tiebout 均衡が安定性を満たさないことが分かった. したがって, ここでは均衡の安定性を確保するために, 両地域において最適点より人口が過剰で (2.33) 式が負となる場合に分析を限定する.

次に, このような人口移動の効果が, 両地域の経済厚生に与える影響を検討しよう. Tiebout 均衡のもとで地域間所得移転政策が均衡効用水準に与え

---

11) このモデルにおいては, Flatters et al. (1974) などに従って, 例えば土地などの初期賦存量が大きい場合などに生産力が高くなり, したがって財政力も高くなると考える.

る影響は，次のような式により示される．

$$\frac{dU}{dS} = D(\frac{u_{x1}}{N_1})(\frac{u_{x2}}{N_2})[(f_{1N}-x_1)-(f_{2N}-x_2)] \tag{5.9}$$

第1地域が相対的に財政力が高く，両地域が人口過剰の状態にあるケースを検討しよう．この場合には D の符号は負となるので，(5.9) 式の符号は右辺のカギ括弧，とくに，両地域の住民の限界社会的貢献の相対的な大きさに依存して決まることがわかる．

ところが，この項は正負いずれの符号をも取りうる．過剰人口の想定より個人の各地域への限界社会的貢献は負となっているので，第1地域のそれの絶対値が第2地域より大きいのであれば，(5.9) 式は正となり中央政府による地域間所得移転の政策が経済厚生を高めることがわかる．また，ここでは Tiebout 均衡にある2地域を考えており，両地域の1人当たり効用水準は等しくなっているので，これは両地域にとってパレート改善となっていることがわかる．

このようなケースは，第5-1図に示されている．そこでは，中央政府が財政力の相対的に大きな地域である第1地域からファイナンスした財源を第2地域に移転することにより，第1地域から第2地域への住民の移動がおこり，第1地域の人口は N_1 から N_1' に減少する．このような住民移動により，2地域間の住民移動の限界社会的貢献の格差が縮小する．これは，第1地域における人口が減少し，それに伴って第1地域の生産条件が改善されるとともに，第2地域において人口増加に伴い生産が拡大することにより，結果として両地域の効用水準が V の水準から V' へと改善されている．

ところが，絶対値で評価した第1地域の住民の限界社会的貢献が第2地域のそれを下回る場合には，(5.9) 式の符号は負となり，所得移転が社会的経済厚生を低下させることがわかる．このケースは第5-2図に示されている．この場合にも，中央政府の所得移転により第1地域から第2地域への住民の移動がおこり，第1地域の人口は N_1 から N_1' へと減少し，第2地域の人口は N_2 から N_2' へと増加する．ところが，この住民移動は，追加的住民の社

第5章 地方分権と補助金政策　　153

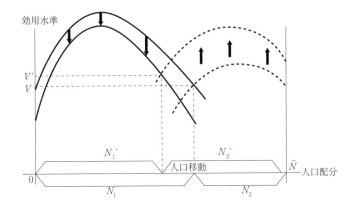

第5-1図　補助金によるパレート改善のケース

会的貢献度がより高い（絶対値が小さい）地域から，より低い（絶対値が大きい）地域への移動であり，人口配分の効率性をより低くする方向への人口移動に他ならない．したがって，両地域の効用水準は V から V' へと低下してしまうことになる．

財政均等化とトランスファー・パラドックス：効率と公正

　ここで取り扱った中央政府の所得移転政策は，現実の地方政府に対する地方交付税などの補助金政策とどのような関係にあるのだろうか．

　わが国の地方交付税は，地方政府の税収不足と地方政府間の財源の偏在を調整する事を目的としている．財政力が異なる地方政府間の財政力調整を目的とする補助金を「財政均等化」(Fiscal Equalization) のための補助金と呼ぶが，そのような補助金と，ここでの地域間の人口配分を改善するための補助金の関係を検討しよう．人口配分の地域間格差をもたらす要因にはさまざまなものが考えられるが，ここで考えたような土地の広狭の差に加えて，より多数の産業の立地などがもたらす生産性格差などが考えられよう．このような場合には，人口が相対的に多い地域がより豊かな財源を持つ地域と考え

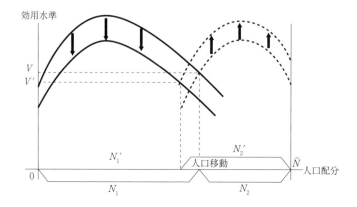

第 5-2 図　補助金がもたらす効用水準の低下

て差し支えないであろう．したがって，ここで考えた第 1 地域から第 2 地域への所得移転は，地域間の財政力調整の機能を併せ持つと考えてよいであろう．第 5-1 図に示されるケースでは，このような補助金がもたらす人口移動により人口配分が改善され，財政調整と経済厚生の改善が同時に実現しているといえよう．

ところが，第 5-2 図に示されるケースは，財政調整と経済厚生の改善が両立しない．財政調整の機能を持つ第 1 地域から第 2 地域への所得移転が，非効率性を高めるような人口移動をもたらし，補助金を支払った地域の住民ばかりでなく補助金を受け取った地域の住民の効用水準をも低下させるという，いわば「トランスファー・パラドックス」(Transfer Paradox) ともいえる状況が生じている[12]．この場合には，経済厚生を高めるためには，相対的に小さな地域である第 2 地域から第 1 地域への所得移転が要請されるが，逆に，これは財源の再分配という公正の観点からは首肯し難い政策であるかもしれ

---

12)　トランスファーパラドックスは，より厳密には補助金の受け取り手の厚生水準が低下し，逆に，補助金を支払った個人の厚生水準が上昇すること示す．Samuelson (1952) に示されているように，2 地域モデルにおいては，その両方が同時におこることはない．

ない.

5.4 地域間競争，自発的補助金と Nash 均衡

Tiebout 均衡と地方政府の地域内厚生最大化ゲーム

前節までの分析により，各地域が非対称的な場合には，分権的な地方政府は最適な地域間人口配分を達成できないことが示された．また，その場合に中央政府が行う地域間所得移転政策により，人口配分の非効率性が改善され，2 地域の社会的厚生水準が上昇する可能性が示された．Tiebout 均衡の下で住民移動がもたらすこのような効果は，(住民移動の) 財政外部性と呼ばれている．

ところで，このような財政外部性が発生する場合には，地方政府の公共財供給や租税などの政策による住民移動を通じて，地方政府の採る政策が相互に影響しあうことがわかる．このような相互依存関係の下での政策決定においては，Nash の行動仮定を想定したゲーム論的均衡（Nash 均衡）の分析が必要となる．本節では，このような考え方に従って，地域間の政策決定における相互依存関係をふまえて戦略的な行動をとる地方政府の公共財供給の最適性を検討する．

このような地域間の政策的相互依存関係の下で地方政府の政策決定を検討した研究には，Wildasin (1988)，Myers (1990)，Myers and Papageorgius (1993)，Wellish (1994) などがある．この中で，Myers (1990) においては，住民の居住地域選択に関する Tiebout 的な行動仮説のもとで，住民の厚生水準の最大化を政策目標とする各地方政府が自発的な地域間所得移転のインセンティブを持つ場合には，非対称的な地域間においてもパレート最適な資源配分が達成されることが示されている．これは，地方政府が住民移動により発生する財政外部性を，自発的地域間補助金によりコントロールすることが可能であるならば，公共財供給がパレート最適になることを意味している．

本節ではこのような指摘にしたがって，人口移動の財政外部性が存在する場合の地方政府間の Nash 均衡を検討しよう[13]．人口移動がもたらす財政外部性を明示的に認識するとともに，新たな政策手段として自発的な所得移転動機を持つような地方政府を想定しよう．分析を明確にするために，前節までに展開してきた非対称的な 2 地域モデルに，各地方政府が自発的に行う地域間所得移転を導入する．地方政府は住民の効用水準の最大化を行動目標として，公共財の供給および自発的な地域間所得移転，およびそれらのための一括所得税の徴収について決定するとしよう．したがって，第 i 地域の政府予算制約式は次のように示される．

$$g_i - t_i N_i + S_{ij} - S_{ji} = 0, \quad i, j = 1, 2, \quad i \neq j \tag{5.10}$$

ここで，S_{ij} は第 i 地方の第 j 地域に対する所得移転である．政府予算制約式のこのような変更に伴い，第 i 地域の資源制約式は次のように変更される．

$$f_i(N_i, L_i) - N_i x_i - g_i - S_{ij} + S_{ji} = 0, \quad i, j = 1, 2, \quad i \neq j \tag{5.11}$$

前節までと同様にここでも Tiebout 仮説を想定するので，住民の自由な居住地選択の結果，両地域の住民の効用水準が均等化するという Tiebout 均衡条件が成立する．

$$u_1 = u_2 \tag{5.12}$$

両地域の地方政府は，資源制約，Tiebout 均衡条件を制約として，当該地域の住民の効用水準を最大化するように，公共財の供給水準と他地域に対する所得移転額を決定する．ところで，政府の予算制約式から，当該地域の地方政府が選択しうる公共財や他地域への所得移転のとりうる大きさは，他地域から当該地域への所得移転の大きさに依存していることがわかる．これは，当該地域の住民の効用最大のための政策が，他地域の政策に依存して決まる

---

13) 以下での議論は，基本的に Myers (1990) に従って展開される．

第5章　地方分権と補助金政策　　　　157

ことを意味している．そこで，ここでは両地域の政府の行動に，「当該地域
の政府が政策を変化させても，他地域の政府は政策を変更しないことを想定
して政策変数を選択する」という Nash 型の行動仮定を採用し，その仮定の
もとで得られる地方政府間の均衡（Nash 均衡）の効率性を検討することに
しよう．

　このような想定の下で，各地方政府の政策は次のような最大化問題を通じ
て決定される．

$$\max_{(x_i,\,g_i)} \quad u_i = u[(f_i - g_i - S_{ij} + S_{ji})/N_i,\, g_i]$$
$$s.t. \quad u_i = u_j,\, and\, g_i,\, S_{ij} \geq 0,\quad i,j=1,2,\quad i \neq j \tag{5.13}$$

この問題は，通常のノンリニア・プログラミング（Non-linear
Programming）の手法を用いて解くことができる[14]．ここでは，（5.13）式
を直接解く代わりに，Boadway（1982），Myers（1990）などにしたがって，
Tiebout 均衡条件から得られる住民移動関数を用いて分析を進めよう．

　Tiebout 均衡の条件式を全微分することにより，各地域の住民数 N_i が，
各地域の政策変数に依存して決まることがわかる．このような関係は，次の
ような暗黙的な住民移動関数により示される．

$$N_i = N_i(g_i, g_j, S_{ij}, S_{ji}),\quad i,j=1,2,\quad i \neq j \tag{5.14}$$

（5.14）式を（5.13）式の最大化問題に代入し，最大化のための 1 階の条件
（Kuhn-Tucker Conditions）を求めると，次のようになる．

$$\frac{\partial u_i}{\partial g_i} = u_{ig} - \frac{u_{ix}}{N_i} + \frac{u_{ix}}{N_i}(f_{Ni} - x_i)\frac{\partial N_i}{\partial g_i} \leq 0,\, g_i \geq 0,$$
$$g_i\frac{\partial u_i}{\partial g_i} = 0 \qquad i,j=1,2,\quad i \neq j \tag{5.15}$$

$$\frac{\partial u_i}{\partial S_{ij}} = -\frac{u_{ix}}{N_i} + \frac{u_{ix}}{N_i}(f_{Ni} - x_i)\frac{\partial N_i}{\partial S_{ij}} \leq 0,\, S_{ij} \geq 0,$$

---

14)　例えば，Intriligator（1971）などを参照されたい．

$$S_{ij}\frac{\partial u_i}{\partial S_{ij}}=0 \qquad i,j=1,2, \quad i\neq j \tag{5.16}$$

ここで，住民移動関数より，

$$\frac{\partial N_i}{\partial g_i}=\frac{u_{ix}/N_i-u_{ig}}{D'}, \qquad i,j=1,2, \ i\neq j \tag{5.17}$$

$$\frac{\partial N_i}{\partial S_{ij}}=\frac{u_{ix}/N_i+u_{jx}/N_j}{D'}, \qquad i,j=1,2, \ i\neq j \tag{5.18}$$

$$D'\equiv u_{ix}(f_{Ni}-x_i)/N_i+u_{jx}(f_{Nj}-x_j)/N_j$$

(5.18) 式 を (5.16) 式 に 代 入 し 整 理 す る こ と に よ り，$\partial u_i/\partial S_{ij}=-\partial u_j/\partial S_{ji}$ となることがわかる．Nash 均衡のもとでは，(5.16) 式が 2 地域同時に成立するので，$\partial u_i/\partial S_{ij}=-\partial u_j/\partial S_{ji}=0$ となることがわかる．したがって，(5.16) 式をゼロと置き整理することにより，この時には，最適な人口配分式 $f_{Ni}-x_i=f_{Nj}-x_j$ が成立していることがわかる．また，地域間所得移転に課した非負条件と，$\partial u_i/\partial S_{ij}=-\partial u_j/\partial S_{ji}=0$ より，Nash 均衡のもとでは，ある地域が最適な所得移転を行っており，もう一方の地域では所得移転がゼロとなっていることがわかる．

また，(5.17) 式を (5.15) 式に代入することにより，公共財の供給に関する次のような式を得る．

$$\frac{\partial u_i}{\partial g_i}=(u_{ig}-\frac{u_{ix}}{N_i})[1-\frac{u_{ix}}{N_i}(f_{iN}-x_i)/D']=0, \quad i=1,2 \tag{5.19}$$

ここで，右辺のカギ括弧の中は一般的にゼロではないので，公共財に関する内点解の存在を仮定すれば，公共財供給の Samuelson 条件が得られる．これらの 2 つの条件により，自発的な地域間所得移転による地方政府間の Nash 均衡は，パレート最適であることがわかる．

地域間所得再分配と地方税

これまでの分析においては，簡単のため，各地域で発生した地代は各地域の住民に均等に配分される状況を考えてきた．ここでは，ある地域に発生す

第5章　地方分権と補助金政策　　　159

る地代が地域を越えて分配される場合に分析を拡大しよう．Myers（1990）
では，このような，地代を通じた地域間所得の移動がある場合には，住民に
対する一括所得税に加えて財産税（Property Tax）が利用可能であれば，最
適な公共財供給と人口配分が達成されることが示されている．以下では，基
本的にMyersの議論に基本的に依拠しながら，Tiebout均衡の下での地方
税の効果に関してNash均衡の効率性の観点から分析を進める．

　これまでのモデルと同様に，すべての個人が全地域の土地を均等に所有し
ている状況を考えよう．第i地域の個人の税引き後の予算制約式は次のよう
に示される．

$$x_i = (f_{iN} - t_i) + \sum_{k=1}^{2} (R_k - t_{kR} L_k)/P \tag{5.20}$$

$$R_k \equiv f_k - N_k f_{kN}, \quad i = 1, 2$$

ここで，R_kは第k地域の地代，L_kは第i地域の土地供給量，t_iは第c地域
の一括所得税，t_{kR}は第k地域の財産税，Pは両地域の総人口を示している．
また，第i地域の政府の予算制約式は，次のように示される．

$$g_i = t_i N_i + t_{iR} L_i, \quad i = 1, 2 \tag{5.21}$$

これらの式を考慮することにより，各地域の資源制約式として次のような式
を得る．

$$f_i - g_i - N_i x_i - N_j(R_i - t_{iR} L_i)/P + N_i(R_j - t_{jR} L_j)/P = 0, \ i, j = 1, 2, i \neq j \tag{5.22}$$

ここで，$N_j(R_j - t_{iR} L_i)/P \equiv S_{ij}$と解釈すれば，前節で取り扱った地域間所得移
転を含むモデルの資源制約（5.11）とまったく同じ式を得ることになる．そ
こで，地方政府が財産税t_{iR}のコントロールを通じて地域間の地代配分S_{ij}を
間接的にコントロールすることにより，地域間の人口配分を改善し，前節と
同じNash均衡を達成することができる．したがって，地方政府が地域間所
得移転ではなく財産税を課税する場合にも，パレート最適な地域間資源配分
を達成することができる．

このように，地域間人口配分の非効率性を改善するためには，地域間所得の再分配を通じた住民の地域間移動が必要となることがわかる．そのためには，地域間の所得の配分を変化させるための何らかの方策が必要となる．このような手段としては，先ほど考察した所得移転や財産税のほかにも，地域を超える消費需要がある場合には地方消費税，また，諸地域の関係が都心と住宅街などという場合には，都心の事業法人への課税なども有効であるかもしれない．

地方分権と中央政府の役割

この節では，Tiebout 的な人口移動による地域間の効用均等化が実現している場合，Nash の行動仮定の下で地方政府間の財政競争が行われているならば，地方政府の自発的な地域間所得移転により分権的な経済の効率性が達成されることが示された．これは，地域間の財政競争の中で，地方政府がより高い効用水準の達成を求めて，当該地域の人口配分を改善するための方策として他地域に対する所得移転を行う結果，パレート最適が達成されるというものである．

このような考え方を推し進めてゆくならば，地方公共財，国家的公共財あるいは経済安定化政策などの便益の他地域へのスピルオーバー効果に関しても，当該地域の政策によるスピルオーバーが他地域の効用水準を引き上げ，人口配分を変化させる結果，当該地域の効用が増加する可能性が考えられる．このような文脈において，ある地域の政策が他地域に及ぼす効果を当該地域の効用変化として認識する結果，他地域に及ぼす効果が内部化され，最適な政策が採られるというものである．

このような研究分野は，いまだ十分な研究成果が蓄積されているわけではないが，この議論が妥当する場合には，中央政府の役割は，少なくとも理論的には最低限のものとなるであろう．このような状態は完全な地方分権 (Perfect Decentralization) と呼ばれている．

ところが，このような議論は市場の完全性や移動費用を伴わない住民の自

第5章　地方分権と補助金政策　　　　　　　　161

由な地域選択，さらに，地方政府とその住民に対して政策効果や他地域から
のリパーカッションなどに関する完全な情報と合理性などを前提としている．
もちろん，市場や住民の移動に関するこのような想定は，分析を明確にする
ための簡単化の想定にすぎない．さらに，個人の予見能力や合理性は必ずし
もこの議論が求めているようなものではないし，また，政策効果に関する情
報や，他地域からの政策効果のリパーカッションについても完全に予見する
ことは困難であろう．

　さらに，ここでは分析の簡単化のために2地域のみが存在する状況を考慮
したが，多数の地域が存在するような状況においては，分析のキーポイント
となっていた各地域の戦略的な立場の重要性が薄れてゆくものと考えられる．
また，そのような状況では，特定地域の採る人口配分の効率化のための政策
に，別の政府がただ乗り（Free Ride）する可能性が指摘されている．

　このように，財政競争の中での分権的地方政府のNash均衡は，地方分権
の経済厚生効果に関して重要な論点を示唆するものであるが，その想定の現
実妥当性や定理の現実の政策への適応可能性などに関しては，今後の研究の
展開を待たざるを得ない．少なくとも現時点においては，地方分権の効率性
改善効果を生かしつつも，人口配分の非効率性や地方公共財のスピルオーバ
ーの補整，租税徴収や公共財供給における規模の経済の活用などより上位の
政府の介入が必要となろう．

5.5　スピルオーバー効果と補助金政策

　前節においては，財政力格差が存在する非対称的な2地域モデルを用いて，
各地域の自発的な地域間補助金が人口配分と公共財供給の効率性を改善し，
パレート最適なNash均衡をもたらすことが示された．本節では，公共財の
便益が地域外にスピルオーバーするような財政外部性を想定し，公共財供給
の効率性を改善するための補助金の経済効果を分析する．補助金が公共財供
給に与える影響を検討した研究には，Boadway, Pestieau and Wildasin

(1989) がある．そこでは，完全な地方分権の下で国家的公共財を地方政府が自発的に提供しあうような2地域経済モデルを用いて，一般補助金，特定補助金の効果を分析している．ここでは，このようなモデルを応用して，便益が地域外にスピルオーバーするような地方公共財の供給に対するさまざまな補助金の効率性改善効果を検討する．

　公共財便益がスピルオーバーする場合，ある地域が提供する公共財が他地域に与える便益は，一般的には当該地方政府の政策決定に反映されない．したがって，このような場合，公共財は最適な水準より過小にしか供給されないことが知られている．前節で検討したような地域間の自発的補助金は，ここで用いる住民移動を想定しない2地域経済モデルにおいては有効ではない．そこで，中央政府のさまざまな補助金政策が，地方政府の公共財供給を改善することができるかどうかを，公共財の便益が互いにスピルオーバー効果を与え合うような設定の下で検討する．

5.5.1　モデル

　ここでは，地方公共財のスピルオーバー効果を明示的に考慮した住民移動が不可能な2地域モデルを用いて，中央政府の補助金の経済効果を検討する．モデルの基本的な仮定は以下のようなものである．

仮定

①　2地域 ($i=1, 2$) があり，それぞれの地域に同数の住民 ($n_1 = n_2 = n$) が住んでいる．住民は，地域間移動ができないと仮定する．

②　財は2財が存在し，x_i を私的財，g_i を公共財とする[15]．

③　地方公共財の便益は互いに他の地域にスピルオーバーする．

④　中央政府と地方政府が存在し，中央政府が補助金政策（およびそのた

---

15)　Boadway, Pestieau and Wildasin (1989) では，国家的公共財と地方公共財を考えているが，ここでは中央政府の補助金が地方政府の公共財供給に与える効果に注目するため，公共財便益がスピルオーバーする地方公共財のみを検討する．

第5章 地方分権と補助金政策　　163

めの租税政策）を実施し，地方政府は中央政府の政策を与えられたもの
として行動する．

住民の行動

各地域の住民は，私的財と当該地域の地方政府が供給する公共財および他
の地域の公共財から効用を得る．したがって，各地域の住民の効用関数は以
下のように示される．

$$u_i(x_i, g), \quad i=1, 2 \tag{5.23}$$

ただし，ここで $g=g_1+g_2$ である．この効用関数は，通常の準凹関数の性質
を満たすと仮定する．

生産活動

各地域の住民は，それぞれ1の労働供給を行い，1人当たり w_i の賃金を
得る．財の単位はそれぞれの価格が1となるように正規化され，その相対価
格は変化しないと仮定する[16]．

中央政府の行動

中央政府は，2地域に対して2種類の所得移転を行う．それらは，一括補
助金 T_i と定率補助金 t_i とする．一括補助金のためには私的財に課税する物
品税 τ_i を用いて財源を調達する．また，定率補助金は負の一括補助金によ
り財源調達されると仮定する．したがって，中央政府の予算制約式は次のよ
うに示される．

$$\sum_i (T_i+t_ig_i-\tau_inx_i)=0, \quad i=1, 2 \tag{5.24}$$

---

16) このように仮定すると，ここでは線形の生産関数を想定していると考えてもよ
　　い．

地方政府の行動

　以上のような想定の下で，地方政府の予算制約式は次のように示される．

$$(1+\tau_i)x_in+(1-t_i)g_i=nw_i+T_i, \quad i=1,2 \tag{5.25}$$

　先述のように，地方政府は中央政府の政策変数を所与として行動する．住民の効用関数を見ればわかるように，地方公共財が互いにスピルオーバー効果を持つことから，両地域の公共財供給量に関する決定は互いに相互依存の関係にある．そこで，公共財供給に関する決定に当たっては，両地域の地方政府は Nash の仮定の下にゲーム論的行動をとると仮定する．つまり，i 地域の地方政府は，j 地域の地方政府が供給する公共財 g_j を所与として，自地域の住民の効用を最大化するように公共財供給 g_i を決定すると仮定する．このようにして，両地域の Nash 均衡が成立するが，本節では，この Nash 均衡が効率的であるかどうか，そして，効率的でないなら中央政府の補助金政策により効率性が改善されるのかどうかを分析する．

地方政府の最大化問題

$$\max_{(x_i,\,g_i)} \quad u_i(x_i, g_i+g_j)$$
$$s.t. \quad (1+\tau_i)x_in+(1-t_i)g_i=nw_i+T_i, \quad i,j=1,2, \quad i\neq j \tag{5.26}$$

最大化のための必要条件を整理することにより，両地域にわたる公共財の供給に関する次のような条件を得る．

$$n\frac{u_{1g}}{u_{1x}}+n\frac{u_{2g}}{u_{2x}}=\frac{(1-t_1)}{(1+\tau_1)}+\frac{(1-t_2)}{(1+\tau_2)} \tag{5.27}$$

(5.27) 式は，両地域を通じた公共財供給に関する Samuelson 条件に他ならない．とくに，中央政府の補助金政策がない場合には，つまり政策変数である t_i, τ_i がゼロの場合には，(5.27) 式の右辺は 2 となり，限界変形率（この場合には 1）を超過していることがわかる．したがって，スピルオーバー効果を伴う地方公共財の供給に関する Nash 均衡は，パレート最適を達成でき

第5章 地方分権と補助金政策　　　　165

ないことがわかる．このように，両地域の公共財供給は，他地域の便益が供
給決定に反映されないため過小供給となることがわかる．

　次に，最適化のための一階の条件を整理することにより，Nash 均衡にお
ける両地域の公共財需要関数を次のように示すことができる．

$$g_1 + \bar{g}_2 = \varphi^1(1+\tau_1, 1-t_1, I_1) \tag{5.28}$$

$$\bar{g}_1 + g_2 = \varphi^2(1+\tau_2, 1-t_2, I_2) \tag{5.29}$$

ただし，ここで $I_i = nw_i + T_i + (1-t_i)\bar{g}_j$ としている．

　このような考察を踏まえて，以下では中央政府の補助金政策が公共財供給
を増加させるか否かを検討しよう．

5.5.2　中央政府の補助金政策の効果

一括補助金

　最初に，中央政府が一括補助金を地方政府に与えた場合に，地方政府の最
適化行動がどのように影響を受けるかを検討する．中央政府は，消費に課す
物品税率 τ_i，公共財に対する定率補助金 t_i を所与として，第1, 第2地域の
一括補助金 T_1, T_2 を変化させるとする．ここでは，均衡財政の補助金政策
を考えるので，中央政府の予算制約式が均衡するような補助金の操作を考え
る．ただし，一括補助金の効果により各地方の私的財の消費や公共財供給量
が変わることに注意しなればならない．

　中央政府の予算制約式を全微分することにより，次の式を得る．

$$\sum_{i=1}^{2}(dT_i + t_i dg_i - \tau_i ndx_i) = 0 \tag{5.30}$$

両地域の Nash 均衡における公共財供給量の変化を公共財の需要関数を用い
て示すと，次のようになる．

$$dg_1 + dg_2 = \frac{\partial \varphi_1}{\partial I_1}[dT_1 + (1-t_1)dg_2] \tag{5.31}$$

$$dg_1 + dg_2 = \frac{\partial \varphi_2}{\partial I_2}[dT_2 + (1-t_2)dg_1] \tag{5.32}$$

政府の予算制約式を用いて dT_2 について解き, (5.32) 式に代入し整理することにより次のような式を得る.

$$\begin{pmatrix} 1 & 1 - \dfrac{\partial \varphi_1}{\partial I_1}(1-t_1) \\ 1 - \dfrac{\partial \varphi_2}{\partial I_2}(1-t_1-t_2) & 1 + \dfrac{\partial \varphi_2}{\partial I_2}t_2 \end{pmatrix}\begin{pmatrix} dg_1 \\ dg_2 \end{pmatrix} = \begin{pmatrix} \dfrac{\partial \varphi_1}{\partial I_1} \\ \dfrac{\partial \varphi_2}{\partial I_2} \end{pmatrix}dT_1 \tag{5.33}$$

(5.33) 式左辺の係数行列式を D とすると, これは次のように示される.

$$D = (1-t_1)[\frac{\partial \varphi_1}{\partial I_1} + \frac{\partial \varphi_2}{\partial I_2} + \frac{\partial \varphi_1}{\partial I_1}\frac{\partial \varphi_2}{\partial I_2}(1-t_1-t_2)] \tag{5.34}$$

ここで, $t_i \geq 0$, $i = 1, 2$ とし, $(1-t_1-t_2) \leq 1$ と仮定すれば, $D > 0$ となることがわかる.

　したがって, Nash 均衡における公共財の供給量変化について以下の式が成立している.

$$dg_i = \frac{dT_j}{(1-t_j)}, \quad i = 1, 2, \quad i \neq j \tag{5.35}$$

$$dg_1 + dg_2 = 0 \tag{5.36}$$

$dI_i = dT_i + (1-t_i)dg_j$ に (5.35) 式を代入すれば, $dI_i = 0$ となることがわかるので, 地方政府の予算制約式より, $dx_i = 0$ も得られる. したがって, 中央政府の一括補助金は地方政府の行動に何ら影響を与えることなく, 公共財供給も不変にとどまることがわかる. このような関係は, 補助金の中立性命題と呼ばれている.

定率補助金

　次に, 定率補助金 (t_i) が公共財供給にもたらす効果を検討する. 以下では, 私的財に対する物品税 (τ_i) はゼロと仮定する. これにより, 税がもた

らす歪みは回避することができ，定率補助金の効果をより明瞭に示すことができる．ここでは，定額補助金（T_i）を用いて定率補助金の財源を調達することにする．

以下では，第2地域に対する定額補助金（T_2）を増加させることにより，両地域に対する定率補助金（t_1, t_2）を変化させる．したがって，以下のような3つのパターンの補助金政策の経済効果を検討することができる．それらは，①第2地域に対する定額補助金（T_2）によりファイナンスした第1地域に対する定率補助金（t_1）の増加，②第2地域に対する定額補助金（T_2）によりファイナンスした第2地域に対する定率補助金（t_2）の増加，③第2地域に対する定額補助金（T_2）によりファイナンスした両地域に対する定率補助金（t_1, t_2）の増加である．

まず，中央政府の予算制約式に $\tau_i=0$，$dT_1=0$ を適用して全微分することにより，次の式を得る．

$$dT_2 = -\sum_{i=1}^{2}(dt_i g_i + t_i dg_i) \tag{5.37}$$

次に，両地方の公共財需要関数を定率補助金と定額補助金に関して微分することにより，次の関係を得る．

$$dg_1 + dg_2 = -\frac{\partial\varphi_1}{\partial t_1}dt_1 + \frac{\partial\varphi_1}{\partial I_1}[(1-t_1)dg_2 - g_2 dt_1] \tag{5.38}$$

$$dg_1 + dg_2 = -\frac{\partial\varphi_2}{\partial t_2}dt_2 + \frac{\partial\varphi_2}{\partial I_2}[dT_2 + (1-t_2)dg_1 - g_1 dt_2] \tag{5.39}$$

（5.37）式を（5.39）式に代入して dT_2 を消去することにより，次のように整理することができる．

$$\begin{pmatrix} 1 & 1-\dfrac{\partial\varphi_1}{\partial I_1}(1-t_1) \\ 1-\dfrac{\partial\varphi_2}{\partial I_2}(1-t_1-t_2) & 1+\dfrac{\partial\varphi_2}{\partial I_2}t_2 \end{pmatrix}\begin{pmatrix} dg_1 \\ dg_2 \end{pmatrix} = \begin{pmatrix} a_1 & 0 \\ a_2 & b_2 \end{pmatrix}\begin{pmatrix} dt_1 \\ dt_2 \end{pmatrix} \tag{5.40}$$

$$a_1 = -(\frac{\partial \varphi_1}{\partial t_1} + \frac{\partial \varphi_1}{\partial I_1} g_2)dt_1 = -(S_1 - g_1 \frac{\partial \varphi_1}{\partial I_1}) > 0 \tag{5.41}$$

$$a_2 = -g_1 \frac{\partial \varphi_2}{\partial I_2} < 0 \tag{5.42}$$

$$b_2 = -[\frac{\partial \varphi_2}{\partial t_2} + \frac{\partial \varphi_2}{\partial I_2}(g_1 + g_2)] = -S_2 > 0 \tag{5.43}$$

$$S_i = \frac{\partial \varphi_i}{\partial t_i} + \frac{\partial \varphi_i}{\partial I_i}(g_1 + g_2), \quad i = 1, 2 \tag{5.44}$$

ここで S_i は定率補助金の変化に伴うスルツキー方程式を示している.
一括補助金の場合と同様に, (5.40) 式の左辺係数行列式を D とすると, これは次のように示される.

$$D = (1-t_1)[\frac{\partial \varphi_1}{\partial I_1} + \frac{\partial \varphi_2}{\partial I_2} + \frac{\partial \varphi_1}{\partial I_1}\frac{\partial \varphi_2}{\partial I_2}(1-t_1-t_2)] \tag{5.45}$$

先述のように, $t_i \geq 0$, $i = 1, 2$ とし, $1-t_1-t_2 \leq 1$ と仮定すれば, $D > 0$ と示すことができる.

このような準備に基づいて, 定率補助金政策に関する通常の比較静学の結果が次のように示される.

$$\frac{\partial g_1}{\partial t_1} = -\frac{S_1(1 + t_2 \frac{\partial \varphi_2}{\partial I_2})}{D} + \frac{g_1}{1-t_1} > 0 \tag{5.46}$$

$$\frac{\partial g_1}{\partial t_2} = \frac{S_2[1 - (1-t_1)\frac{\partial \varphi_2}{\partial I_2}]}{D} < 0 \tag{5.47}$$

$$\frac{\partial g_2}{\partial t_1} = \frac{S_1[1 - (1-t_1-t_2)\frac{\partial \varphi_2}{\partial I_2}]}{D} - \frac{g_1}{1-t_1} < 0 \tag{5.48}$$

$$\frac{\partial g_2}{\partial t_2} = -\frac{S_2}{D} > 0 \tag{5.49}$$

したがって, 定率補助金が公共財供給に与える効果は, 自己効果については正, 交差効果については負となることがわかった. このように, 定率補助金は公共財供給に影響を与えることがわかった.

ところで，このような補助金が交付されたとき，経済全体として公共財供給が増えるのであろうか．これを検討するために，2地域の公共財供給を見ると次のような関係が得られる．

$$\frac{\partial g_1}{\partial t_1} + \frac{\partial g_2}{\partial t_1} = -\frac{S_1(1-t_1)\dfrac{\partial \varphi_2}{\partial I_2}}{D} > 0 \tag{5.50}$$

$$\frac{\partial g_1}{\partial t_2} + \frac{\partial g_2}{\partial t_2} = -\frac{S_2(1-t_1)\dfrac{\partial \varphi_1}{\partial I_1}}{D} > 0 \tag{5.51}$$

したがって，定率補助金は両地域の公共財供給を増加させ，スピルオーバー効果がもたらす過小供給の非効率性を改善することがわかった．

5.6 結論

第5章においては，地域間補助金の経済効果を以下のように3つの想定の下で検討した．すでに第2章において検討したように，非対称的な地域の場合には，一般的には非効率的な均衡が成立するという「分権的経済の失敗」が生じることになる．そのような場合には，中央政府による地域間所得移転の政策により，経済の効率性が改善される可能性が示される．

第5.3節においては，中央政府の地域間所得移転政策を取り上げ，どのような条件の下でこの政策が分権的経済の効率性を改善するかを検討した．そこでは，地域間所得移転に関する財政調整および所得再分配の手段という伝統的な政策目標と，人口配分の改善による分権的経済の効率化というここでの主たる政策目標との間に，よく知られた「効率性と公平性」のディレンマが発生する可能性が示された．

第5.4節では，地方政府間の財政競争というゲーム論的な状況の中で，地方政府の自発的な所得移転を含むNash均衡がパレート最適な資源配分を達成する可能性を示した．また，財産税，地方所得税などの地域間の所得再分配に影響力を持つ租税によっても，同じ状態が達成されることが示された．

この議論は，分権的経済における中央政府の役割が最小限にとどまることを示唆している．

このような議論は，地方分権の経済効果と中央政府の役割に関して重要な示唆を与えるものであるが，市場や個人，地方政府などに関して非常に制約的な仮定の上に成立するものであることには十分な注意が必要であろう．このような議論の現実妥当性，政策としての適用可能性に関しては，今後の研究成果の蓄積を待つ必要がある．

最後に，第5.5節においては，公共財の便益が地域外にスピルオーバーするような財政外部性を想定し，公共財供給の効率性を改善するための補助金の経済効果を分析した．公共財便益がスピルオーバーする場合，地方政府の政策決定には，当該地域が提供する公共財の他地域における便益評価は一般的には反映されない．したがって，このような場合，公共財は最適な水準より過小にしか供給されないことが知られている．第5.4節で検討したような地域間の自発的補助金は，住民移動を想定しない場合には有効ではないため，ここでは中央政府の補助金政策を検討した．その結果，中央政府の定額補助金は，各地方政府の公共財供給を改善することができず，中立的であるものの，定率補助金は公共財供給を増加させ，効率を改善する効果を持つことがわかった．

Appendix　中央政府による所得移転政策の効果

(5.4) ～ (5.6) 式を全微分することにより，次のような式を得る．

$$(u_{g1}+a_1c_1)dN_1+(N_1b_1-a_1)dg_1=a_1dS \tag{A5.1}$$

$$-(u_{g2}+a_2c_2)dN_1+(N_2b_2-a_2)dg_2=-a_2dS \tag{A5.2}$$

$$[(u_{x1}c_1/N_1)+(u_{x2}c_2/N_2)]dN_1=(u_{x1}/N_1+u_{x2}/N_2)dS \tag{A5.3}$$

ここで，$a_i \equiv u_{gx}^i-u_{xx}^i/N_i, b_i \equiv u_{gg}^i-u_{gx}^i/N_i, xi \equiv f_{Ni}-x_i, i=1,2$

第 5 章　地方分権と補助金政策　　　　　171

とする．(A5.3) 式を $\dfrac{dN_1}{dS}$ について解くことにより，(5.7)，(5.8) 式を得る．

さらに，$\dfrac{dg_1}{dS}$ および $\dfrac{dg_2}{dS}$ については，(A5.1)，(A5.2) 式に $\dfrac{dN_1}{dS}$ を代入することにより求めることができる．

第 6 章
ヤードスティック競争と補助金政策

6.1 はじめに

　第 3 章において検討したように，地方政府間のヤードスティック競争は，特定の条件の下で超過レントの発生を抑えるなど地方政府の行動を規律付け，政策パフォーマンスを改善する効果を持っている．しかしながら，ヤードスティック競争の Nash 均衡は，一般的に公共財供給のパレート最適を満たさず過小供給となることがわかった．本章では，ヤードスティック競争における公共財の過小供給という非効率性を改善するために，さまざまな補助金政策の有効性を検討する．あわせて，公共財のスピルオーバー効果が発生する場合についても検討する．

　政府間補助金には，地方政府が相互に行う地方政府間補助金と中央政府が地方政府に対して行う垂直的補助金とがある．すでに，第 5 章において詳しく検討したように，Tiebout モデルにおいて地方政府間の自発的補助金を考えるならば，望ましい住民移動によって財政力格差を含む地域間格差が引き起こす非効率性が解消され，パレート最適が達成することが明らかになった[1]．Myers (1990), Myers and Papageorgius (1993) は，Tiebout 的な人口移動から生じる財政外部性（人口配分の非効率性）が，地方政府相互の自発的補助金によって最適化されることを示した．

---

1) これらの研究は，Myers (1990), Wellish (1994) などの研究成果を基本としている．このような議論については，第 5 章，第 4 節において詳しく論じている．

しかしながら，自由で費用のかからない住民移動を想定しない場合には，人口移動による調整ができないことに加えて，ヤードスティック競争においては地方政府が自発的に近隣地域に補助金を交付するインセンティブが存在しない．これは，例えば，近隣地域に対する自発的補助金が，自地域の財政資金を減少させ政府の再選確率を低下させるばかりでなく，住民移動を想定しない場合には人口過剰による混雑減少の緩和など自発的補助金のメリットを享受することができないからである．このように，地方政府間の自発的補助金は無効であり，非効率性の緩和のためには中央政府の補助金が必要となることが示される．本章においては，第3章で展開したヤードスティック競争モデルを用いて，プリンシパル＝エージェント関係が原因となって発生する地方公共財供給の過小供給を改善するための地方政府間の自発的補助金，中央政府の垂直的補助金政策の有効性を検討する[2]．

以下では，まず，地方政府間の自発的補助金政策を検討し，ヤードスティック競争の下では地方政府に自発的補助金を行うインセンティブが存在しないことを示す．続いて，中央政府による一括固定補助金と定率補助金の効果を検討する．その結果，一括補助金はヤードスティック均衡に対して中立的であり，公共財供給水準に影響を及ぼさないが，公共財の供給費用に対する定率補助金はヤードスティック均衡の公共財供給水準を増加させ，経済厚生を高めることが示される[3]．

ところで，先に述べたように，Tiebout 型の地域間競争モデルにおいては，自発的補助金は公共財供給の水準を適正化し，効率性の改善に対して有効であった．これは，公共財供給という資源配分の改善に対する中央政府の補助金政策の役割が小さいことを意味している．ところが，ヤードスティック競

---

2) 本章は，基本的に Nishigaki, Higashi and Nishimoto（2016）に基づきながら，大幅に加筆・修正したものである．

3) このような経済効果は Boadway, et. al（1989）においても指摘されている．ただし，そこでは，2地域からなる市場均衡モデルを用いて国家的公共財を2つの地方政府が自発的に供給するという設定において，公共財のスピルオーバー効果が原因となって発生する公共財の過小供給を取り扱っている．

第6章　ヤードスティック競争と補助金政策　　　175

争の均衡においては公共財の過小供給を改善するために中央政府の定率補助金が有効であることが示される．これは，分権的な地方財政システムにおいても中央政府の補助金政策に一定の役割があることを意味している．

すでに第5章において見たように，Boadway, Pestieau and Wildasin (1989) は，完全競争的な2地域経済モデルを用いて，便益が互いの地域にスピルオーバーする公共財を地方政府が自発的に提供しあうような設定において，定額補助金，定率補助金の効果を分析した．本章においても，公共財の便益が地域外にスピルオーバーするような財政外部性を想定し，それが引き起こす公共財の過小供給という非効率性を改善するための補助金の経済効果を分析する．ここでは，第3章において展開したヤードスティック競争モデルに地方公共財のスピルオーバー効果を明示的に導入し，このような財政外部性が存在する場合の，地方公共財の供給に対する補助金政策の効率性改善効果を検討する．

公共財便益がスピルオーバーする場合には，公共財の他地域における便益評価は，地方政府の政策決定には反映されない．このような場合には，公共財は最適な水準より過小にしか供給されないことが知られている．ところが，本書で取り扱っているヤードスティック競争モデルにおいては，当該地域の地方公共財がもたらすスピルオーバー効果が他地域の住民の効用水準に影響を及ぼすため，住民のヤードスティック評価を通じて自地域政府の政策決定に反映される可能性がある．したがって，Tiebout モデルとは異なる結果が予想される．そのような場合に，地方公共財供給の効率性にはどのような影響が及ぶのであろうか．また，中央政府のさまざまな補助金政策は各地方政府の公共財供給を改善することができるのであろうか．本節では，公共財の便益が互いにスピルオーバー効果を与え合うような2地域のヤードスティック競争モデルの設定の下で，補助金の公共財供給を最適化する効果について検討する[4]．

―――――――――――

　4)　ヤードスティック競争モデルにおいてスピルオーバー効果を取り扱った研究は，

以下の議論は次のように展開される．まず，第6.2節においては，ヤードスティック競争モデルに，自発的な地域間補助金を導入し，公共財の過小供給が解決されるかどうかを検討する．第6.3節においては，中央政府による一括固定移転と定率補助金を導入し，その経済効果を検討する．続いて第6.5節においては，地方公共財のスピルオーバー効果を明示的に導入し，中央政府の補助金政策の効果を検討する．最後に，第6.6節において，主要な結論と今後の課題を述べる．

6.2 ヤードスティック競争と自発的補助金
6.2.1 ヤードスティック競争モデルと公共財の過小供給

本章においては，第3章において展開したヤードスティック競争モデルに様々な補助金を導入し，Nash均衡における公共財の過小供給という非効率性の改善効果を分析する．以下ではまず，ヤードスティック競争モデルと2地域間のNash均衡を，必要最小限の範囲において再度説明しよう．

住民の行動

第3章と同様に，2つの同質的地域 i に同じ人数の住民 n_i（$n_1=n_2$）が住んでいて，住民は地域間を移動できないと仮定する．住民の効用関数は，前節と同様に，私的財 x_i と公共財 g_i から効用を得ると仮定する[5]．両地域の全住民は選好に関して同質的であると仮定し，ここでも，準線形の効用関数を仮定する．代表的住民の効用は次式のように表される．

$$U_i(x_i, g_i) = \alpha x_i + \mu(g_i), \quad i = 1, 2 \tag{6.1}$$

ここで，α は私的財消費に伴う限界効用（一定と仮定）であり，$\mu(g_i)$ は地方公共財から得られる効用を示す関数である．これらの符号条件を，$\alpha > 0$，

　筆者の知る限りにおいては存在しない．
5)　本節においては，スピルオーバー効果は考えない．

$\mu'(g_i) > 0$, $\mu''(g_i) < 0$ と仮定する.

財の生産活動と資源制約

住民は1人1単位の労働を各地域の企業に対して供給し, w_i の賃金を受け取る. 政府は比例的労働所得税 t_i を課すと仮定し, 住民は可処分所得をすべて私的財の消費に使用すると仮定する. 住民の予算制約式は第3章と同様に以下で示される.

$$x_i = (1 - t_i)w_i, \quad i = 1, 2 \tag{6.2}$$

地方政府の予算制約式

地方政府は, 第3章と同様に, 住民1人当たり $t_i w_i$ の税額を徴収して地方公共財 g_i を供給する. また, 地方政府のレントシーキングの可能性を考える. このレントは ρ_i により示す[6]. 各地方政府による公共財 g_i の供給には, 予測不可能な供給コスト削減効果や, Leibenstein 流の内部組織的 X 非効率性が発生すると仮定する[7]. これは, 不確実な攪乱項 ε_i により表されると仮定する.

さらに, 本章においては, さまざまな補助金を考える. まず初めに, 両地域の自発的な地域間補助金を検討する. 第 i 地域から第 j 地域への補助金を s_{ij} としよう. 地域間の補助金が存在する場合には, 公共財 g_i は, 各地域の税収 $t_i w_i n_i$ に加えて, 純補助金の受け取り, 即ち, 第 j 地域からの補助金 s_{ji} から, 当該地域 i が第 j 地域に対して支払った補助金 s_{ij} を差し引いたものを財源として用いることができる. したがって, 政府の予算制約式は以下のように示される.

---

6) すでに第3章において述べたように, このレントは再選レントとは別のものであり, 区別するために超過レントと呼んでいる.

7) Leibenstein (1966) を参照されたい.

$$g_i = t_i w_i n_i - \rho_i + \varepsilon_i - s_{ij} + s_{ji}, \quad i, j = 1, 2, \quad i \neq j \tag{6.3}$$

ここでも，公共財の供給に伴い負の限界効用が発生すると仮定する．公共財 g_i の供給に伴う政府の効用水準は $v(g_i)$ で示される減少関数であり，$v'(g_i) < 0$ および $v''(g_i) < 0$ と仮定する．

住民の効用関数と情報の非対称性

代表的住民の効用関数 (6.1) に，個人の予算制約式 (6.2) と地方政府の予算制約式 (6.3) を代入し整理することにより，以下のように書き直すことができる．

$$U_i(x_i, g_i) = \mu(g_i) + \alpha[w_i - \frac{1}{n_i}(g_i + \rho_i - \varepsilon_i + s_{ij} - s_{ji})], \quad i, j = 1, 2, \quad i \neq j \tag{6.4}$$

(6.4) 式は，住民の効用水準が公共財と私的財に依存しており，後者は地方政府のレントシーキングや両地方政府の補助金，および公共財供給の費用に発生する攪乱要因に影響を受けることを示している．

以下での分析の準備のために，$\alpha > 0$ および n_i は定数であることを考慮し，個人の効用関数を次のように表現する．

$$U_i(x_i, g_i) = U_i(x_i^E, g_i) + \frac{\alpha}{n_i}\varepsilon_i, \quad i = 1, 2 \tag{6.5}$$

ここで，$x_i^E = E(x_i) = w_i - \frac{1}{n_i}(g_i + \rho_i + s_{ij} - s_{ji})$ とする[8]．

政府の行動

以下ではまず，地方政府相互間の自発的な補助金から検討しよう．この節における問題は，ヤードスティック競争のエージェンシーコストがもたらす公共財供給の過小供給が，地方政府相互間の自発的補助金により改善され公共財供給が増加するかどうかである．

---

8) オペレーター E は期待値を示し，$E(x_i) = \int_{-\infty}^{+\infty} x_i(\varepsilon_i)h(\varepsilon_i)d\varepsilon_i$ と表される．

第6章　ヤードスティック競争と補助金政策　　　179

　第3章と同じように，現職の政府は再選されたときにレント R を受け取ると想定して，現職地方政府 i の期待効用最大化問題は次のように示される[9].

$$\max_{(g_i,\, \rho_i,\, s_{ij},\, x_i^E)} \quad E[v(g_i)+\rho_i+R] = v(g_i) + R\frac{\alpha}{n}\int_{-\infty}^{U_i(g_i,\, x_{i\ell}^E)-U_j(g_j,\, x_j^E)} f(\xi)d\xi \quad (6.6)$$

$$s.t. \quad x_i^E = w_i - \frac{1}{n}(g_i+\rho_i-s_{ij}+s_{ji}),\ s_{ij}\geq 0,\ g_i,\rho_i\geq 0,\quad i,j=1,2,\quad i\neq j$$

この問題の制約条件式を目的関数に代入し，最大化問題を解くことにより以下のような1階の条件を得る．

$$\frac{\partial E[\bullet]}{\partial g_i} = v'(g_i) + R\frac{\alpha}{n_i}\Big(\frac{-U_x^i}{n_i}+U_g^i\Big)f(U_i(x_i^E,g_i)-U_j(x_j^E,g_j))\leq 0, \qquad (6.7)$$

$$g_i\frac{\partial E[\bullet]}{\partial g_i} = g_i\Big\{v'(g_i) + R\frac{\alpha}{n_i}\Big(\frac{-U_x^i}{n_i}+U_g^i\Big)f(U_i(x_i^E,g_i)-U_j(x_j^E,g_j))\Big\}=0,$$

$$g_i\geq 0,\quad i,j=1,2,\quad i\neq j \qquad (6.8)$$

$$\frac{\partial E[\bullet]}{\partial \rho_i} = 1 + R\frac{\alpha}{n_i}\Big(-\frac{U_x^i}{n_i}\Big)f(U_i(x_i^E,g_i)-U_j(x_j^E,g_j))\leq 0, \qquad (6.9)$$

$$\rho_i\frac{\partial E[\bullet]}{\partial \rho_i} = \rho_i\{1 + R\frac{\alpha}{n_i}\Big(-\frac{U_x^i}{n_i}\Big)f(U_i(x_i^E,g_i)-U_j(x_j^E,g_j))\}=0,$$

$$\rho_i\geq 0,\quad i,j=1,2,\quad i\neq j \qquad (6.10)$$

$$\frac{\partial E[\bullet]}{\partial s_{ij}} = R\frac{\alpha}{n_i}\Big(-\frac{U_x^i}{n_i}-\frac{U_x^j}{n_j}\Big)f(U_i(x_i^E,g_i)-U_j(x_j^E,g_j))\leq 0, \qquad (6.11)$$

---

9)　ここで，$s_{ij}=0,$ としてこの問題を解くことにより，第3章の4節と同様に以下のような条件式を得る．

$$n\frac{U_g}{U_x} = 1 - v'(g)\frac{n}{R\cdot f(0)\cdot U_x}$$

　この式の左辺は，公共財と私的財の限界代替率であり，右辺は限界変形率である．右辺の第2項は正となっていて，右辺全体では限界変形率 1 $\Big(-\dfrac{dx^E}{dg}=1\Big)$ を超えている．したがって，第3章において示したように，公共財は過小供給となることが示される．

$$s_{ij}\frac{\partial E[\bullet]}{\partial s_{ij}}=s_{ij}R\frac{\alpha}{n_i}\left(-\frac{U_x^i}{n_i}-\frac{U_x^j}{n_j}\right)f(U_i(x_i^E,g_i)-U_j(x_j^E,g_j))=0$$

$$s_{ij}\geqq 0,\ i,j=1,2,\ i\neq j \quad (6.12)$$

まず，対称的な 2 地域を想定していることから，第 3 章と同様に，Nash 均衡は対称均衡（$g_i=g_j=g,\ \rho_i=\rho_j=\rho,\ s_{ij}=s_{ji}=s$）となる．これにより，私的財の期待消費量も両地域で同じ（$x_i^E=x_j^E=x^E$）になる．以下では，これらを考慮しながら地域間の自発的補助金の影響を検討してゆこう．

6.2.2　自発的地域間補助金

対称均衡の条件を（6.9）式に代入し，超過レントがゼロとなる条件（$\rho_i=0$）を求め整理することにより，第 3 章と同様に次の式を得る．

$$R\geqq\frac{n^2}{\alpha U_x^i f(0)}=\frac{n^2}{\alpha^2 f(0)} \quad (6.13)$$

この式は，十分に大きな再選レント（R）が保証される場合には，超過レント（ρ_i）はゼロとなることを意味している．また，この条件は，私的財の限界効用が大きければ大きいほど，そして密度 $f(0)$ が大きければ大きいほど，逆に人口が小さければ小さいほど満たされやすくなる．これは，超過レント 1 単位を取ることに伴う，再選確率の低下により示されるコストが高くなることを意味している．さらに，（6.13）式には自発的補助金が含まれていないことに注意しなければならない．したがって，この補助金は Nash 均衡におけるレントの取得水準に影響を及ぼさないことがわかる．

次に，公共財供給の必要条件（6.7），（6.8）について，内点解が保証される場合（$g_i>0$）に関して整理することにより，以下の条件式を得る[10]．

$$n\frac{U_g}{U_x}=1-v'(g)\frac{n^2}{\alpha\cdot R\cdot f(0)\cdot U_x} \quad (6.14)$$

---

10)　このモデルにおける私的財と公共財の限界変形率は，$dx_i^E/dg_i=1$ となる．したがって，個人の効用を最大にする公共財の供給水準は，$n_i(U_g^i/U_x^i)=1$ と示される．これは，よく知られた Samuelson 条件に他ならない．

これは，第3章における公共財供給の必要条件と全く同じになっており，し
たがって，公共財が過小供給となっていることがわかる．また，政府の公共
財供給に伴う限界負効用が小さければ小さいほど，あるいは再選レントや公
共財供給に伴う再選確率の限界的上昇効果が大きければ大きいほど，公共財
の過少供給が緩和することも第3章の結果と同じである．

ところで，(6.14) を見れば，公共財供給の最適条件に自発的補助金が影
響を及ぼさないことがわかる．したがって，この補助金はヤードスティック
競争における公共財の過少供給を緩和させないことを意味している．

次に，自発的な地域間補助金に関する必要条件を検討しよう．(6.11) と
(6.12) 式において，$U_x^i, U_x^j > 0$ であり，以下が成立する．

$$-\frac{U_x^i}{n_i} - \frac{U_x^j}{n_j} = -\frac{U_x^i + U_x^j}{n} < 0 \qquad (6.15)$$

さらに，再選確率の密度関数は非負の符号をとるので（$f(0) \geq 0$），(6.12)
の条件式より Nash 均衡における自発的補助金がゼロ（$s_{ij} = 0$）となること
がわかる．

このような検討の結果より，対称的地域のヤードスティック競争において
は地域間の自発的補助金は公共財供給に影響を及ぼさず，また，両地域の政
府が期待効用の最大化問題の結果として選択する自発的な補助金はゼロとな
ることがわかる．これらの結果は，以下のような2つの命題にまとめられる．

命題6.1　地域間の自発的補助金は，ヤードスティック競争の Nash 均衡
における公共財供給水準やレント取得水準に影響を及ぼさない．したが
って，私的財の期待消費水準にも影響を及ぼさない．

命題6.1の直観的な解釈は次のようになる．すなわち，地域間補助金は一
括固定補助金の性格を持つが，そのような補助金は公共財と私的財の限界変
形率を変化させず，代替効果は働かない．さらに，このモデルにおいては準
線形の効用関数を仮定しているので，所得効果を通じた公共財供給の増加も

生じない．したがって，定額補助金としての自発的補助金は公共財供給に影響を及ぼさないことがわかる．

　命題 6.2　ヤードスティック競争の Nash 均衡において，地方政府の期待
　　効用最大化の解として選択される地域間の自発的補助金はゼロとなる．

　この命題の直観的な解釈は，次のように示される．つまり，近隣地域に対する自発的補助金は，当該地域の政府予算を減少させる，あるいは自発的補助金を調達するため増税を行う必要が生じ，当該地域住民の効用水準を低下させる．他方，この補助金を受け取った地域においては財政収支を改善させたり，あるいは減税が可能になり効用水準が上昇することになる．そしてこれらの2つの地域における効用水準の変化は，いずれも当該地域の現職政府の再選確率を低下させる方向に動くものである．このように，対称的な地域におけるヤードスティック競争の下では，自発的な補助金を提供しあうインセンティブは存在しないことがわかる．

6.3　中央政府による定額補助金

　本節と次節において，中央政府による定額補助金と定率補助金の2つの補助金政策の効果を検討する．本節では，まず中央政府による一括固定補助金を検討しよう．

　第5章において検討したように，このような一括固定補助金は受け取り手の政府予算を拡大し，所得効果による支出政策の変更をもたらすことが期待される．すでに検討したように，Boadway et al.（1989）は，地方政府が供給するスピルオーバー効果を伴う公共財の過小供給に対して，中央政府の補助金政策の効果を検討している．ここでは，ヤードスティック競争のエージェンシーコストがもたらす非効率性を一括固定補助金が改善するかどうかを検討する．

第6章　ヤードスティック競争と補助金政策　　183

　中央政府の行動をモデルに導入するにあたり，ここでは，中央政府がシュタッケルベルグリーダー（Stackelberg Leader）で，2つの地方政府がシュタッケルベルグフォローアー（Stackelberg Followers）であるような2段階ゲームを考える．中央政府は，両地方の住民に対する一括税により調達した一括固定補助金を使って，両地域の住民の効用を最大にすることを目標に補助金政策を行う．その際，中央政府は，両地方政府の行動に関する情報を持っていると仮定する．2つの段階で行われるゲームを記述すると以下のようになる．

　　地方政府の行動：中央政府の補助金と課税を与件として，地方政府の期待
　　　効用を最大化するように地方公共財供給 (g_1, g_2) とレント (ρ_1, ρ_2) を
　　　決定する．

　　中央政府の行動：中央政府は，2つの地方政府が供給する公共財の供給水
　　　準 (g_1, g_2) とレント (ρ_1, ρ_2) の決定行動を前提として，2つの地域の住
　　　民の効用水準が最大になるように一括固定移転 (S_1, S_2) を決定して，
　　　各地方政府に移転する．その財源は，両地域の住民に対する一括固定税
　　　(T) により賄われるとしよう．したがって，中央政府の予算制約式は，
　　　$S_1 + S_2 = T(n_1 + n_2)$ と示される．

　まず，地方政府の行動から検討しよう．中央政府の住民に対する一括固定税 T と，定額補助金 S_i を地方政府の予算制約に導入することにより，(6.5) 式は次のような変更を受ける．

$$U_i(x_i, g_i) = \mu(g_i) + \alpha[w_i - \frac{1}{n_i}(g_i + \rho_i - S_i) - T] + \frac{\alpha}{n_i}\varepsilon_i$$
$$\equiv U_i(x_i^F, g_i) + \frac{\alpha}{n_i}\varepsilon_i, \quad i = 1, 2$$

(6.16)

以上のような想定の下で，地方政府の再選から得られる期待効用の最大化

問題は，次のように示される．

地方政府 i の最大化問題

$$\max_{(g_i,\,\rho_i,\,x_i^E)} \quad E[v(g_i)+\rho_i+R]=v(g_i)+R\frac{\alpha}{n}\int_{-\infty}^{U_i(x_i^E,\,g_i)-U_j(x_j^E,\,g_j)}f(\xi)d\xi \qquad (6.17)$$

$$s.t. \quad x_i^E=w_i-\frac{g_i+\rho_i-S_i}{n_i}-T, \quad g_i,\rho_i\geq 0, \quad i,j=1,2, \quad i\neq j$$

この最大化問題の制約条件式を目的関数に代入し，最大化問題を解くことにより，以下のような1階の条件式を求めることができる．

$$\frac{\partial E[\bullet]}{\partial g_i}=v'(g_i)+R\frac{\alpha}{n_i}\left(\frac{-U_x^i}{n_i}+U_g^i\right)f(U_i(x_i^E,g_i)-U_j(x_j^E,g_j))\leq 0 \qquad (6.18)$$

$$g_i\frac{\partial E[\bullet]}{\partial g_i}=g_i\left\{v'(g_i)+R\frac{\alpha}{n_i}\left(\frac{-U_x^i}{n_i}+U_g^i\right)f(U_i(x_i^E,g_i)-U_j(x_j^E,g_j))\right\}=0$$

$$g_i\geq 0, \quad i,j=1,2, \quad i\neq j \quad (6.19)$$

$$\frac{\partial E[\bullet]}{\partial \rho_i}=1+R\frac{\alpha}{n_i}\left(\frac{-U_x^i}{n_i}\right)f(U_i(x_i^E,g_i)-U_j(x_j^E,g_j))\leq 0 \qquad (6.20)$$

$$\rho_i\frac{\partial E[\bullet]}{\partial \rho_i}=\rho_i\{1+R\frac{\alpha}{n_i}\left(\frac{-U_x^i}{n_i}\right)f(U_i(x_i^E,g_i)-U_j(x_j^E,g_j))\}=0$$

$$\rho_i\geq 0, \quad i,j=1,2, \quad i\neq j \quad (6.21)$$

ここでも，地方政府間の Nash 均衡は対称的均衡となるので，(6.20) 式と (6.21) 式とを用いることにより，Nash 均衡における超過レントをゼロとする条件式 (6.13) 式と基本的に同じ式を得る．したがって，6.2節と同様の条件の下で，均衡における超過レントがゼロとなることがわかる．さらに，この式には中央政府の一括固定補助金が含まれていないので，この補助金は Nash 均衡におけるレント取得水準に影響を及ぼさないことがわかる．

次に，正の公共財供給の条件を考慮すると，(6.18) 式は次のように簡単な形で示すことができる．

$$v'(g) + R\frac{\alpha}{n}\left(U_x \cdot \frac{-1}{n} + U_g\right) \cdot f(0) = 0 \tag{6.22}$$

　この式を整理することにより，（6.14）式と基本的に同様の条件を得ることができる．したがって，中央政府の一括固定補助金は Nash 均衡における公共財供給に関して影響を持たず，過小供給が改善されないことがわかる．これは，一括固定補助金が地方政府の公共財供給に影響を与えないという意味において，前節において示した命題 6.1 と同じ内容となっている．

中央政府の最大化問題

$$\max_{\{S_1, S_2, T\}} W \equiv n_1 U_1 + n_2 U_2$$
$$s.t. \ x_i^E = w_i - \frac{g_i + \rho_i - S_i}{n_i} - T, \ S_1 + S_2 = T(n_1 + n_2), \tag{6.23}$$
$$\frac{dg_i}{ds_i} = \frac{d\rho_i}{ds_i} = 0, \quad i = 1, 2$$

　ここで，T は中央政府の一括固定税であり，S_i は第 i 地域に対する一括固定補助金である．なお，ここでは上で見たように中央政府の一括固定補助金は Nash 均衡の地方公共財供給水準とレント取得水準に影響を及ぼさないため，$\frac{dg_i}{dS_i} = \frac{d\rho_i}{dS_i} = 0$ を制約条件に加えている．

　この最大化問題を解き，1 階の条件を整理することにより，次のような条件を得る．

$$dW = n_1 U_x^1\left(\frac{dx_1^E}{dS_1} + \frac{dx_1^E}{dT}dT\right) + n_2 U_x^2\left(\frac{dx_2^E}{dS_2}dS_1 + \frac{dx_2^E}{dT}dT\right) = 0 \tag{6.24}$$

中央政府の予算制約式を利用して，個人の予算制約式を対称的 Nash 均衡の下で微分し，$\frac{dg_i}{dS_i} = \frac{d\rho_i}{dS_i} = 0$ の式を適用することにより，次のような関係を得る．

$$\frac{dx_i^E}{dS_i}dS_i + \frac{dx_i^E}{dT}dT = 0, \quad i = 1, 2 \tag{6.25}$$

これは，政府の一括補助金による私的財の期待消費量に与える効果が一括固定税による効果と相殺され，全体としての効果がゼロとなることを意味して

いる.

　この点をさらに検討するために，地方政府と中央政府の予算制約式を対称的 Nash 均衡において評価することにより以下のような式を得る．

$$x^E = w - \frac{g-S}{n} - T = w - \frac{g-S}{n} - \frac{S}{n} = w - \frac{g}{n} \qquad (6.26)$$

(6.26) 式は，一括補助金と税が相殺され，個人の予算制約式の中から消えてしまうことを意味しており，効果が得られないことを意味している．

　　命題6.3　中央政府による一括固定補助金は，対称的地域の Nash 均衡に
　　　　おいては公共財供給やレントの取得水準に影響を及ぼさず，また，私的
　　　　財の期待消費水準を変化させないため，効果がない．

　第5章において述べたように，Boadway, Pestieau and Wildasin (1989) は，中央政府の一括固定補助金は地方政府の公共財供給水準に対して中立的であることを示し，これを（一括固定）補助金の中立性命題と呼んでいる．本節においても，これと同様の結論が得られた．

　ところで，後に触れるように，このことは中央政府と地方政府の間の補助金の経済効果について重要なインプリケーションを持っている．すなわち，中央政府から地方政府への補助金は，通常，使途が限定されない一般補助金が望ましいという認識が一般的となっている[11]．ところが，地方公共財のスピルオーバー効果が存在する場合や，本節で分析したようなヤードスティック競争均衡においては，一般補助金が無効となる．したがって，地方公共財の供給水準の適正化といった資源配分の改善には，一括補助金が利用可能でないことを示している．

---

11)　一般補助金は代替効果を持たないので，一般的には個人のより高い効用水準を
　　達成する可能性がある．例えば，Rubinfeld (1987)，堀場 (2008) などを参照さ
　　れたい．

6.4　中央政府の定率補助金

本節においては，中央政府の公共財供給に対する定率補助金の効果を検討したい．ここでも，中央政府がシュタッケルベルグリーダーで，2つの地方政府がシュタッケルベルグフォローアーであるような2段階ゲームを考える．2つの段階で行われるゲームを記述すると以下のようになる．

地方政府の行動：中央政府の定率補助金（σ）と一括固定税 T を与件として，期待効用を最大化するように地方公共財供給（g_1, g_2）とレント（ρ_1, ρ_2）を決定する．

中央政府の行動：中央政府は，2つの地方政府が供給する公共財の供給水準（g_1, g_2）とレントの取得水準（ρ_1, ρ_2）の決定行動を前提として，2つの地域の住民の効用水準が最大になるように定率補助金（σ）を決定して，各地方政府に移転する．その財源は，両地域の住民に対する一括固定税（T）により賄われる．したがって，中央政府の予算制約式は，$\sigma(g_1 + g_2) = T(n_1 + n_2)$ と示される．

本節においても，地方政府の行動から検討していこう．中央政府は各地域の住民に課税する一括固定税 T から収入を得て，公共財供給量に応じて定率補助金 σ を与えると仮定する．このような税と補助金を地方政府の予算制約に導入することにより，(6.5) 式は次のような変更を受ける．

$$U_i(x_i, g_i) = \mu(g_i) + \alpha\{w_i - \frac{1}{n_i}[(1-\sigma)g_i + \rho_i] - T\} + \frac{\alpha}{n_i}\varepsilon_i$$
$$= U_i(x_i^E, g_i) + \frac{\alpha}{n_i}\varepsilon_i, \quad i = 1, 2 \tag{6.27}$$

以上のような想定の下で，2つの地方政府の再選から得られる期待効用の

最大化問題は，次のように示される.

地方政府 i の最大化問題

$$\max_{(g_i,\,\rho_i,\,x_i^E)} \quad E[v(g_i)+\rho_i+R]=v(g_i)+R\frac{\alpha}{n}\int_{-\infty}^{U_i(x_i^E,\,g_i)-U_j(x_j^E,\,g_j)}f(\xi)d\xi \quad (6.28)$$

$$s.t. \quad x_i^E=w_i-\frac{(1-\sigma)g_i+\rho_i}{n_i}-T, \quad g_i,\rho_i\geq 0, \quad i,j=1,2, \quad i\neq j$$

地方政府は，中央政府の補助金 σ，および中央政府による住民 1 人当たり税 T を所与として，各自の期待効用が最大になるように公共財供給水準とレント取得水準を決定する．最大化問題の制約条件式を目的関数に代入し，最大化のための 1 階の条件式を求めると以下のようになる.

$$\frac{\partial E[\bullet]}{\partial g_i}=v'(g_i)+R\frac{\alpha}{n_i}\Big(\frac{-(1-\sigma)U_x^i}{n_i}+U_g^i\Big)f(U_i(x_i^E,g_i)-U_j(x_j^E,g_j))\leq 0 \quad (6.29)$$

$$g_i\frac{\partial E[\bullet]}{\partial g_i}=g_i\Big\{v'(g_i)+R\frac{\alpha}{n_i}\Big(\frac{-(1-\sigma)U_x^i}{n_i}+U_g^i\Big)f(U_i(x_i^E,g_i)-U_j(x_j^E,g_j))\Big\}=0$$

$$g_i\geq 0, \quad i,j=1,2, \quad i\neq j \quad (6.30)$$

$$\frac{\partial E[\bullet]}{\partial \rho_i}=1+R\frac{\alpha}{n_i}\Big(\frac{-U_x^i}{n_i}\Big)f(U_i(x_i^E,g_i)-U_j(x_j^E,g_j))\leq 0 \quad (6.31)$$

$$\rho_i\frac{\partial E[\bullet]}{\partial \rho_i}=\rho_i\{1+R\frac{\alpha}{n}\Big(\frac{-U_x^i}{n_i}\Big)f(U_i(x_i^E,g_i)-U_j(x_j^E,g_j))\}=0$$

$$\rho_i\geq 0, \quad i,j=1,2, \quad i\neq j \quad (6.32)$$

ここでも，地方政府間の Nash 均衡を求めると対称的均衡が得られる．そこにおいて，(6.31) 式と (6.32) 式とを用いることにより，Nash 均衡における超過レントをゼロとする条件式 (6.13) 式と基本的に同じ式を得る．したがって，ここでも 6.2 節と同様の条件の下で均衡における超過レントが発生しないことがわかる．さらに，この式には中央政府の定率補助金 σ を含んでいないことに注意する必要がある．つまり，中央政府の定率補助金は，Nash 均衡における地方政府のレント取得水準に影響を及ぼさないことを意

味している.

次に，正の公共財供給の条件を考慮し，対称的 Nash 均衡において評価すると (6.29) 式は，次のように簡単な形で示すことができる.

$$v'(g) + R\frac{\alpha}{n}\Big(U_x \cdot \frac{-(1-\sigma)}{n} + U_g\Big) \cdot f(0) = 0 \qquad (6.33)$$

この条件式には，中央政府の定率補助金 σ と，さらに予算制約式の中に中央政府による個人課税 T とが含まれていることがこれまでのものと異なる点である．(6.33) 式を整理することにより以下の式を得る．

$$n\frac{U_g}{U_x} = (1-\sigma) - \frac{v'(g)}{\alpha R \cdot f(0)}\frac{n^2}{U_x} \qquad (6.34)$$

ここで，中央政府の最適化問題の準備のために，税により賄われる定率補助金 σ の効果を検討しておこう．中央政府の予算制約式と個人の予算制約式を対称的 Nash 均衡の下で評価したものを (6.33) 式に代入し，比較静学により定率補助金が両地域の公共財供給にもたらす効果を検討することにより，次のような関係が得られる[12]．

$$\frac{dg}{d\sigma} = -\frac{U_x \cdot \alpha \cdot R \cdot f(0)}{n^2 \cdot v''(g) + \alpha \cdot R \cdot n \cdot U_{gg}f(0)} > 0 \qquad (6.35)$$

$v''(g) < 0, U_{gg} < 0$ を考慮すると，$(dg/d\sigma) > 0$ となり，中央政府の定率補助金 (σ) は地方政府の公共財供給水準を増加させ，公共財の過小供給という非効率性を改善することがわかる．

次に，中央政府の社会的厚生最大化問題を解くことを通じて，中央政府の定率補助金の政策により公共財供給の最適条件が達成できるかどうかを検討したい．中央政府の最大化問題は次のように示される．

---

12) 詳しい計算については，Appendix 1 を参照されたい．

中央政府の最大化問題

$$\max_{(\sigma, T)} \quad W \equiv n_1 U_1 + n_2 U_2$$
$$s.t. \quad x_i^E = w_i - \frac{(1-\sigma)g_i + \rho_i}{n_i} - T, \quad g_1\sigma + g_2\sigma = T(n_1 + n_2), \quad (6.36)$$
$$g_i = g_i(\sigma), \quad \frac{d\rho_i}{d\sigma} = 0, \quad i = 1, 2$$

ここで，T は中央政府の税であり，σ は両地域に対する共通の定率補助金である．なお，先述のように，定率補助金は地方政府のレント取得水準に影響を及ぼさないので，ここでは $d\rho_i/d\sigma = 0$ としている．

中央政府の予算制約式を用いて一括固定税 T を消去し，社会的効用最大化問題を定率補助金 σ のみについて解くことにより，最大化のための一階の条件が次のように得られる．

$$\frac{\partial W}{\partial \sigma} = n_1\left[U_x^1 \frac{\partial x_1^E}{\partial y_1}\frac{dg_1}{d\sigma} + U_g^1\frac{dg_1}{d\sigma}\right] + n_2\left[U_x^2 \frac{\partial x_2^E}{\partial g_2}\frac{dg_2}{d\sigma} + U_y^2\frac{dg_2}{d\sigma}\right] = 0 \quad (6.37)$$

(6.37) 式を地方政府の対称的 Nash 均衡において評価することにより，次のような簡単な式に表すことができる．

$$2n\left[U_x\frac{\partial x^E}{\partial g} + U_g\right]\frac{dg}{d\sigma} = 0 \quad (6.38)$$

各地域の資源制約式を対称的 Nash 均衡において評価し，整理することにより，$x^E = w - \dfrac{(1-\sigma)g}{n} - \dfrac{g\sigma}{n}$ を得る．この式において私的財と公共財の関係を次のように求めることができる．

$$\frac{\partial x^E}{\partial g} = -\frac{1}{n} \quad (6.39)$$

(6.39) 式を (6.38) 式に代入することにより，次の式を得る．

$$2n\left[U_x\frac{1}{n} - U_g\right]\frac{dg}{d\sigma} = 0 \quad (6.40)$$

すでに (6.35) 式において示されたように $(dg/d\sigma) > 0$ となるので，(6.40) 式において公共財と私的財の限界代替率が両財の限界変形率と一致し，最適な公共財供給が実現していることがわかる．

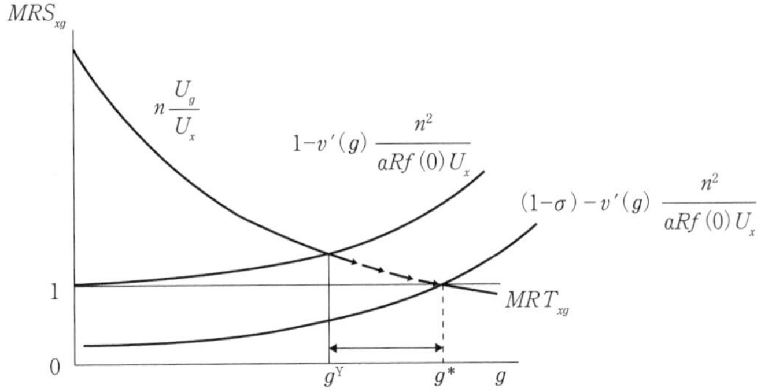

第 6–1 図　中央政府の定率補助金の効果

$$n\frac{U_g}{U_x}=1 \tag{6.41}$$

(6. 41) 式は，公共財供給の最適性に関する Samuelson 条件が成立していることを意味している．このように，中央政府による定率補助金は，ヤードスティック競争におけるエージェンシーコストがもたらす公共財の過少供給を解消することがわかる．

第 6–1 図は，中央政府の定率補助金政策が実施されたときのヤードスティック競争均衡を示している．この図の縦軸には公共財の限界代替率と限界変形率を測り，横軸には公共財の供給水準を測っている．Samuelson 条件を満たす最適な供給点は g^* により示され，ヤードスティック競争におけるエージェンシー問題が発生している場合の供給量は g^Y により示されている．

中央政府の定率補助金は公共財の供給コストを低下させ，公共財の供給を増加させる．そして，それがちょうどエージェンシーコストに関連する過小供給を相殺する点において，最適な公共財供給水準が達成される．

最適な補助率を検討するために (6. 34) 式を整理しなおすことにより次式を得る．

$$\left[\sigma+\frac{v'(g)n^2}{\alpha RU_x f(0)}\right]=0 \tag{6.42}$$

したがって，（6.42）式より最適な補助率が次のように求められる．

$$\sigma=-\frac{v'(g)}{\alpha\cdot R\cdot f(0)}\frac{n^2}{U_x}>0 \tag{6.43}$$

このようにして，中央政府の定率補助金政策は，ヤードスティック均衡における地方政府の公共財供給を増加させ，非対称情報の仮定の下でエージェンシーコストが引き起こす公共財の過小供給均衡を解決することが示される．これは，次のような命題にまとめられる．

命題6.4 中央政府による定率補助金は，公共財と私的財の限界変形率を変化させ，ヤードスティック均衡における公共財の過少供給を改善する．

この結論は，地方分権の下でも地方政府がヤードスティック競争による地域間競争を繰り広げている場合には，中央政府の定率補助金による介入が資源配分の効率性を改善し，両地域の厚生水準を上昇させることを意味している．

6.5 スピルオーバー効果と定率補助金

6.5.1 ヤードスティック競争と地方公共財のスピルオーバー効果

本節では，公共財の便益が地域外にスピルオーバーするような財政外部性を想定し，公共財供給の効率性を改善するための補助金の経済効果を分析する．すでに第5章において検討したように，補助金が公共財供給に与える影響を検討した研究には Boadway, Pestieau and Wildasin（1989）がある．そこにおいては，完全競争的な2地域経済モデルを用いて，スピルオーバー効果がもたらす地方公共財の過小供給に対して，一括固定補助金，定率補助金の効果を分析している．ここでは，ヤードススティック競争モデルに地方公共財のスピルオーバー効果を明示的に導入し，地方公共財供給に対する補

第6章　ヤードスティック競争と補助金政策　　193

助金の効率性改善効果を検討する.

　公共財便益がスピルオーバーする場合に，他地域に漏出した便益は当該地域の政策決定には反映されない．したがって，このような場合には，公共財は最適な水準より過小にしか供給されないことが知られている．ところが，ヤードスティック競争モデルにおいては，住民は自分の効用水準を近隣地域の住民のそれと比較して投票行動を決めることが想定されている．このようなヤードスティック評価を通じて，当該地域の地方公共財がもたらすスピルオーバー効果が自地域にフィードバックされる可能性がある．つまり，スピルオーバー効果は他地域の住民の効用水準に影響を及ぼすため，住民のヤードスティック比較を通じて自地域政府の決定に反映される可能性がある.

　そのような場合に，地方公共財の効率性にはどのような影響が及ぶのであろうか．また，中央政府のさまざまな補助金政策は，地方政府の公共財供給の効率性を改善することができるのであろうか．本節では，公共財の便益が互いにスピルオーバー効果を与え合うような2地域のヤードスティック競争モデルの設定の下で，補助金の公共財供給を最適化する効果について検討する.

6.5.2　ヤードスティック競争とスピルオーバー効果

　ここでは，地方公共財のスピルオーバー効果を明示的に考慮したヤードスティック競争モデルを用いて，中央政府の補助金の経済効果を検討する．このモデルの基本的な仮定を，これまでとの違いを中心に示すと以下のようなものになる.

① 地方公共財の便益は，互いに他の地域にスピルオーバーすると仮定する．第 i 地域の公共財が第 j 地域に及ぼすスピルオーバー効果を，係数 $\delta \in (0, 1]$ を用いて示す.

② 住民の効用関数は，これまでと同様に準線形と仮定し，次にように示す.

$$U_i(x_i, g_i + \delta g_j) = \mu(g_i + \delta g_j) + \alpha \cdot x_i, \ i, j = 1, 2, \ i \neq j$$

③　中央政府は補助金政策（およびそのための課税）を実施し，地方政府は中央政府の政策を与えられたものとして行動する．政府の予算制約式は基本的に前節と同じと考える．

このような仮定の下に，スピルオーバー効果を導入した効用関数を示すと，(6.5) 式は次のような変更を受ける．

$$\begin{aligned}
U_i(x_i, g_i + \delta g_j) &= \mu(g_i + \delta g_j) + \alpha[w_i - \frac{1}{n_i}(g_i + \rho_i)] + \frac{\alpha}{n_i}\varepsilon_i \\
&\equiv U_i(x_i^E, g_i + \delta g_j) + \frac{\alpha}{n_i}\varepsilon_i, \quad i, j = 1, 2, \quad i \neq j
\end{aligned} \tag{6.44}$$

以上のような想定の下で，地方政府が再選から得る期待効用の最大化問題は，次のように示される．

$$\begin{aligned}
\max_{(g_i, \rho_i, x_i^E)} & \quad E[v(g_i) + \rho_i + R] = v(g_i) + R\frac{\alpha}{n}\int_{-\infty}^{U_i(x_i^E, g_i + \delta g_j) - U_j(x_i^E, g_j + \delta g_i)} f(\xi)d\xi \\
s.t. & \quad x_i^E = w_i - \frac{1}{n_i}(g_i + \rho_i), \ g_i, \quad \rho_i \geq 0, \quad i, j = 1, 2, \quad i \neq j
\end{aligned} \tag{6.45}$$

この最大化問題の制約条件式を目的関数に代入し，最大化問題を解くことにより次のような1階の条件を得る．

$$\frac{\partial E[\bullet]}{\partial g_i} = v'(g_i) + R\frac{\alpha}{n_i}\left(\frac{-U_x^i}{n_i} + U_g^i - \delta U_g^j\right)$$

$$\cdot f(U_i(x_i^E, g_i + \delta g_j) - U_j(x_j^E, g_j + \delta g_i)) \leq 0 \tag{6.46}$$

$$g_i\frac{\partial E[\bullet]}{\partial g_i} = g_i\{v'(g_i) + R\frac{\alpha}{n_i}\left(\frac{-U_x^i}{n_i} + U_g^i - \delta U_g^j\right)$$

$$\cdot f(U_i(x_i^E, g_i + \delta g_j) - U_j(x_j^E, g_j + \delta g_i))\} = 0,$$

$$g_i \geq 0, i, \quad j = 1, 2, \quad i \neq j \tag{6.47}$$

第6章　ヤードスティック競争と補助金政策　　　195

$$\frac{\partial E[\bullet]}{\partial \rho_i}=1+R\frac{\alpha}{n_i}\left(\frac{-U_x^i}{n_i}\right)\cdot f(U_i(x_i^E, g_i+\delta g_j)-U_j(x_j^E, g_j+\delta g_i))\leq 0 \qquad (6.48)$$

$$\rho_i\frac{\partial E[\bullet]}{\partial \rho_i}=\rho_i\{1+R\frac{\alpha}{n_i}\left(\frac{U_x^i}{n_i}\right)\cdot f(U_i(x_i^E, g_i+\delta g_j)-U_j(x_j^E, g_j+\delta g_i))\}=0$$

$$g_i\geq 0, \quad i, j=1, 2, \quad i\neq j \qquad (6.49)$$

ここでも，地方政府間の Nash 均衡として対称的均衡が成立する．そして，その対称的均衡において，$g_i=g_j=g$ と $\rho_i=\rho_j=\rho$ が成立する．

まず，Nash 均衡におけるレントシーキングの可能性について検討しよう．(6.48) 式と (6.49) 式とを用いることにより，対称的 Nash 均衡における超過レントがゼロとなる条件式 (6.13) 式と基本的に同じ式を得る．したがって，ここでも第6.2節と同様の条件の下で，均衡における超過レントが発生しないことがわかる．

次に，地方公共財供給の必要条件を検討しよう．(6.46) と (6.47) 式を見ると，前節までの条件式と異なって，右辺に隣接地域の住民の限界効用 (δU_g^j) が追加されていることがわかる．これは，ヤードスティック比較の条件式 ($U_i(x_i, g_i+\delta g_j)\geq U_j(x_j, g_j+\delta g_i)$) を通じてあらわれたものであり，自地域の政府が供給する地方公共財のスピルオーバー効果が隣接地域の住民の効用水準に与えた影響を反映している．

このような影響は，公共財供給の最適条件にどのような変化をもたらすのであろうか．公共財の内点解を仮定し，対称的 Nash 均衡の下で評価すると (6.46) 式は次のように簡単な形で示すことができる．

$$v'(g)+R\frac{\alpha}{n}\left(-U_x\cdot\frac{1}{n}+U_g-\delta U_g\right)\cdot f(0)=0 \qquad (6.50)$$

スピルオーバー効果を考慮したことに伴い，(6.50) 式には自地域の公共財供給に伴う近隣地域の効用変化に関する項が入っており，この点がこれまでの公共財供給の条件式とは大きく異なる点である．そして，この項は負であるので，現職政府の再選確率に対してマイナスの効果をもたらすことに注意する必要がある．

(6.50) 式を整理することにより以下の式を得る.

$$n\frac{U_g}{U_x} - \delta n\frac{U_g}{U_x} = 1 - \frac{v'(g)}{\alpha R \cdot f(0)}\frac{n^2}{U_x} \tag{6.51}$$

この式の左辺第 1 項は，公共財供給が当該地域においては政府の期待効用に対してプラスの効果をもたらすことを示している．これに対して，第 2 項はスピルオーバー効果により隣接地域の効用水準が上昇し，これが住民のヤードスティック比較を通じて政府の期待効用にマイナスの効果をもたらすことを意味している．そして，右辺第 2 項は，これまでと同じエージェンシーコストがもたらす非効率性を示している．

第 6-2 図には，スピルオーバー効果が発生する場合のヤードスティック競争の均衡点が示されている．第 6-1 図と同様に，縦軸に公共財の限界代替率と限界変形率を測り，横軸に公共財の供給水準を測っている．

公共財のスピルオーバー効果は，近隣地域の住民の効用を増加させ，それに伴って自地域政府の再選確率にマイナスの効果をもたらす．このことは，地方政府の期待効用最大化行動において，スピルオーバー効果がない場合と比較して公共財供給をさらに低下させる($g^S < g^Y$)ことが示されている．

スピルオーバー効果が存在する場合に公共財供給が最適になされるためには，当該地域の公共財の限界代替率に加えて，スピルオーバー効果に伴う隣接地域の限界代替率も考慮しなければならない．この点を考慮して (6.51) を書き換えることにより，次の式を得る[13]．

$$(1+\delta)n\frac{U_g}{U_x} = \frac{(1+\delta)}{(1-\delta)}\left[1 - \frac{v'(g)}{\alpha R \cdot f(0)}\frac{n^2}{u_x}\right] \tag{6.52}$$

最適な供給水準においては，左辺の限界代替率は，限界変形率 1 と一致することが必要条件になる．ところが，右辺に係数 $(1+\delta)/(1-\delta) > 1$ がかかっており，そしてこれがスピルオーバー効果がもたらす他地域の効用増加がヤードスティック競争において負の影響をもたらすことに関連している．このよ

---

13) Boadway, Pestieau and Wildasin (1989) を参照されたい．

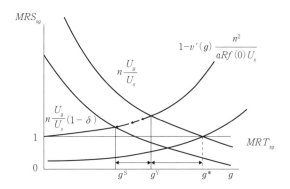

第6-2図　スピルオーバー効果が存在する場合のヤードスティック均衡

うに，スピルオーバー効果が存在するヤードスティック競争下のNash均衡においては，両地域における地方公共財供給の過小供給がより深刻なものになることがわかる．これは次のような命題にまとめられる．

命題6.5　公共財のスピルオーバー効果は，隣接する他地域の住民の効用水準を上昇させるので，ヤードスティック競争における現職政府の再選確率を低下させる．したがって，この場合には，ヤードスティック競争における公共財の過小供給は，完全競争的な地域モデルと比較してより深刻なものとなる．

6.5.3　補助金政策

これまで見てきたように，地方公共財のスピルオーバー効果を伴うヤードスティック競争においては，地方公共財の過小供給は一層深刻なものとなることが分かった．本小節においては，このような非効率性を是正するための補助金政策を検討する．

前節までの分析において，ヤードスティック競争モデルの場合においては，地域間の自発的補助金，および一括固定補助金が無効となることがわかった．

そこで，本節においては中央政府の定率補助金の効果に限定して検討したい．ここでも，中央政府がシュタッケルベルグリーダーで，2つの地方政府がシュタッケルベルグフォローアーであるような2段階ゲームを考える．2つの段階で行われるゲームを記述すると以下のようになる．

地方政府の行動：中央政府の定率補助金（σ）と課税 T を与件として，期待効用を最大化するように地方公共財供給（g_1, g_2）とレント（ρ_1, ρ_2）を決定する．

中央政府の行動：中央政府は，2つの地方政府が供給する公共財の供給水準（g_1, g_2）とレントの取得水準（ρ_1, ρ_2）を与件として，2つの地域の住民の効用水準が最大になるように定率補助金（σ）を決定して，各地方政府の公共財供給に補助金を交付する．その財源は，両地域の住民に対する一括固定税（T）により賄われるとしよう．中央政府の予算制約式は，$\sigma(g_1 + g_2) = T(n_1 + n_2)$ と示される．

中央政府は各地域の住民に課税する一括固定税 T から収入を得て，公共財供給量に応じて定率補助金 σ を与えると考える．このような税と補助金を地方政府の予算制約に導入することにより，住民の効用が次のような変更を受ける．

$$U_i\{x_i, g_i + \delta g_j\} = \mu(g_i + \delta g_j) + \alpha\{w_i - \frac{1}{n_i}[(1 - \sigma)g_i + \rho_i] - T\} + \frac{\alpha}{n_i}\varepsilon_i$$
$$\equiv U_i\{x_i^E, g_i + \delta g_j\} + \frac{\alpha}{n_i}\varepsilon_i, \quad i, j = 1, 2, \quad i \neq j \tag{6.53}$$

以上のような想定の下で，2つの地方政府の再選から得られる期待効用の最大化問題は，次のように示される．

地方政府 i の最大化問題

$$\max_{(g_i, \rho_i, x_i^E)} \quad E[v(g_i)+\rho_i+R]=v(g_i)+R\frac{\alpha}{n}\int_{-\infty}^{U_i(x_i^E, g_i+\delta g_j)-U_j(x_j^E, g_j+\delta g_i)} f(\xi)d\xi$$
$$s.t. \quad x_i^E=w_i-\frac{1}{n_i}[(1-\sigma)g_i+\rho_i]-T, \quad g_i, \rho_i\geq 0, \quad i, j=1, 2, \quad i\neq j \quad (6.54)$$

まず，第 1 のステップとして，地方政府の最大化問題を解こう．地方政府は，中央政府の補助金 σ，および中央政府による住民 1 人当たり税 T，他地域が供給する地方公共財 g_j を所与として，各自の期待効用が最大になるように公共財供給を行う．(6.54) の最大化問題の制約条件式を目的関数に代入し，最大化することにより，1 階の条件式が以下のように求められる．

$$\frac{\partial E[\bullet]}{\partial g_i}=v'(g_i)+R\frac{\alpha}{n_i}\Big(\frac{-(1-\sigma)U_x^i}{n_i}+U_g^i-\delta U_g^j\Big)$$
$$\cdot f(U_i(x_i^{E^{\cdot}}, g_i+\delta g_j)-U_j(x_j^E, g_j+\delta g_i))\leq 0 \quad (6.55)$$

$$g_i\frac{\partial E[\bullet]}{\partial g_i}=g_i\{v'(g_i)+R\frac{\alpha}{n_i}\Big(\frac{-(1-\sigma)U_x^i}{n_i}+U_g^i-\delta U_g^j\Big)$$
$$\cdot f(U_i(x_i^{E^{\cdot}}, g_i+\delta g_j)-U_j(x_j^E, g_j+\delta g_i))\}=0, g_i\geq 0, i, j=1, 2, i\neq j \quad (6.56)$$

$$\frac{\partial E[\bullet]}{\partial \rho_i}=1+R\frac{\alpha}{n_i}\Big(\frac{-U_x^i}{n_i}\Big)\cdot f(U_i(x_i^{E^{\cdot}}, g_i+\delta g_j)-U_j(x_j^E, g_j+\delta g_i))\leq 0 \quad (6.57)$$

$$\rho_i\frac{\partial E[\bullet]}{\partial \rho_i}=\rho_i\{1+R\frac{\alpha}{n_i}\Big(\frac{-U_x^i}{n_i}\Big)\cdot f(U_i(x_i^{E^{\cdot}}, g_i+\delta g_j)-U_j(x_j^E, g_j+\delta g_i))\}=0,$$
$$\rho_i\geq 0, i, \quad j=1, 2, \quad i\neq j \quad (6.58)$$

ここでも，地方政府間の Nash 均衡として対称的均衡（$g_i=g_j=g$，$\rho_i=\rho_j=\rho$）を検討する．まず，Nash 均衡におけるレントシーキングの可能性について検討しよう．(6.57) 式と (6.58) 式とを用いることにより，対称的 Nash 均衡における超過レントがゼロとなる条件式 (6.13) 式と基本的に同じ式を得る．したがって，ここでも第 6.2 節と同様の条件の下で，均衡における超過レントが発生しないことがわかる．また，中央政府の定率補助金はこの式には入ってこないため，この補助金が Nash 均衡のレント取得水

準に影響を及ぼさないことがわかる.

正の公共財供給を仮定し, 対称的 Nash 均衡において評価することにより, (6.56) 式は, 次のように簡単な形で示すことができる.

$$v'(g) + R\frac{\alpha}{n}\Big(U_x \cdot \frac{-(1-\sigma)}{n} + U_g - \delta U_g\Big) \cdot f(0) = 0 \qquad (6.57)$$

上で述べたようにこの条件式には, スピルオーバー効果を考慮したことに伴い, 近隣地域の効用変化に関する項が入っている. さらに, 中央政府の定率補助金 σ と, (個人の予算制約の中に) 個人課税 T とが含まれている. (6.57) 式を整理することにより以下の式を得る.

$$n\frac{U_g}{U_x} - n\delta\frac{U_g}{U_x} = (1-\sigma) - \frac{v'(g)}{\alpha R \cdot f(0)}\frac{n^2}{U_x} \qquad (6.58)$$

地方公共財がスピルオーバー効果を持つことから, 地方公共財の供給水準に関する最適性を検討するためには, 第5章において見たように, 両地域の公共財便益を合計したうえで判断する必要がある[14]. 2地域の公共財供給に関する必要条件を合計し, 対称均衡を考慮して添え字を簡略化して示したものが次の式である.

$$(1+\delta)n\frac{u_g}{u_x} = \frac{(1+\delta)}{(1-\delta)}\Big[(1-\sigma) - \frac{v'(g)}{\alpha R \cdot f(0)}\frac{n^2}{u_x}\Big] \qquad (6.59)$$

ここで, 中央政府の最適化問題の準備のために, 税により賄われる定率補助金 σ の効果を検討しておこう. 制約式と個人の予算制約式を対称的 Nash 均衡の下で評価したものを (6.58) 式に代入し, 比較静学により定率補助金が両地域の公共財供給にもたらす効果を検討することにより, 次のような関係が得られる[15].

$$\frac{dg}{d\sigma} = -\frac{U_x \cdot \alpha \cdot R \cdot f(0)}{n^2 \cdot v''(g) + \alpha \cdot R \cdot n(1-\delta^2)U_{gg}f(0)} > 0 \qquad (6.60)$$

---

14)　Boadway, Pestieau and Wildasin (1989) を参照されたい.

15)　詳しい計算については, Appendix 2 を参照されたい.

(6.60) 式から $(dg/d\sigma)>0$ となり，中央政府の定率補助金（σ）は地方政府の公共財供給水準を増加させ，公共財の過小供給という非効率性を改善することがわかる[16]．

次に，中央政府の社会的厚生最大化問題を解くことにより，中央政府の定率補助金の政策により公共財供給の最適性が達成できるかどうかを検討したい．中央政府の最大化問題は次のように示される．

中央政府の最大化問題

$$\max_{\{\sigma,\,T\}} \quad W \equiv n_1 U_1 + n_2 U_2$$
$$s.t. \quad x_i^E = w_i - \frac{(1-\sigma)g_i + \rho_i}{n_i} - T, \quad g_1\sigma + g_2\sigma = T(n_1+n_2),$$
$$g_i = g_i(\sigma), \frac{d\rho_i}{d\sigma}=0, \quad i=1,2 \tag{6.61}$$

ここで，T は中央政府の一括固定税であり，σ は両地域に対する共通の定率補助金である[17]．

中央政府の予算制約式を用いて T を消去し，社会的厚生最大化問題を定率補助金 σ のみについて解くことにより，最大化のための1階の条件が次のように得られる．

$$\frac{\partial W}{\partial \sigma} = n_1\left[U_x^1\frac{\partial x_1^E}{\partial g_1}\frac{dg_1}{\partial \sigma} + (U_g^1 + \delta U_g^2)\frac{dg_1}{\partial \sigma}\right] + n_2\left[U_x^2\frac{\partial x_2^E}{\partial g_2}\frac{dg_2}{\partial \sigma} + (U_g^2 + \delta U_g^1)\frac{dg_2}{\partial \sigma}\right] = 0 \tag{6.62}$$

ここでは，地方公共財のスピルオーバー効果を考慮していることから，一方の地域が供給する公共財が両方の住民の効用に影響を及ぼすことがわかる．

(6.62) 式を地方政府の対称的 Nash 均衡において評価することにより，次のような簡単な式に表すことができる．

---

16) この時，私的財の消費は減少していることが示される．詳しくは Appendix 2 を参照されたい．

17) 先述のように定率補助金は地方政府のレント取得水準に影響を及ぼさないので，ここでは $d\rho_i/d\sigma=0$ としている．

$$2n\left[U_x\frac{\partial x^E}{\partial g}+(1+\delta)U_g\right]\frac{dg}{d\sigma}=0 \tag{6.63}$$

各地域の資源制約式を対称的 Nash 均衡において評価し，私的財と公共財の関係性を求めると，$x^E=w-\dfrac{(1-\sigma)g}{n}-\dfrac{g\sigma}{n}$ を得る．この式において私的財により示した公共財の価格を求めることにより，$\dfrac{\partial x^E}{\partial g}=-\dfrac{1}{n}$ を得る．この式を (6.63) 式に代入することにより，次のように書き換えることができる．

$$2n\left[n\frac{u_g}{u_x}(1+\delta)-1\right]\frac{dg}{\partial\sigma}=0 \tag{6.64}$$

すでに (6.60) 式において示されたように，$(dg/d\sigma)>0$ となるので，(6.64) 式より，公共財と私的財の限界代替率が両財の限界変形率と一致し，最適な公共財供給が実現していることがわかる．

$$(1+\delta)n\frac{U_g}{U_x}=1 \tag{6.65}$$

　第 6-3 図には，中央政府による定率補助金の効果が示されている．スピルオーバー効果が発生している場合のヤードスティック競争における公共財供給量は g^S により示されている．

　(6.65) 式に示されているように，最適な水準の公共財供給のためには，公共財の限界評価は，スピルオーバー効果の存在を反映して $(1+\delta)$ だけ大きくなることに注意しなければならない．定率補助金が実施されれば，公共財のコストが低下し，公共財の供給が増加してゆく．そして，それが，ヤードスティック競争におけるエージェンシーコストとスピルオーバー効果とに関連する過小供給をちょうど相殺する点において，Samuelson 条件を満たす最適な供給点 g^* が達成される．

　最適な補助率を検討するために (6.65) 式を用いて，(6.59) 式を整理しなおすことにより次式を得る．

$$\frac{(1+\delta)}{(1-\delta)}\left[(1-\sigma)-\frac{v'(g)}{\alpha R\cdot f(0)}\frac{n^2}{U_x}\right]=1 \tag{6.66}$$

第6章 ヤードスティック競争と補助金政策

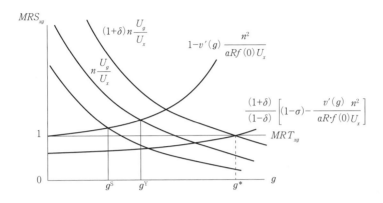

第6-3図　中央政府の定率補助金の効果

(6.65) 式を σ について解くことにより，最適な補助率が次のように求められる．

$$\sigma = \frac{\delta^2}{(1+\delta)} - \frac{v'(g)}{\alpha \cdot R \cdot f(0)} \frac{n^2}{U_x} > 0 \quad (6.67)$$

この式の右辺は2つの部分に分けられている．まず，(6.67) 式の右辺第2項は (6.43) 式の右辺と一致していることがわかる．したがって，(6.67) 式の右辺第2項はヤードスティック競争におけるエージェンシーコストが原因となって起こる公共財の過小供給に対する補助率を示している．そして，右辺第1項はスピルオーバー効果に伴う過小供給に対する補助率となっていることがわかる．

これは，定率補助金がヤードスティック競争の下で，エージェンシーコストが引き起こす公共財の過小供給均衡を解決することができるとともに，スピルオーバー効果という財政外部性による過小供給の補正も同時に行うことができることを意味している．このような結論は，次のような命題にまとめることができる．

命題6.6　中央政府の定率補助金政策により，ヤードスティック競争のエ

ージェンシーコストが引き起こす非効率性が改善されるとともに，スピルオーバー効果に伴う過小供給も改善される．

この結論は，地方分権の下でも地方政府がヤードスティック競争による地域間競争を行っている場合に加えて，公共財の便益が互いの地域にスピルオーバーする場合に，中央政府の定率補助金による介入が資源配分の効率性を改善し，両地域の厚生水準を上昇させることを意味している．

6.6 結論

本章においては，さまざまな補助金政策がヤードスティック均衡の公共財供給に与える効果を検討した．そこでは，地方政府間の自発的補助金と，中央政府による一括固定補助金，定率補助金の効果を検討した．その結果，一括補助金はヤードスティック均衡に対して中立的であり，公共財供給水準に影響を及ぼさないが，公共財の供給費用に関する定率補助金はヤードスティック均衡の公共財供給水準を増加させ，経済厚生を高めることが示された．

また，対称的地域間のヤードスティック競争においては，自発的な補助金はゼロとなり，資源配分の効率化には寄与しないことがわかった．これは，自発的補助金が自地域の財政資金を低下させるとともに相手方地域の財政余剰を拡大させ，当該政府の再選確率を低下させる方向に働くため，自発的な補助金を提供するインセンティブが存在しないことを意味している．

次に，中央政府による一括固定補助金の効果を検討した．その結果，中央政府の補助金は，地方政府の予算制約式の中において個人に対する税とキャンセルアウトされ効果が得られなくなってしまうことがわかった．このように，中央政府による一括固定補助金は，対称的地域のNash均衡においては公共財供給に影響を及ぼさず，無効であることが示された．したがって，中央政府の一括固定補助金は地方政府の公共財供給水準に対して中立的であるという，補助金の中立性命題が成立している．これは，地方公共財の供給水

第6章　ヤードスティック競争と補助金政策　　　　205

準の適正化といった資源配分の改善には，一括固定補助金が利用可能でない
ことを示している．

　さらに，中央政府の定率補助金政策は，ヤードスティック均衡における地
方政府の公共財供給を増加させ，非対称情報の仮定の下でエージェンシーコ
ストが引き起こす公共財の過小供給を解決することが示された．この結論は,
地方分権の下でも地方政府がヤードスティック競争による地域間競争を繰り
広げている場合には，中央政府の定率補助金による介入が資源配分の効率性
を改善し，両地域の厚生水準を上昇させることを意味している．

　最後に，財政外部性の例として地方公共財の便益がスピルオーバーする場
合についてヤードスティック競争の公共財供給の効率性を検討した．その結
果，ヤードスティック競争においてはスピルオーバー効果がもたらす他地域
の効用増加が自地域政府の再選確率に負の影響をもたらすことから，Nash
均衡における地方公共財供給の過少供給がより深刻なものになることが示さ
れた．このように，ヤードスティック競争においては，スピルオーバー効果
による他地域住民の効用増加という財政外部性が，ヤードスティック比較を
通じて政府の政策決定に影響を及ぼすことがわかった．

　続いて，中央政府の定率補助金政策の効果を検討し，スピルオーバー効果
が存在する場合についても，ヤードスティック均衡における地方政府の公共
財供給を増加させることが示された．これは，定率補助金により，ヤード
スティック競争のエージェンシーコストが引き起こす公共財の過小供給均衡を
解決することができるとともに，スピルオーバー効果という財政外部性がも
たらす過小供給の補正も同時に行うことができることを意味している．この
結論は，地方分権の下でも地方政府がヤードスティック競争による地域間競
争を繰り広げている場合に加えて，公共財の便益が互いの地域にスピルオー
バーする場合にも，中央政府の定率補助金による介入が資源配分の効率性を
改善し，両地域の厚生水準を上昇させることを意味している．

　Tiebout 型の地域間競争モデルにおいては，地方政府の自発的補助金が公
共財供給の水準を適正化し，効率性の改善に対して有効であった．これは,

公共財供給という資源配分の改善に対する中央政府の補助金政策の役割が小さいことを意味している．ところが，ヤードスティック競争の均衡においては他地域に自発的補助金を与えるインセンティブは存在せず，公共財の過小供給を改善するためには中央政府の定率補助金が必要であることがわかった．これは，分権的な地方財政システムにおいても中央政府の補助金政策に一定の役割があることを意味している．

Appendix 1 中央政府の定率補助金と公共財供給および私的財消費量

地方政府の最大化問題の1階の条件（6.33）式をgとσに関して全微分し，整理することにより以下の式を得る．

$$\left[\frac{n}{R\cdot\alpha\cdot f(0)}\cdot v''(g)+U_{yy}\right]dg - -\frac{U_x}{n}\cdot d\sigma \tag{A6.1}$$

この式を$(dg/d\sigma)$について解いたものが，（6.35）式である．

$$\frac{dg}{d\sigma} = -\frac{U_x\cdot\alpha\cdot R\cdot f(0)}{n^2\cdot v''(g)+\alpha\cdot R\cdot n\cdot U_{gg}f(0)} > 0 \tag{A6.2}$$

また，個人の予算制約式と地方政府，中央政府の予算制約式から，次の関係を得る．

$$dx^E = -\frac{1}{n}dg \tag{A6.3}$$

この関係を利用すれば，次の関係を得る．

$$\frac{dx^E}{d\sigma} = \frac{U_x\cdot\alpha\cdot R\cdot f(0)}{n^3\cdot v''(g)+\alpha\cdot R\cdot n^2\cdot U_{gg}f(0)} < 0 \tag{A6.4}$$

したがって，私的財の期待消費量は減少していることがわかる．

Appendix 2　スピルオーバー効果が存在する場合

　スピルオーバー効果が存在する場合の地方政府の最大化問題の1階の条件 (6.57) 式を g と σ に関して全微分し，整理することにより以下の式を得る．

$$\left[\frac{n}{R\cdot\alpha\cdot f(0)}\cdot v''(g)+(1-\delta^2)U_{gg}\right]dg=-\frac{U_x}{n}\cdot d\sigma \qquad (A6.5)$$

この式を $(dg/d\sigma)$ について解いたものが，(6.60) 式である．

$$\frac{dg}{d\sigma}=-\frac{U_x\cdot\alpha\cdot R\cdot f(0)}{n^2\cdot v''(g)+\alpha\cdot R\cdot n\cdot(1-\delta^2)U_{gg}f(0)}>0 \qquad (A6.6)$$

また，個人の予算制約式と地方政府，中央政府の予算制約式から，次の関係を得る．

$$dx^E=-\frac{1}{n}dg \qquad (A6.7)$$

この関係を利用すれば，次の関係を得る．

$$\frac{dx^E}{d\sigma}=\frac{U_x\cdot\alpha\cdot R\cdot f(0)}{n^3\cdot v''(g)+\alpha\cdot R\cdot n^2\cdot U_{gg}(1-\delta^2)f(0)}<0 \qquad (A6.8)$$

したがって，ここでも私的財の期待消費量は減少していることがわかる．

第7章
財政力格差と補助金政策

7.1 はじめに

これまでの章（第3, 4, 6章）においては，対称的な地域間のヤードスティック競争に議論を限定し，公共財供給の効率性，レントシーキングの可能性，報償とインセンティブスキーム，さまざまな補助金の効果などに焦点を当て検討してきた．本章では，財政力に格差が存在するような非対称的な2地域間のヤードスティック競争において，Nash 均衡や公共財供給の効率性，補助金による財政力格差や効率性の改善効果を検討する．

第2章において検討したように，非対称的な地域間による Tiebout 均衡には，対称的な地域間の場合とは異なり，地域間の人口配分に一定の非効率性が残ることが指摘されている．そして，第5章において検討したように，土地面積の異なる非対称的2地域間の Tiebout 均衡においては，財政均等化補助金による人口配分の変更が，両地域の効用水準を改善することが示されている（Flatters et al., 1974; Stiglitz, 1977; Atkinson and Stiglitz, 1980）．本章では，ヤードスティック競争モデルを用いて，財政力に格差がある非対称的な地域間の Nash 均衡の特性や地方公共財供給の効率性，さまざまな補助金による効率性改善の可能性を検討する．

ところで，Myers（1990）と Wellisch（1994）は，足による投票（住民の自由な移動）を想定した場合，地域間の自発的補助金によって地域経済の効率的均衡が達成されるため，中央政府の役割は最小限に留めるべきであることを指摘した．しかしながら，第6章において検討したように，ヤードス

ティック競争においては，地方政府が自発的補助金を交付するインセンティ
ブは存在しない．これは，ヤードスティック競争においては，他地域へ補助
金を与えることは自地域政府の再選確率を低下させ，他地域の政府の再選確
率を上昇させるためである．したがって，ヤードスティック競争下において
は，その非効率性を改善するために中央政府による補助金政策を用いなけれ
ばならないことが明らかにされた．

　また，Boadway et al.（1989）は，地域間の住民移動を想定しない競争的
な2地域経済モデルを用いて中央政府の補助金政策の効果を考察し，定額補
助金の効果は中立的であるが，定率補助金によって公共財供給量が増加し，
厚生水準が改善されることを明らかにした．本書の第6章において，ヤード
スティック競争均衡における地方公共財の過小供給を，中央政府の補助金政
策により効率的な水準に導くことが可能であるかどうかを考察した．その結
果，定額補助金は公共財供給に影響を与えないが，定率補助金はヤードステ
ィック競争の Nash 均衡における地方公共財の過少供給を緩和し，住民の厚
生水準を上昇させることを明らかにした．

　他方，ヤードスティック競争モデルを用いて，地域間の非対称性や財政格
差に焦点を当て分析した研究は必ずしも多くない[1]．Kotsogiannis and
Schwager（2008）は，地域間に財政力格差が存在する場合にはヤードステ
ィック比較の有効性が低下し，財政力に富む地方政府のレント取得を発見し
たり，地方政府の能力を見極めることが困難になることを指摘している．ま
た，Allers（2012）は地域間において財政格差が存在すれば，投票者が選択
を誤り，財政力が豊かな地域においてレントを多く取る「悪い政治家」を再
選させる可能性があることを指摘している．これは財源が豊かな地域の地方
政府には，ヤードスティック競争の下で財政的な余裕が発生することから，
行政効率化のために努力するインセンティブが希薄になったり，あるいは放
漫財政に陥るなどの可能性を示したものであると考えられよう[2]．

　1）　Spahn（2007）にはこの分野の研究の展望がある．

第7章 財政力格差と補助金政策 211

　本章では，ヤードスティック競争モデルを用いて，地域間に財政力格差が
存在する場合のヤードスティック均衡にどのような非効率性が発生するのか，
そしてそれが地方政府間の，あるいは，中央政府による補助金政策によって
改善されるか否かを考察する[3]．分析の結果，財政力に富む地方政府が超過
レントを取得すること，そして地方政府間の自発的補助金はレント取得水準
を低下させることはできないが，中央政府による財政均等化補助金および定
率補助金は，財源が豊かな地域のレント取得水準を低下させることが示され
た．また，このような補助金による効率性の改善効果は，補助金の受け取り
地域ばかりでなく，それを負担する地域においても働き，したがって両地域
に Win = Win の関係がもたらされることが示された．このような関係は，
Flatters et al.（1974）や Stiglitz（1977）などにおいても指摘されているが，
ここでは住民の地域間移動を仮定しておらず，したがって，生産力や税源の
移動による移動調整メカニズムが存在しない場合においても，住民・投票者
のヤードスティック比較により成立することが示された．

　本章の構成は以下の通りである．第7.2節では基本モデルを説明し，ヤー
ドスティック競争の下では地方公共財供給が過小であることと，地域間財政
力格差がある場合には，財源が豊かな地域の地方政府は，財源が豊かでない
地域の地方政府に比較して，多くの超過レントを取る可能性が示される．第
7.3節では，このようなヤードスティック競争下の非効率性を改善するため
に，地域間の自発的補助金，中央政府による均等化補助金と定率補助金の政
策を考察し，第7.4節では結論を述べる．

　2）　Tirole（1997）は，公益事業のインセンティブ規制として用いられるヤードステ
　　　ィック競争において，エージェントの利用可能な資源に格差がある場合には，ヤ
　　　ードスティック比較の効果が制約されることを述べている．
　3）　本章は，基本的に Nishigaki et al.（2017）に基づきながら大幅に加筆・修正し
　　　たものである．

7.2 ヤードスティック競争モデルと財政力格差

7.2.1 非対称的2地域の基本モデル

本章においては，第3章において展開したヤードスティック競争モデルに地域間の財政力格差を導入し，Nash均衡の特性や地方公共財供給の効率性，そして財政均等化補助金の経済効果を分析する．以下ではまず，ヤードスティック競争モデルと2地域間のNash均衡を，必要最低限の範囲において再度説明しよう．

住民の行動

第3章と同様に，2つの地域iに同じ人数の住民n_i（$n_1=n_2$）が居住していて，住民は地域間を移動できないと仮定する．住民は，私的財x_iと地方公共財g_iから効用を得ると仮定する[4]．両地域の住民は選好に関して同質的であると仮定し，ここでも，準線形の効用関数を仮定する．したがって，代表的住民の効用関数は次式のように表される．

$$U_i(x_i, g_i) = \alpha x_i + \mu(g_i), \quad i=1,2 \tag{7.1}$$

ここで，αは私的財消費に伴う限界効用，$\mu(g_i)$は地方公共財から得られる効用を示す関数であり，$\alpha>0$，$\mu'(g_i)>0$，$\mu''(g_i)<0$と仮定する．

地域の財政力格差

地域の非対称性をもたらす要因にはさまざまなものがある．例えば，生産技術や労働や土地など投入要素の賦存量の差，あるいは住民の選好の差による需要構造の差異などがある．ここでは，Flattters et al.（1974）やStiglitz（1977）など，財政力格差を扱う研究においてしばしば仮定されてきた土地面積の地域間格差を仮定しよう[5]．

---

4) 簡単化のためにここではスピルオーバー効果は考えない．

このような仮定の下で，生産技術が同じでも労働の賃金率は同じにはならず，一般的にはより広い土地を用いて生産している地域の労働賃金が高くなる．ここでは生産活動は明示的に扱っていないので，簡単に，第1地域の賃金率が相対的に高いと仮定しよう．

労働供給と資源制約

住民は1人当たり1単位の労働を各地域の企業に対して供給し，w_i の賃金を受け取る．上述のように，第1地域が相対的に広い土地に恵まれ，したがって，より高い賃金が得られる（$w_1 > w_2$）と仮定する．

ここでも，地方政府は労働所得税 t_i を課すと想定し，住民は税を支払った後の可処分所得をすべて私的財の消費に使用すると仮定する．住民の予算制約式は第3章と同様に以下で示される．

$$x_i = (1 - t_i)w_i, \quad i = 1, 2 \tag{7.2}$$

地方政府の予算制約式

第3章と同様に，地方政府は住民より徴収した労働所得税収 $t_i w_i n_i$ を用いて地方公共財 g_i を供給すると想定する．また，地方政府のレントシーキングの可能性を考える．ここでも，レントは ρ_i により示す（$\rho_i \in [0, t_i w_i n_i]$）．さらに，各地方政府による公共財 g_i の供給には，予測不可能な供給費用削減効果や，Leibenstein 流の内部組織的 X 非効率性が発生すると仮定する[6]．これは，不確実な攪乱項 ε_i により表される．収入は労働所得税 t_i のみによってまかなわれると仮定すると，地方政府の予算制約式は次のように示される．

---

5) そのほか，Atkinson and Stiglitz（1980）においては，住民の選好の差異も検討されている．

6) Leibenstein（1966）を参照されたい．

$$g_i = t_i w_i n_i - \rho_i + \varepsilon_i, \quad i = 1, 2 \tag{7.3}$$

ここで, 攪乱項 ε_i は, 平均 (期待値) が 0, 地域間で独立な密度関数 $h(\varepsilon_i)$ から与えられる連続的な確率変数であると仮定する.

ここでも, 公共財の供給に伴い, 政府の負効用が発生すると仮定する. 公共財 g_i の供給に伴う政府の効用水準は関数 $v(g_i)$ で示される減少関数で, $v'(g_i) < 0$ および $v''(g_i) < 0$ と仮定する. ここでも, 公共財供給に伴う限界負効用をエージェンシーコストと考える.

住民の効用関数と情報の非対称性

代表的住民の効用関数 (7.1) に, 予算制約式 (7.2) と地方政府の予算制約式 (7.3) を代入し整理することにより, 以下のように書き直すことができる.

$$U_i(x_i, g_i) = \mu(g_i) + \alpha[w_i - \frac{1}{n_i}(g_i + \rho_i - \varepsilon_i)], \quad i = 1, 2 \tag{7.4}$$

(7.4) 式は, 個人の効用水準が公共財, 私的財に加えて, 地方政府のレント取得水準や公共財供給の費用に発生する攪乱要因にも依存していることを示している.

前章までと同様に, $\alpha > 0$ および n_i は定数であることを考慮して, 個人の効用関数を次のように表現する.

$$\begin{aligned} U_i(x_i, g_i) &= \mu(g_i) + \alpha[w_i - \frac{1}{n_i}(g_i + \rho_i)] + \frac{\alpha}{n_i}\varepsilon_i \\ &= U_i(x_i^E, g_i) + \frac{\alpha}{n_i}\varepsilon_i, \quad i = 1, 2 \end{aligned} \tag{7.5}$$

ただし, $x_i^E = E(x_i) = w_i - \frac{1}{n_i}(g_i + \rho_i)$ とする[7].

---

7) ここでもオペレーター E は期待値を示し, $E(x_i) = \int_{-\infty}^{+\infty} x_i(\varepsilon_i)h(\varepsilon_i)d\varepsilon_i$ と表される.

7.2.2 非対称地域のヤードスティック競争モデルと Nash 均衡

地方政府が g_i と ρ_i を決定した後に，地域住民の投票による選挙が行われる．地域間で情報のスピルオーバーは完全であるとし，地域 i と地域 j の住民は互いに自地域で得られる自身の効用 U_i と他地域の住民が得る効用 U_j を比較できるとする．したがって，地方政府 i が再選される条件は，次式で示される．

$$U_i(x_i^E, g_i) + \frac{\alpha}{n}\varepsilon_i \geq U_j(x_j^E, g_j) + \frac{\alpha}{n}\varepsilon_j, \quad i,j=1,2, \quad i \neq j \tag{7.6}$$

ここでも，再選レントを R とする．ここで検討しているような財政力格差が存在する場合の戦略的な地方政府の行動において，自らの地方公共財供給努力にもかかわらず，次期選挙において再選がかなわないと判断する場合が考えられる．そのような場合には，Bordignon et al.（2004）などにおいて指摘されているように，地方政府は再選レントを諦め，現時点で得られる超過レントを獲得し競争から離脱する戦略的行動をとる可能性が残される[8]．しかしながらここでは，成立可能な Nash 均衡に議論を限定し，ヤードスティック競争のもたらす経済効果を検討したい．したがって，ここでも Nash の仮定を採用し，地方政府は他地域の住民の効用水準を所与として期待効用を最大化すると仮定する．最適化問題は次のように定式化することができる．

$$\max_{(g_i, \rho_i, x_i^E)} E[v(g_i)+\rho_i+R] = v(g_i)+\rho_i+R \cdot \frac{\alpha}{n}\int_{-\infty}^{U_i(x_i^E, g_i)-U_j(x_j^E, g_j)} f(\xi)d\xi$$
$$s.t. \quad x_i^E = w_i - \frac{1}{n}(g_i+\rho_i), \quad g_i \geq 0, \ \rho_i \geq 0, \quad i,j=1,2, \quad i \neq j \tag{7.7}$$

前章までと同様に，（7.7）の最大化問題の制約条件を目的関数に代入し，最大化のための 1 階の条件を求めると次のようになる．

$$\frac{\partial E[v(g_i)+\rho_i+R]}{\partial g_i} = v'(g_i)+R \cdot \frac{\alpha}{n}\Big(U_x^i \frac{-1}{n_i} + U_g^i\Big)f(U_i(x_i^E, g_i) - U_j(x_j^E, g_j)) \leq 0 \tag{7.8}$$

---

8) 例えば Beasley and Case（1995a）などの展開型のモデルを用いたヤードスティック競争においては，このような戦略的行動が明示的に分析されている．

$$g_i \frac{\partial E[v(g_i)+\rho_i+R]}{\partial g_i} = g_i\left\{v'(g_i)+R\frac{\alpha}{n}\left(U_x^i\frac{-1}{n_i}+U_g^i\right)f(U_i(x_i^E,g_i)-U_j(x_j^E,g_j))\right\}=0$$

$$g_i \geq 0, \quad i,j=1,2, \quad i\neq j \quad (7.9)$$

$$\frac{\partial E[v(g_i)+\rho_i+R]}{\partial \rho_i} = 1+R\cdot\frac{\alpha}{n}\cdot U_x^i\frac{-1}{n_i}\cdot f(U_i(x_i^E,g_i)-U_j(x_j^E,g_j))\leq 0 \quad (7.10)$$

$$\rho_i \frac{\partial E[v(g_i)+\rho_i+R]}{\partial \rho_i} = \rho_i[1+R\cdot\frac{\alpha}{n}\cdot U_x^i\frac{-1}{n_i}\cdot f(U_i(x_i^E,g_i)-U_j(x_j^E,g_j))]=0$$

$$\rho_i \geq 0, \quad i,j=1,2, \quad i\neq j \quad (7.11)$$

先述のように，両地域の財政力に格差が存在する場合には，財政力が弱い地域の政府が再選を諦めて最大限の超過レントを獲得して競争を離脱し，$g_2=0$ となり Nash 均衡が成立しない場合が考えられる．しかしながら，ここでは $g_1,g_2>0$ となる Nash 均衡が成立するケースについて議論を進める[9]．

まず，ヤードスティック競争の Nash 均衡においては，両地域の現職政府が同時に再選されるので $U_i(x_i^E,g_i)\geq U_j(x_j^E,g_j)$ と $U_j(x_j^E,g_j)\geq U_i(x_i^E,g_i)$ が同時に成立していなければならない．したがって，両地域の効用水準は等しくなり $(U_i(x_i^E,g_i)=U_j(x_j^E,g_j))$，これにより $f(U_i(x_i^E,g_i)-U_j(x_j^E,g_j))=f(0)$ となる．

(7.9) 式に $g_i>0$ を適用することにより次の式を得る．

$$v'(g_i)+R\frac{\alpha}{n}\left(U_x^i\frac{-1}{n_i}+U_g^i\right)f(0)=0, \quad i=1,2 \quad (7.12)$$

この式を書き直すことにより次式が得られる．

$$v'(g_i)+R\frac{\alpha\cdot f(0)}{n}\mu'(g_i)=R\frac{\alpha^2\cdot f(0)}{n^2}, \quad i=1,2 \quad (7.13)$$

仮定より，両地域は課税ベース以外はすべて等しいとしているので，(7.13) 式において，$v'(g_i)$ と $\mu'(g_i)$ 以外のパラメーターは両地域においてすべて同じである．したがって，Nash 均衡において $g_1=g_2$ となることがわかる．

---

9) Allers (2012) は，Nash 均衡の1つとして対称均衡 $(x_i=x_j=x,\ g_i=g_j=g)$ を検討している．

次に，(7.12) 式をさらに書き換えることにより，次の式を得る．

$$n\frac{U_g}{U_x} = 1 - v'(g)\frac{n^2}{R \cdot \alpha^2 \cdot f(0)} \tag{7.14}$$

(7.14) 式の右辺第 2 項目は負であるので，公共財供給の限界変形率が 1 より大となり，財政力格差が存在する場合の Nash 均衡においても地方公共財は過小供給になることがわかる[10]．

次にレント取得水準 ρ_i の決定について検討しよう．両地域に財政力格差が存在することから，公共財と私的財に関する Nash 均衡が成立する場合には，両地域の資源制約式から，それぞれの政府が取得するレントは異なったものになることがわかる．

(7.11) 式のカギ括弧内は，ρ_i を 1 単位増加させたときに地方政府が得る限界便益と限界費用が示されている．レント ρ_i を 1 単位増加させると 1 単位分効用が増加するが，これがレントの限界便益である．逆に，レント ρ_i を増加させると課税 $t_i w_i n_i$ が増加し，住民の私的財消費量 x_i が $(1/n_i)$ 減少し効用水準が低下する．これは地域 i の地方政府の再選確率を低下させ，再選レントである R を獲得する確率が低下する．これが ρ_i を増加させることにより地方政府が被る限界費用であり，次のように示される．

$$-\frac{R \cdot U_x^i f(0)}{n_i} < 0 \tag{7.15}$$

以上のように，(7.11) 式はレント ρ_i を増加させたときの限界便益が限界費用と一致する点までレントを取得し，限界便益が限界費用よりも小さいときにはレント ρ_i をゼロに設定することを示している．次式はレントがゼロとなる条件を示している．

$$1 - R \cdot \frac{\alpha^2}{n^2} \cdot f(0) < 0 \tag{7.16}$$

---

10) ヤードスティック競争の地方公共財供給が過小になることの証明については，第 3 章を参照されたい．

次に財政格差とレント ρ_i との関係を検討しよう．上述のように，ヤードスティック競争の Nash 均衡の下では，公共財の供給水準が両地域で等しくなっていた $(g_1=g_2)$．さらに，この時両地域の住民の効用水準は等しくなっているので $(U_i(x_i^E, g_i)=U_j(x_j^E, g_j))$，地域 1 と地域 2 の住民の私的財の期待消費水準も等しくなっていることがわかる $(x_i^E=x_j^E=x^E)$．

両地域の住民の予算制約式にこれらの関係を考慮した政府の予算制約式を代入することにより，両地域のレントの関係が賃金の差を用いて次式のように示される．

$$n(w_1-w_2)=\rho_1-\rho_2 \qquad (7.17)$$

ここでは，地域 1 の課税ベースが大きい $(w_1>w_2)$ ことを仮定しているので，以下の不等式が成立する．

$$\rho_1>\rho_2 \qquad (7.18)$$

(7.18) 式は，財政力格差がある場合，財源が豊かな地域の政府がレントを多く取る可能性を示している．この結果の直観的解釈は次の通りである．ヤードスティック競争の下では，他地域の効用水準よりも高いか，あるいは少なくとも等しい効用を住民に与える地方政府が再選される．上に述べたように，財源が豊かな地域の政府にとっては，効用水準が財源の乏しい地域の効用水準と同じ水準になるまでレント獲得の限界費用 (7.15) がゼロとなるので，ヤードスティック競争においてもレント獲得の十分なインセンティブが発生する．このように，(7.18) 式はヤードスティック競争均衡においても財政力に格差がある場合には，財政的に豊かな地域の政府が大きなレントを取ることを意味している．例えばそれは，財政力が豊かな地域は放漫財政になる傾向があることを示していると考えることができよう．

ところで，地域 2 において，レント取得水準をゼロとする (7.16) の条件が成立しているとき，$\rho_2=0$ となり，(7.17) 式より以下の関係を得る．

$$\rho_1 = n(w_1 - w_2) \qquad (7.19)$$

(7.19) 式は，地域 1 の政府が地域間の課税ベースの差のすべてをレントとして取得していることを示している．これは，Allers（2012）において示された財政力格差が存在する場合の均衡と同じものである．以下ではこの点をより詳しく検討しよう．

7.2.3 Allers のヤードスティック・バイアスとの関係

ここでは，前小節において求めたヤードスティック競争モデルの Nash 均衡と，Allers（2012）において指摘されているヤードスティック・バイアスの関係を検討する．Allers（2012）は，ヤードスティック競争が行われていても地域間に財政力格差が存在すれば，住民は地域間の公共財供給コストの差が，財政力格差あるいは政府のレント取得のいずれが原因で生じているのかが判断できず，レントを獲得する「悪い地方政府（政治家）」を再選させてしまう可能性があることを指摘した．このように，財政力格差によって住民が地域間を比較する評価基準が歪むことを，Allers（2012）はヤードスティック・バイアスと呼んでいる．

第 7–1 図には，横軸に第 1 地域の住民の効用水準をとり，縦軸に第 2 地域の住民の効用水準をとって，両地域の効用水準が示されている．ヤードスティック均衡の仮定（$U_i(x_i^E, g_i) = U_j(x_j^E, g_j)$）より，Nash 均衡において他の地域の効用水準の変化が当該地域の効用水準に与える影響は，

$$\frac{dU_i}{dU_j} = 1 \qquad (7.20)$$

と示される．したがって，財政力格差が無い場合の地方政府 i と j の効用水準は第 7–1 図における直線 $0A$（45 度線）により示される．この線上において，必要条件を満たす公共財 g^* と $\rho_2 = 0$ となる私的財消費水準から得られる効用水準 $U_i(w_i - g^*/n, g^*)$ が実現している．$w_1 > w_2$ という財源の格差を想定すると，地方政府 2 の効用水準は直線 $0E$，一方，地方政府 1 の効用水

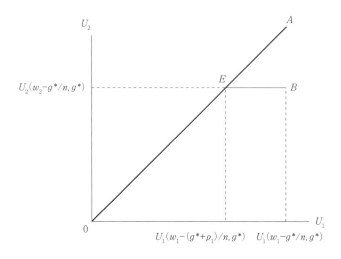

第7-1図　財政格差とレント取得

準は直線 $0E$ と直線 EB となる．

　ヤードスティック競争の Nash 均衡が成立するのは E 点においてである．なぜならば，ここで想定している非協力ゲームの場合には，財政的に豊かな地方政府1は，地方政府2が最大限達成可能な住民の効用水準と等しくなるところまで超過レントを取得し，E を実現することが最適な行動となるからである．

　もちろん，両地域が結託してレントシーキングを行うならば，第7-1図において原点0から E 点の区間において両地域のレントが正となる点がある．ところが非協力ゲームにおいては，両地域の現職政府が互いに再選を目指して競争することから，財政力の弱い第2地域の政府は E 点を選択する．そして，財政力の強い第1地域にとって E 点は，第2地域の選択を所与とした場合にレントが最大となる点であり，税収 tw_1n から地方公共財の供給額を差し引いた分の超過レント $\rho_1(=tw_1n-g^*)$ が得られる．

　先述のように，財政格差 $(w_1>w_2)$ が存在する場合には，財政力の弱い第2地域の地方政府がヤードスティック競争から離脱する可能性がある．こ

れは例えば第 7–1 図の EA のラインにより示される．すなわち，第 1 地域の地方政府が第 2 地域の達成不可能な効用水準を住民に保証する場合には，第 2 地域の政府はヤードスティック競争において再選を勝ち取ることはできないので，最大限のレントを取得して競争から離脱する可能性がある．

この Nash 均衡において，ρ_2 はゼロであるので（7.19）式が成立している $[\rho_1^* = n(w_1 - w_2)]$．ここで，$w_1 > w_2$ であるので，$\rho_1^* > 0$ となる．これは Allers（2012）が指摘したヤードスティック・バイアスによって生じる最大レントに他ならない．本章のモデルにおいても，財政力格差が存在するとき，住民は地方公共財供給量の現状の大きさが，財政力格差の結果であるのか，あるいは超過レントを取得した結果なのかが判断できないため，他地域の効用を評価基準として参考にしても，レント取得を行う悪い地方政府を再選させてしまうことを示している．

このように，本細節のモデルは Allers（2012）のヤードスティック・バイアスのケースを部分的に含むものであるが，ここではより一般的なモデルにおいてこれが導かれている．以下ではこのモデルを用いて，地方公共財供給の効率性，財政力格差，ヤードスティック・バイアスの是正のための補助金政策を考察する．

7.3 地方政府間相互の補助金と中央政府による補助金政策

前節の議論において，ヤードスティック競争下では地方公共財が過少に供給されること，また，地域間に財政力格差が存在するとき財源が豊かな地域は高い水準のレントを取得することという 2 つの問題が明らかになった．Kotsogiannis and Schwager（2008）は，財政力格差の均等化によりヤードスティック競争の有効性が高まることを指摘している．他方，Allers（2012）においては，残念ながらヤードスティック・バイアスに対処するための政策は検討されていない．そこで，本節では地域間相互の自発的補助金，中央政府による財政均等化補助金，定率補助金によりヤードスティック競争

下で生じる非効率性が改善されるのか否かを考察する.

7.3.1 地方政府による自発的補助金

　地域に格差があるとき, ヤードスティック競争の下で, 地方政府は地域間相互の自発的補助金をどのような値に設定するのかを考察する. 第6章と同様に, s_{ij} は地方政府 i から地方政府 j への補助金であるとする. 地方政府間の補助金がある場合の地方政府の最適化問題は次のように定式化される.

$$\max_{(g_i, \rho_i, s_i, x_i^E)} E[v(g_i)+\rho_i+R]=v(g_i)+R\frac{\alpha}{n}\int_{-\infty}^{U(g_i, x_i^E)-U(g_j, x_j^E)} f(\xi)d\xi \qquad (7.21)$$
$$s.t. \quad x_i^E=w_i-\frac{1}{n}(g_i+\rho_i-s_{ij}+s_{ji}), \ s_{ij}\geq 0, \ g_i\geq 0, \ \rho_i\geq 0, i,j=1,2, i\neq j$$

(7.21) の制約条件式を目的関数に代入し, 最大化のための1階の条件を求めると, 前章6.2.1において得られた (6.7) から (6.12) 式と基本的に同じ式を得る.

　まず, 公共財供給に関する最適条件式を求めると, 前章と同様に次式を得る.

$$n\frac{U_g}{U_x}=1-v'(g)\frac{n^2}{\alpha^2\cdot R\cdot f(0)} \qquad (7.22)$$

この式から, Nash 均衡における両地域の公共財の供給が同一水準になり, また, 地域間補助金の影響を受けないことがわかる.

　次に, 自発的な地域間補助金に関する必要条件式において, Nash 均衡における両地域の自発的補助金がゼロ ($s_{ij}=0$) となることがわかる. 以上の考察より, 財政力格差が存在するヤードスティック競争においても, 地域間の自発的補助金は公共財供給に影響を及ぼさず, また, 両地域の政府が期待効用の最大化問題の結果として選択する自発的な補助金はゼロとなることがわかる. これらの結果は, 次のような命題にまとめられる.

　命題7.1　財政力格差が存在するヤードスティック競争の Nash 均衡において, 政府の期待効用最大化の解として選択される地域間の自発的補助

金はゼロとなり，財政力格差の縮小効果を持たない．

命題7.1の直感的説明は，前章における命題6.2と同様に，自発的補助金が当該地域住民の効用水準を低下させるとともに，この補助金を受け取った地域の住民の効用水準を上昇させ，当該地域の現職政府の再選確率を低下させるからに他ならない．このように，ヤードスティック競争の下では，自発的な補助金を提供しあうインセンティブは存在せず，地域間の財政力格差の縮小にはつながらないことがわかる．

7.3.2　中央政府による財政均等化補助金

ここでは中央政府による財政均等化補助金の政策を考える．ここでも，1人当たり賃金の格差$w_1 > w_2$を仮定し，中央政府が地域1から地域2への財源移転政策を行う場合を検討する．このような一括固定移転は受け取り手の政府予算を拡大し，所得効果により政府の最適決定に影響をもたらすことが期待される．

前章と同様に，中央政府がシュタッケルベルグリーダーで，2つの地方政府がシュタッケルベルグフォローアーであるような2段階ゲームを考える．中央政府は，両地方の住民に対する一括税により調達した一括固定補助金を使って，両地域の住民の効用を最大にすることを目標に補助金政策を行う．さらに，中央政府は両地方政府の行動に関する情報を持っていると仮定する．2つの段階で行われるゲームを記述すると以下のようになる．

地方政府の行動：中央政府の補助金と課税を与件として，地方政府の期待効用を最大化するように地方公共財供給（g_1, g_2）とレント（ρ_1, ρ_2）を決定する．

中央政府の行動：中央政府は，2つの地方政府が供給する公共財の供給水準（g_1, g_2）とレント取得水準（ρ_1, ρ_2）の決定行動を前提として，2つの

地域の住民の効用水準が最大になるように財政均等化補助金（S）を決定する．これは，財源が豊かな第1地域に対する一括固定税 T から収入を得て，財源の乏しい第2地域に一括固定補助金 S を交付するものと仮定する．したがって，中央政府の予算制約式を示すと $S=T$ となる．

まず，地方政府の行動から検討しよう．中央政府の第1地域に対する一括固定税 T と，第2地域に対する一括固定補助金 S を地方政府の予算制約に導入することにより，(7.5) 式は次のような変更を受ける．

$$
\begin{aligned}
U_1(x_1, g_1) &= \mu(g_1) + \alpha[w_1 - \frac{1}{n_1}(g_1 + \rho_1 + T)] + \frac{\alpha}{n_1}\varepsilon_1 \\
&\equiv U_1(x_1^E, g_1) + \frac{\alpha}{n_1}\varepsilon_1
\end{aligned}
\tag{7.23}
$$

$$
\begin{aligned}
U_2(x_2, g_2) &= \mu(g_2) + \alpha[w_2 - \frac{1}{n_2}(g_2 + \rho_2 - S)] + \frac{\alpha}{n_2}\varepsilon_2 \\
&\equiv U_2(x_2^E, g_2) + \frac{\alpha}{n_2}\varepsilon_2
\end{aligned}
\tag{7.24}
$$

以上のような仮定の下で，地方政府の最大化問題は次のように示される．

地方政府1の最大化問題

$$
\max_{(g_1, \rho_1, x_1^E)} \quad E[v(g_1) + \rho_1 + R] = v(g_1) + \rho_1 + R \cdot \frac{\alpha}{n} \cdot \int_{-\infty}^{u(x_1^E, g_1) - u(x_2^E, g_2)} f(\xi)d\xi
$$
$$
s.t. \quad x_1^E = w_1 - \frac{g_1 + \rho_1 + T}{n}, \quad g_1 \geq 0, \quad \rho_1 \geq 0
\tag{7.25}
$$

地方政府2の最大化問題

$$
\max_{(g_2, \rho_2, x_2^E)} \quad E[v(g_2) + \rho_2 + R] = v(g_2) + \rho_2 + R \cdot \frac{\alpha}{n} \cdot \int_{-\infty}^{u(x_2^E, g_2) - u(x_1^E, g_1)} f(\xi)d\xi
$$
$$
s.t. \quad x_2^E = w_2 - \frac{g_2 + \rho_2 - S}{n}, \quad g_2 \geq 0, \rho_2 \geq 0
\tag{7.26}
$$

これらの最大化問題の制約条件式を目的関数に代入し，最大化問題を解くことにより，基本的に前章6.3節における (6.18) 〜 (6.21) 式と同様の1階の条件式を得る．

まず，公共財供給に関する最適条件式を求めると (6.22) 式と同様の条件

式を得る．したがって，Nash 均衡における両地域の公共財の供給が同一水準になり，また，中央政府の一括固定補助金は公共財供給水準に影響を与えないことがわかる．

$$v'(g)+R\frac{\alpha}{n}\Big(U_x\frac{-1}{n}+U_g\Big)f(0)=0 \tag{7.27}$$

同様に，レント取得水準の決定式についても（6.13）式と基本的に同じ式を得る．

次に，中央政府の最適化問題を示すと以下のようになる．

中央政府の最適化問題

$$\max_{(S,\,T)} \quad W\equiv n_1U_1+n_2U_2$$
$$s.t. \quad x_1^E=w_1-\frac{g_1+\rho_1+T}{n},\ x_2^E=w_2-\frac{g_2+\rho_2-S}{n},$$
$$g_1=g_1(T),\ g_2=g_2(S),\ \rho_1=\rho_1(T),\ \rho_2=\rho_2(S),S=T \tag{7.28}$$

中央政府の最適化問題を解き，$dT=dS$ を代入すると 1 階の条件式は次式のように示される[11]．

$$\frac{\partial W}{\partial S}=n_1U_x^1\Big(\frac{dx_1^E}{dg_1}\frac{dg_1}{dS}+\frac{dx_1^E}{dS}+\frac{dx_1^E}{d\rho_1}\frac{d\rho_1}{dS}\Big)+n_1U_g^1\frac{dg_1}{dS}$$

$$+n_2U_x^2\Big(\frac{dx_2^E}{dg_2}\frac{dg_2}{dS}+\frac{dx_2^E}{dS}+\frac{dx_2^E}{d\rho_2}\frac{d\rho_2}{dS}\Big)+n_2U_g^2\frac{dg_2}{dS}=0 \tag{7.29}$$

上に述べたように，両地域の公共財の最適水準は中央政府の一括固定補助金によって影響を受けないので，（7.29）式に $dg_1/dS=dg_2/dS=0$ を代入することにより，以下のような式を得る．

$$\frac{\partial W}{\partial S}=n_1U_x^1\Big(\frac{dx_1^E}{dS}-\frac{dx_1^E}{d\rho_1}\frac{d\rho_1}{dS}\Big)+n_2U_x^2\Big(\frac{dx_2^E}{dS}-\frac{dx_2^E}{d\rho_2}\frac{d\rho_2}{dS}\Big)=0 \tag{7.30}$$

---

11) 地域 i と地域 j の変数を区別するために，変数には上付き・下付き添え字をつけている．

前節において検討したように，財政力の弱い第2地域においては超過レントを獲得するコストが高くなるので超過レントをゼロとする条件（6.13）が成立すると仮定すると，補助金の移転後もこの地域の超過レントはゼロになる．第2地域の住民の予算制約式において，$dg_2/dS=0$ と $\rho_2=0$ を考慮することにより，

$$\frac{dx_2^E}{dS}>0 \tag{7.31}$$

を得る．これは，財政均等化補助金により第2地域の私的財消費量が増加することを示している．先にみたように，財政均等化補助金により公共財の供給水準は変化しないが，私的財の消費量が増大するため第2地域の効用水準は上昇することが示される．

ところで，上に述べたように，Nash 均衡においては両地域の公共財供給水準が等しく（$g_1=g_2$）なっているので，ヤードスティック競争均衡の条件より得られる $U_1(x_1^E,g_1)=U_2(x_2^E,g_2)$ を考慮すれば，両地域の住民の私的財消費も等しくなっている（$x_1^E=x_2^E=x^E$）ことがわかる．したがって，第1地域の私的財消費量も同時に増加していることがわかる．

$$\frac{dx_1^E}{dS}=\frac{dx_2^E}{dS}>0 \tag{7.32}$$

このように，中央政府の財政均等化補助金により，補助金の受け取り地域（財政力の弱い地域）ばかりでなく，税の支払い地域（財政力の強い地域）においても住民の効用水準が上昇することが示される．

ところで，第1地域には中央政府の補助金政策により一括固定税の増加が求められているので，この結論は一見矛盾しているように思われるかもしれない．この理由は，ヤードスティック競争において財政均等化補助金による第2地域の効用増加が起これば，それに伴って第1地域の政府も住民の効用水準を上昇させることが必要となるからに他ならない．前節において見たように，ヤードスティック競争の Nash 均衡においては，財源が豊富な第1地域の政府は財政力格差に応じてレント取得が可能であった．第1地域におい

て住民の私的財消費量が増加する背景には，この超過レントが減少し，それに伴って住民の税負担額も低下する必要がある．

そこで，第1地域の政府のレントが財政均等化補助金によりどのような変化を受けるのかを検討するために，(7.30) 式に $d\rho_2/dS=0$ と，仮定より得られる $U_x^1 = U_x^2 = \alpha$，$n_1 = n_2 = n$ を代入することにより，以下の式が得られる．

$$\frac{d\rho_1}{dS} = -2 \tag{7.33}$$

(7.33) 式は，中央政府の補助金1単位の増加（第1地域にとっては一括固定税1単位の増加）が，当該地域のレントを2単位減少させることを意味している．これは，中央政府の一括補助金により第2地域の私的財消費量が増加することに伴って，ヤードスティック競争の均衡において第1地域の公共財消費水準も同じだけ増加する必要があり，これがレント取得水準を税支払いの2倍低下させることにつながることを意味している．このように，中央政府の財政均等化補助金により，ヤードスティック・バイアスがもたらす財源の豊かな地域におけるレント取得という非効率性は低下することが示された．この結論は，次のような命題にまとめられる．

命題7.2　中央政府による財政均等化のための定額補助金は，ヤードスティック競争の Nash 均衡における住民の効用水準を上昇させ，補助金の受け取り地域の厚生水準ばかりでなく，その財源を負担する地域の厚生水準をも高める．

この結論は，地域間に財政力格差が存在する場合には，財政均等化補助金によりヤードスティック競争の有効性が高まるという Kotsogiannis and Schwager (2008) の結論と類似のものと解釈することができよう．さらに，ここでは，この財政均等化補助金が，補助金を受け取る地域ばかりでなく，そのための財源を課税される地域においても住民の効用水準を増加させるといういわゆる Win = Win の関係が示された．

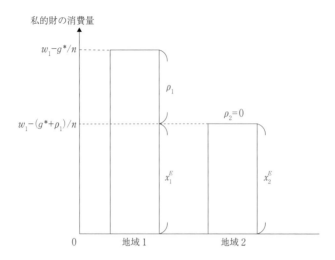

第 7-2 ①図　財源格差とレント取得

　以下では，簡単な図を用いてこのような結論を説明したい．第 7-2 ①図は財源格差が生じているときの地域 1 と 2 の住民が消費する私的財 (x_1^E, x_2^E) と超過レント (ρ_1, ρ_2) を図示したものである．

　まず，財源の格差 ($w_1 > w_2$) が存在する場合のヤードスティック競争の Nash 均衡を検討しよう．前節において述べたように，Nash 均衡における地方公共財の供給水準は，財政格差の存在にもかかわらず同じとなる．第 7-2 ①図の縦軸は私的財の消費量が測られており，左側の棒グラフは地域 1，右側の棒グラフは地域 2 の私的財消費を示している．いま，所得格差 ($w_1 > w_2$) が存在しているので，地域 1 の最大消費量 ($w_1 - g^*/n$) は，地域 2 の消費量 $w_2 - g^*/n$ よりも大きくなっている．ヤードスティック競争下では，財源が豊かでない地方政府 2 が超過レントを取れば，地方政府 1 とのヤードスティック競争に負け再選できない可能性が高くなる．よって，地方政府 2 は，$\rho_2 = 0$ を設定し，$x_2^E = w_2 - g^*/n$ を選択する．

　財源が豊かな地方政府 1 の最適な戦略は，ヤードスティック均衡の条件 $U_1(x_1^E, g_1) = U_2(x_2^E, g_2)$ を満たすように，$x_1^E = x_2^E$ と設定し，$n(w_1 - w_2)$ の分だ

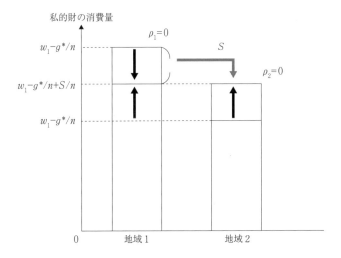

第7-2②図　均等化補助金と超過レント

け超過レントρ_1を得ることである．このように，第7-2①図は，財源豊かな地方政府1がレント取得を行うことを示している．

次に，中央政府による財源移転Sの効果を検討する．先に見たように，中央政府の財政均等化補助金は，両地域の公共財供給に影響を及ぼさない（7.27式）．そこで，第7-2②図は中央政府が財源が豊かな地域1から財源が乏しい地域2へ財源移転を行ったとき，地域1と2の私的財消費水準と超過レントの取得水準が（ρ_1, ρ_2）がどのようになるのかを図示したものである．なお，この図は，中央政府の補助金により地方政府1と2の財源が完全に均等化された場合について示している．

財政均等化補助金によって地域2では補助金Sが増加し，その分だけ住民の租税負担が軽くなるので私的財消費量が増加する．これは地域2の住民の効用水準を上昇させるので，ヤードスティック競争の中で地域1においても効用水準を上昇させることが必要になる．このため，地域1の地方政府は超過レントの取得水準ρ_1を減少させることにより税負担を軽減させ，結果として住民の私的財の消費量が増加する．このように，中央政府の財政均等

化補助金により両地域の厚生が増加する可能性を示すことができる．このような両地域の Win＝Win 関係をもたらす源泉は，ヤードスティック競争を引き起こす情報のスピルオーバー効果に他ならない．

7.3.3　中央政府による定率補助金政策

前細節において，一括補助金により財政の均等化が達成され，両地域の効用水準が改善されることが示された．しかしながら，同時に一括補助金によってはヤードスティック競争による地方公共財の過少性は改善されないことがわかった．そこで，ここでは中央政府による定率補助金政策を考える．本節においても，中央政府がシュタッケルベルグリーダーであり，2つの地方政府がシュタッケルベルグフォローアーであるような2段階ゲームを考える．2つの段階で行われるゲームを記述すると以下のようになる．

地方政府の行動：中央政府の定率補助金（σ）と課税（T）を与件として，再選から得られる期待効用を最大化するように地方公共財供給（g_1, g_2）とレント（ρ_1, ρ_2）を決定する．

中央政府の行動：中央政府は，2つの地方政府が供給する公共財の供給水準（g_1, g_2）とレントの取得水準（ρ_1, ρ_2）の決定行動を前提として，2つの地域の住民の期待効用が最大になるように定率補助金（σ）を決定して各地方政府に移転する．その財源は，両地域の住民に対する一括固定税（T）によりまかなわれる．したがって，中央政府の予算制約式は，$\sigma(g_1 + g_2) = T(n_1 + n_2)$ と示される．

中央政府は各地域の住民に課税する一括固定税 T から収入を得て，公共財供給量に応じて定率補助金 σ を与えると仮定する．このような税と補助金を地方政府の予算制約に導入することにより次式を得る．

$$U_i(x_i, g_i) = \mu(g_i) + \alpha\{w_i - \frac{1}{n_i}[(1-\sigma)g_i + \rho_i] - T\} + \frac{\alpha}{n_i}\varepsilon_i$$
$$= U_i(x_i^E, g_i) + \frac{\alpha}{n_i}\varepsilon_i, \quad i = 1, 2 \tag{7.34}$$

以上のような想定の下で，2つの地方政府の再選から得られる期待効用の最大化問題は，次のように示される．

地方政府 i の最大化問題

$$\max_{(g_i, \rho_i, x_i^E)} \quad E[v(g_i) + \rho_i + R] = v(g_i) + R\frac{\alpha}{n}\int_{-\infty}^{U_i(x_i^E, g_i) - U_j(x_j^E, g_j)} f(\xi)d\xi \tag{7.35}$$
$$s.t. \quad x_i^E = w_i - \frac{(1-\sigma)g_i + \rho_i}{n_i} - T, \quad g_i, \rho_i \geq 0, \quad i, j = 1, 2, \quad i \neq j$$

地方政府は，中央政府の補助金 σ，および中央政府による住民1人当たり税 T を所与として，各自の期待効用が最大になるように公共財供給水準とレント取得水準を決定する．最大化問題の制約条件式を目的関数に代入し，最大化のための1階の条件式を求めると，前章第6.4節の（6.29）式から（6.32）式と基本的に同じ1階の条件式を得る．

まず，Nash 均衡における超過レント取得の条件式を整理すると，（7.16）式と同じ式を得る．この式には中央政府の定率補助金 σ を含んでいないので，中央政府の定率補助金は Nash 均衡における地方政府のレント取得水準に影響を及ぼさないことを意味している．

次に，公共財供給の条件式を整理することにより，（6.34）式と同様に簡単な形で示すことができる．

$$n\frac{U_g}{U_x} = (1-\sigma) - \frac{v'(g)}{\alpha R \cdot f(0)}\frac{n^2}{U_x} \tag{7.36}$$

ここで，定率補助金 σ の効果を検討するために，中央政府の予算制約式と個人の予算制約式を Nash 均衡（$g_1 = g_2 = g, x_1^E = x_2^E = x^E$）の下で評価し，定率補助金が両地域の公共財供給にもたらす効果を比較静学を行うことにより，次のような関係が得られる[12]．

$$\frac{dg}{d\sigma} = -\frac{U_x \cdot \alpha \cdot R \cdot f(0)}{n^2 \cdot v''(g) + \alpha \cdot R \cdot n \cdot U_{gg} f(0)} > 0 \tag{7.37}$$

$v''(g,), U_{gg} < 0$ を考慮すると，$(dg/d\sigma) > 0$ となる．ここでも，中央政府の定率補助金（σ）は地方政府の公共財供給水準を増加させ，公共財の過小供給という非効率性を改善することがわかる．

次に，中央政府の社会的厚生最大化問題を解くことにより，中央政府の定率補助金の政策により公共財供給の最適条件が達成できるかどうかを検討したい．中央政府の最大化問題は次のように示される．

中央政府の最大化問題

$$\max_{(\sigma, T)} \quad W \equiv n_1 U_1 + n_2 U_2$$
$$s.t. \quad x_i^E = w_i - \frac{(1-\sigma)g_i + \rho_i}{n_i} - T, \ g_1\sigma + g_2\sigma = T(n_1 + n_2),$$
$$g_i = g_i(\sigma), \ \frac{d\rho_i}{d\sigma} = 0, \ i = 1, 2 \tag{7.38}$$

先述のように，定率補助金は地方政府のレント取得水準に影響を及ぼさないので，ここでは $d\rho_i/d\sigma = 0$ としている．

中央政府の予算制約式を用いて一括固定税 T を消去し，社会的厚生最大化問題を定率補助金 σ のみについて解くことにより，最大化のための一階の条件が次のように得られる．

$$\frac{\partial W}{\partial \sigma} = n_1 \left[U_x^1 \frac{\partial x_1^E}{\partial g_1} \frac{dg_1}{d\sigma} + U_g^1 \frac{dg_1}{d\sigma} \right] + n_2 \left[U_x^2 \frac{\partial x_2^E}{\partial g_2} \frac{dg_2}{d\sigma} + U_g^2 \frac{dg_2}{d\sigma} \right] = 0 \tag{7.39}$$

(7.39) 式を地方政府の対称的 Nash 均衡において評価することにより，次のような簡単な式に表すことができる．

$$2n \left[U_x \frac{\partial x^E}{\partial g} + U_g \right] \frac{dg}{d\sigma} = 0 \tag{7.40}$$

各地域の資源制約式を対称的 Nash 均衡において評価し，整理することによ

---

12) (7.37) 式の導出手順については，第6章 Appendix 1 を参照されたい．

り次の式を得る.

$$2n\left[U_x\frac{1}{n}-U_g\right]\frac{dg}{d\sigma}=0 \qquad (7.41)$$

(7.37) 式において示されたように, $(dg/d\sigma)>0$ となるので, (7.41) 式において公共財と私的財の限界代替率が限界変形率と一致し, 最適な公共財供給が実現していることがわかる.

つぎに, 定率補助金により財源豊かな地域のレント取得を改善することができるかどうかを検討しよう. Nash 均衡の私的財消費量と公共財供給水準 ($x_1^E=x_2^E=x^E$, $g_i=g_j=g$) を用いて, 中央政府と地方政府の予算制約を代入した地域 i と地域 j における住民の予算制約は次式のようになる.

$$(1-\sigma)g=t_2nw_2 \qquad (7.42)$$

$$(1-\sigma)g=t_1nw_1-\rho_1 \qquad (7.43)$$

(7.42) 式と (7.43) 式を両地域の個人の予算制約式を当てはめることにより, 以下の関係を得る.

$$\rho_1=t_1nW_1-t_2nW_2=n[(w_1-T)-(w_2-T)]=n(w_1-w_2) \qquad (7.44)$$

したがって, 定率補助金は地方政府1のレント取得を抑制することはできないことがわかる.

7.4 結論

本章ではヤードスティック競争において生じる地方公共財の過小性, 財政豊かな地域の地方政府による大きなレント取得が, 補助金政策よって改善されるのか否かを考察した. 補助金政策として, 地方政府間の自発的補助金, 中央政府による財政均等化補助金および定率補助金を考えた. 地方政府間の自発的補助金はヤードスティック競争下においては, 自地域地方政府の再選確率を低下させ, 他地域地方政府の再選確率を上昇させる. したがって, 各

地方政府は補助金額をゼロに決定するため，地方政府間の自発的補助金によって，ヤードスティック競争下の非効率性は改善されないことが示された．したがって，ヤードスティック競争下においては中央政府による介入が必要となる．地域間の財政力格差が存在する場合には，中央政府による財政均等化補助金は，財政力格差を改善し，財源が豊かな地方政府による超過レントの取得を抑制するので，両地域の厚生水準を改善することが示された．また，定率補助金は，地方公共財の過小供給を改善するが，財源が豊かな地方政府によるレント取得を抑制することができないことが示された．

Myers（1990），Wellisch（1994）は，地域間人口移動を想定した場合，地方政府間の自発的補助金によって地域の厚生は最適となることから，中央政府の役割は最小限にすべきであると指摘している．しかしながら，地域間でヤードスティック競争が生じている場合，財政力格差の是正など中央政府による補助金の役割が重要になる．

第 8 章
ヤードスティック競争と租税競争

8.1　はじめに

　地方政府間の租税競争に関する研究は，地域間を移動可能な課税標準である資本に対する課税競争がもたらす経済効果や，地方公共財供給の効率性への効果などを検討することを主たる目的としている．その基本的な設定は，2 地域経済モデルにおいて，移動不可能な生産要素である労働と地域間を移動可能な資本ストックを用いて，完全競争的な企業により私的財にも公共財にも利用可能な財の生産が行われるような状況である．そして，移動可能な資本ストックに対する課税により，当該地域から資本ストックが流出するという望ましくない負の外部効果が発生することから，資本流入を促すための資本課税の切り下げ競争が生じる．その結果，地方公共財の供給を資本税収にのみ依拠する地方政府は，公共財供給のファイナンスに失敗し，望ましいレベルの公共財供給を行えない（Wildasin 1988; Brueckner and Saavedra 2001）．このように，善良な地方政府による競争が，完全競争・完全情報の下でも公共財供給の非効率性をもたらす可能性が指摘されている[1]．

　他方，公共選択論の分野において Brennan and Buchanan（1980）など

---

1)　この分野の展望論文には，Wilson（1999, 2006），Wilson and Wildasin（2004），小川（2006），松本（2006）などがある．また，松本（2014）は公的要素に焦点を当て，大島（2011）は地域の非対称性と差別課税に焦点を当て研究を展開している．この他，Wilson（1986, 1989, 1991），Wildasin（1987b），Kotsogiannis（2010），Keen and Kotsogiannis（2002, 2004）などの蓄積がある．

が指摘しているように，支出の拡大を目的とする政府が行う支出は過大なものとなるため，租税競争は逆に政府規模を抑制し，効率性を高める効果を持つ可能性がある．租税競争が持つこのような望ましい効果については，Edward and Keen（1996）や Rauscher（1998）などにより，政府が支出の拡大に関心を持つリバイアサンモデルの枠組において，租税競争がもたらす支出抑制効果などが研究されている[2]．また，Wilson and Wildasin（2004）は，租税競争がもたらすさまざまな帰結を展望している．

　本章においては，これまで展開してきたヤードスティック競争モデルに地域間を移動可能な資本ストックを導入し，財の生産活動を明示的に取り扱うモデルを構築し，そのモデルを用いて租税競争を検討する[3]．そのような設定の下で，資本税の増税がもたらす経済効果と公共財供給に関する経済効率性に関して，多数の小地域からなるモデルと対称的な2地域モデルを用いて検討する．ヤードスティック競争モデルに資本を導入し生産活動を明示的に取り入れたモデルを用いて租税競争を分析する試みは，これまで行われてこなかったものであり，本研究の独自な貢献と考えられる．

　得られた主な結論は次のようなものである．これまで，租税競争とヤードスティック競争はともに公共財の過小供給をもたらすことが知られてきたが，ヤードスティック競争の Nash 均衡における租税競争の非効率性は，完全競争的なモデルを用いた結論とは大きく異なっている．まず，多数地域における租税競争のヤードスティック均衡は，公共財の財源調達の限界費用を追加的に上昇させ，その結果公共財の過小供給はいっそう深刻なものになる．その逆に，2地域の租税競争のヤードスティック均衡においては，近隣政府の効用変化が住民のヤードスティック比較を通じて当該地域の政府の再選確率に影響を与えるため，租税競争がもたらす資本流入による隣接地域の効用増大効果が，ヤードスティック比較を通じて当該政府の公共財供給を増大させ

---

2)　その他，Wilson（1989），Eggert and Sorensen（2008）などの関連文献がある．

3)　本章は，基本的に Nishigaki, Kato and Higashi（2016）に基づきながら，大幅に加筆，修正したものである．

る効果を持つ．これは，資本課税強化に伴う当該地域から隣接地域への資本流入が隣接地域の生産水準を増大させ，したがって効用水準が上昇するため，ヤードスティック競争を通じて当該地域の公共財供給を上昇させる圧力が働くためである．このようにして，ヤードスティック競争は租税競争がもたらす資本移動という負の財政外部性の一部を，当該政府の政策決定の中に内部化する効果を持つ．そして，このような効果は，租税競争がもたらす公共財の過小供給という非効率性の一部を改善することが示される．

以下では，第8.2節において多地域モデルが提示され，ヤードスティック競争モデルを用いて租税競争の分析が行われる．続いて，第8.3節においては，2地域モデルを用いて，租税競争とヤードスティック競争がもたらす公共財供給の効率性が検討される．最後に，第8.4節においては得られた結果が検討され結論が示される．

8.2 多地域のヤードスティック競争モデルと租税競争

8.2.1 多地域のヤードスティック競争モデル

N 地域からなる経済を考えよう．それぞれの地域の自然条件や人口などはすべて同じであると仮定する．各地域に居住する住民は n 人であり，固定的な労働を提供すると仮定する．1人当たりの住民が提供する労働は1に正規化し，また，住民は地域間を移動しないと仮定する．

資本ストックの総供給量は一定（$\overline{K}$）であり，各地域の住民がすべて等しい量の資本ストックを保有していると仮定する．また，資本ストックは地域間を完全に移動可能であると仮定する．このような仮定から，すべての資本ストックは同じ報酬（r）を得る．また，各地域の生産技術は同じであり，通常の性質を満たす同一の生産関数により示されると仮定する．

生産活動

各地域において完全競争的な企業により，公共財としても私的財としても利用可能な財（Q_i）が生産される．生産関数は規模に対する収穫一定で，2

階微分可能であると仮定する．労働投入は一定であり，また，各地域共通であるので記述を省略している．

$$Q_i = F(K_i), \quad F_K > 0, \quad F_{KK} < 0, \quad i = 1, ..., N \tag{8.1}$$

ここで，K_i は代表的な地域 i の資本ストック需要量である．なお，各地域の企業は利潤最大化行動をとると仮定する．

多数の小地域からなる経済の仮定と完全競争市場の仮定から，個々の地域の生産活動や資本ストックに対する需要は，市場の価格に影響を及ぼさない．この，いわゆる「小地域の仮定」と完全資本移動の仮定により，各地域に対する資本ストックの供給弾力性は，全地域における平均的な資本収益率（r）の下で無限大となる．さらに，第 i 地域において利用される資本ストックには，地方政府により1単位当たり税率 τ_i の従量税が課税される．企業の利潤最大化条件は以下のように示される．

$$r + \tau_i = F_K(K_i), \quad i = 1, ..., N \tag{8.2}$$

(8.2) 式より第 i 地域の資本ストックの需要関数は次のように示される．

$$K_i = K(r + \tau_i), \quad i = 1, ..., N \tag{8.3}$$

(8.3) 式を全微分することにより，資本課税に伴う第 i 地域の資本需用量の変化が次のように示される．

$$dK_i / d\tau_i = 1 / F_{KK}^i < 0, \quad i = 1, ..., N \tag{8.4}$$

(8.4) 式は，資本ストックに対する需要が資本課税により減少することを意味している．

本章においても，各地域に居住する住民は私的財 x_i と第 i 地域の地方政府が供給する公共財 g_i を消費し，効用を得ると仮定する．これまでの章と同様に，以下のような準線形の効用関数を仮定する．

$$U_i(x_i, g_i) = \alpha x_i + \mu(g_i), \ i = 1, ..., N \tag{8.5}$$

ここで, α は私的財消費に伴う限界効用を示している. また, $\mu(g_i)$ は地方公共財から得られる効用を示す関数であり $\mu'(g_i) > 0$, $\mu''(g_i) < 0$ と仮定する.

すでに述べたように, 各地域の住民は1人当たり1単位の労働を供給し, 賃金を得る. また, 各住民は全資本ストックの中から同じシェアーを所有すると仮定している. もちろん, 第 i 地域の住民が所有する資本ストックが, 必ずしも第 i 地域において利用されているとは限らない. しかしながら, 地域がどこであるかにかかわらず, 資本ストックは1単位当たり同一の税引き後資本収益率 r を得る.

地方政府は, 自地域において利用される資本ストックに対する従量税 τ_i を徴収し, その税収を公共財供給に用いると仮定する[4]. また, 住民は課税後の可処分所得を全て私的財の消費にあてると仮定しよう. これらの仮定の下で, 住民の予算制約式は次のように示すことができる.

$$x_i = \frac{1}{n_i}[F(K_i) - (r + \tau_i)K_i] + \frac{r \cdot \overline{K}}{n_t \cdot N}, \ i = 1, ..., N \tag{8.6}$$

ここで, (8.6) 式右辺の第1項は, 第 i 地域の住民1人に対して分配される賃金を示している. また, 第2項は当該地域の住民1人が受け取る税引き後の資本所得を示している.

第 i 地域の地方政府は, 地方公共財 g_i を供給すると仮定し, これは第 i 地域の住民にのみ便益を与えると仮定する[5]. これまで展開したモデルと同様に, 公共財の供給費用には地域固有の攪乱要因 ε_i が影響を及ぼすと仮定する. g_i の供給には資本所得税収が用いられるので, 第 i 地域の地方政府の予算制約式は次のように示される.

---

4) つまり, 資本ストックは源泉地課税を受けることを意味する.

5) 私的財と公共財の限界変形率の期待値は, $dx^E/dg_i = 1$ と示される. 仮定より, これは政府の私的情報にとどまる. したがって, 公共財供給の Samuelson 条件は $n_i(U_g^i/U_x^i) = 1$ と示される.

$$g_i = \tau_i K_i + \varepsilon_i, \quad i = 1, ..., N \tag{8.7}$$

ここでも，攪乱項 ε_i は，平均（期待値）が 0，地域間で独立かつ密度関数 $h(\varepsilon_i)$ から与えられる連続的な確率変数であると仮定する．

この攪乱項が存在することから，地方政府の公共財供給のコストは住民からは直接観察されず，地方政府のみの情報となる．そして，これが地方政府と住民間の情報の非対称性の原因となる．

個人の予算制約式（8.6）と地方政府の予算制約式（8.7）を代入し整理することにより，効用関数（8.5）は以下のように書き直すことができる．

$$U_i(x_i, g_i) = \mu(g_i) + \alpha \frac{1}{n_i}[F(K_i) - rK_i + \frac{r\overline{K}}{N} - (g_i - \varepsilon_i)], \quad i = 1, ..., N \tag{8.9}$$

以下での分析の準備のために $\alpha > 0$ および n_i は定数であることを考慮して，個人の効用関数を次のように表現する．

$$U_i(x_i, g_i) = U_i(x_i^E, g_i) + \frac{\alpha}{n_i}\varepsilon_i, \quad i = 1, ..., N \tag{8.10}$$

ここで，$x_i^E = E(x_i) = \frac{1}{n_i}[F(K_i) - rK_i + \frac{r\overline{K}}{N} - g_i]$ とする[6]．

地方政府の公共財供給に伴う負効用は，これまでと同様に $v(g_i)$, によりあらわされるとし，$v'(g_i) < 0$, $v''(g_i) < 0$. と仮定する[7]．

多数地域の均衡を検討する際には，住民の選挙行動に関するヤードスティック比較に関する仮定を変更する必要がある．ここでは，多数地域におけるヤードスティック比較の基準として，他地域の平均的な効用水準（U_0）を考える．そして，自地域の私的財と公共財から得られる効用が，この平均的水準と比べて等しいかあるいはそれを超えているなら，現職政府の再選のために投票すると仮定する．ここでも，政府は再選が実現すれば固定的再選レント R を獲得すると仮定する．

---

6) 期待オペレーターの定義については，第3章を参照されたい．

7) 第3章において示したように，ここでは公共財供給に伴う負の限界効用をエージェンシーコストと呼んでいる．

8.2.2 ヤードスティック競争均衡

以上のような仮定の下で，地方政府の再選から得られる期待効用の最大化問題は，資本所得税の変更が資本ストック需要量を変化させることを前提としながら，個人と政府の予算制約式を制約条件として資本税率を設定し，その財源を通じて供給される地方公共財を決定する問題として定式化される．したがって，地方政府の期待効用最大化問題は次のように定式化することができる．

$$\max_{(g_i, x_i^E, \tau_i)} E[v(g_i)+R]=v(g_i)+R\cdot\Pr\left[U_i(x_i^E, g_i)+\frac{\alpha}{n}\varepsilon_i\geq U_0\right], \qquad (8.11)$$
$$s.t. \ x_i^E=\frac{1}{n_i}[F(K_i)-rK_i+\frac{r\overline{K}}{N}-g_i], \ K_i=K(r+\tau_i), \ g_i=\tau_iK_i+\varepsilon_i, \ i=1, ..., N$$

ここで $\Pr(\cdot)$ は現職政府が再選される確率を示しており，累積密度関数を用いて次のように示される．

$$\Pr\left[U_0-U_i(x_i^E, g_i)\leq\frac{\alpha}{n}\varepsilon_i\right]=\frac{\alpha}{n}\int_{U_0-U_i(x_i^E, g_i)}^{\infty}h(\varepsilon_i)d\varepsilon_i, \quad i=1, ..., N \qquad (8.12)$$

情報の非対称性に関する仮定より，公共財供給コストや政府の効用関数については地方政府のみが知っており，住民は私的財と公共財の消費量とそこから得られる効用水準 U_i のみを知っていると仮定する．

（8.11）の最大化問題の制約条件式と（8.12）式を目的関数に代入し，最大化問題を解くことにより1階の条件は次のように示される．

$$\frac{\partial E[v(g_i)+R]}{\partial\tau_i}=v'(g_i)\frac{dg_i}{d\tau_i}+R\frac{\alpha}{n}\left(U_x^i\frac{\partial x_i^E}{\partial\tau_i}+U_g^i\frac{\partial g_i}{\partial\tau_i}\right)f(U_0-U_i(x_i, g_i))=0, \ i=1, ..., N$$
$$\qquad (8.13)$$

個人と地方政府の予算制約式を全微分することにより，次のような関係を得る．

$$dx_i^E/d\tau_i=-K_i/n, \ i=1,, ..., N \qquad (8.14)$$

$$dg_i/d\tau_i=\tau_idK_i/d\tau_i+K_i=K_i(1-\varphi_i), \quad i=1, ..., N \qquad (8.15)$$

ここで，$\varphi_i \equiv -\dfrac{dK_i \tau_i}{d\tau_i K_i} > 0$ は，第 i 地域における資本需要の価格（資本税）弾力性である．これらの関係を (8.13) 式に代入することにより，次の関係を得る．

$$v'(g_i)K_i(1-\varphi_i) + RK_i\frac{\alpha}{n}\Big(-U_x^i\frac{K_i}{n} + U_g^i(1-\varphi_i)\Big)f(U_0 - U_i(x_i^E, g_i) - u_0) = 0,$$
$$i = 1, ..., N \quad (8.16)$$

同質的な多数地域の仮定を考慮し，さらに (8.16) 式を整理して添え字を省略することにより，次のような式を得る．

$$n\frac{U_g}{U_x} = \frac{1}{1-\varphi} - v'(g)\frac{n^2}{R \cdot \alpha \cdot f(\,\cdot\,) \cdot U_x} \quad (8.17)$$

この式の左辺は，地方公共財と私的財の限界代替率（MRS）を示し，右辺の第 1 項は限界変形率を（MRT）を示している．この右辺第 1 項は，Zodrow and Mieszkowski (1984) が指摘しているように，租税競争がもたらす資本流出の損失を含む限界変形率と一致している[8]．資本課税がもたらす資本流出効果を示す資本需要の価格弾力性（φ）は定義により正であり，したがって，右辺第 1 項はこの経済の公共財と私的財の限界変形率である 1 より大きくなっている．このように，地域間を移動可能な生産要素である資本に対する課税は，公共財の調達費用を上昇させ，地方公共財は過小供給に陥る[9]．他方，(8.17) 式の右辺第 2 項は，第 3 章にも示されたヤードスティック競争がもたらす公共財の過小供給効果を表している．すでに述べたように $v'(g) < 0$ と仮定しているので，ヤードスティック競争により公共財の過小供給はいっそう深刻なものになる．

以上の考察は，次のような命題にまとめられる．

---

8) Zodrow and Mieszkowski (1984) における最適条件を本章の定義を用いて示せば，$nU_g/U_c = 1/(1-\varphi)$ となる．

9) Zodrow and Mieszkowski (1984) を参照されたい．

命題8.1 多数の小地域からなるモデルにおける租税競争のヤードスティック均衡は，租税競争がもたらす公共財供給費用の調達コストの増加に加えて，エージェンシーコストによる供給費用上昇をもたらし，公共財の過小供給という非効率性はいっそう深刻なものになる.

ところで，2地域モデルにおけるヤードスティック競争のNash均衡においては，これまで見てきたように，住民の投票行動における効用水準のヤードスティック比較により，隣接地域の効用水準変化が当該地域の政府の決定に影響を及ぼす．その場合に，資本所得税切り上げによる当該地域から隣接地域への資本流出がもたらす生産増加による効用増加効果は，当該地域の地方政府の公共財供給の決定に反映され，公共財の供給水準を変更させる可能性が考えられる．地方政府間のヤードスティック競争がもたらすこのような望ましい相互依存効果に焦点を当てるため，次の節において2地域間のヤードスティック競争モデルを構築し，資本課税による租税競争がもたらす公共財供給への影響を検討したい.

8.3 2地域のヤードスティック競争モデルと租税競争

8.3.1 対称的2地域モデル

本節では，対称的な2地域モデルを構築して，ヤードスティック競争下の租税競争がもたらす帰結を検討したい．前節と同様に，資本市場は競争的で資本ストックは2地域間を自由に移動すると仮定する．資本市場の需給均衡式は$\overline{K} = K_1 + K_2$と示される．2つの地域には，同質的で同数の住民nが居住していると仮定する．労働供給についても，これまでと同様に各住民は同じ量の労働を供給し，それは1に正規化される.

前節と同様に，両地域の住民は同量の資本ストックを所有し，その需要先は必ずしも自地域内とは限らないと仮定する．資本ストックの総量（$\overline{K}$）を一定と仮定し，両地域の住民の所有する資本ストックを$\overline{K}/2n$とする．完全移動の仮定から，両地域の資本ストックはどちらの地域で利用されるかに

かかわらず，等しい税引き後収益率を獲得する．両地域の地方政府は，資本税を課税し，その税収を地方公共財の財源にあてる．

前節と同様に，ここでも両地域の生産技術は同じで，企業は収穫一定の生産関数により完全競争的な生産活動を行っていると仮定する．生産関数は，一次同次，2階微分可能な連続関数であり以下の性質を満たす．

$$Q_i = F(K_i), \quad F_K^i > 0, \quad F_{KK}^i < 0. \quad i = 1, 2 \tag{8.18}$$

なお，ここでも労働供給は一定であり，地域間を移動しないと仮定しているので，表記を省略している．先述のように，資本ストックは地域間を完全移動すると仮定しているので，両地域の資本の税引き後収益率は等しくなる．企業の利潤最大化のもとで，資本の裁定条件は次の式により示される．

$$F_K^i(K_i) - \tau_i = F_K^j(K_j) - \tau_j, \quad i, j = 1, 2, \quad i \neq j \tag{8.19}$$

(8.19) 式に資本の需給均衡条件から得られる $K_j = \overline{K} - K_i$ を代入し，第 i 地域の資本所得税 τ_i について微分することにより，当該地域が直面する資本需要の変化が次のように示される．

$$dK_i/d\tau_i = 1/(F_{KK}^i + F_{KK}^j) < 0, \quad i, j = 1, 2, \quad i \neq j \tag{8.20}$$

(8.20) 式に示されているように，資本課税の強化は当該地域において利用される資本ストックを減少させることがわかる．また，資本市場の均衡条件式（$\overline{K} = K_1 + K_2$）を考慮すると，例えば，第 i 地域の資本課税の増税による資本需要の減少は，第 j 地域における資本需要の増加につながることがわかる．

両地域の住民の効用関数として，ここでも (8.5) 式と同様の準線型の関数を仮定する．

住民の予算制約式は，次のように示される．

$$x_i = \frac{1}{n}[F(K_i) - F_K^i \cdot K_i] + (F_K^i - \tau_i)\frac{\overline{K}}{2n}, \; i = 1, 2 \tag{8.21}$$

第8章　ヤードスティック競争と租税競争　　　245

　前節と同様に，第 i 地域の地方政府は資本所得税収を用いて地方公共財 g_i を供給すると仮定し，公共財の供給費用には地域固有の攪乱要因 ε_i が影響を及ぼすと仮定する．したがって，政府の予算制約式は（8.7）式と同じになる．ただし，密度関数 $h(\varepsilon_i)$ は地域間で独立であり，かつ同じ分布を持つと仮定する．

　効用関数に，個人の予算制約式（8.21）と地方政府の予算制約式を代入し整理することにより，以下のように示すことができる．

$$U_i(x_i, g_i) = \mu(g_i) + \alpha \frac{1}{n_i}[F(K_i) - (F_K^i - \tau_i)K_i + (F_k^i - \tau_i)\frac{\overline{K}}{2} - (g_i - \varepsilon_i)], \quad i = 1, 2$$

(8.22)

　前節と同様に，$\alpha > 0$ および n_i は定数であることを考慮して，個人の効用関数を次のように示す．

$$U_i(x_i, g_i) = U_i(x_i^E, g_i) + \frac{\alpha}{n_i}\varepsilon_i, \quad i = 1, 2$$

(8.23)

ただし，ここで，

$$x_i^E = E(x_i) = \frac{1}{n_i}[F(K_i) - (F_K^i - \tau_i)K_i + (F_K^i - \tau_i)\frac{\overline{K}}{2} - g_i], \quad i = 1, 2$$

(8.24)

とする．

　2 地域間のヤードスティック競争の場合には，隣接地域の住民が得る効用水準（U_j）を基準として，自地域の私的財と公共財から得られる効用がこれと等しいかあるいは上回っているのなら，住民は現職政府の再選のために投票すると仮定する．これは効用関数を用いて次のように示される．

$$U_i(x_i^E, g_i) + \frac{\alpha}{n}\varepsilon_i \geq U_j(x_j^E, g_j) + \frac{\alpha}{n}\varepsilon_j, \quad i, j = 1, 2, \quad i \neq j$$

(8.25)

　ところで，2 地域モデルにおいては一方の地域の資本ストックに対する需要の減少は，市場の調整を経て，もう一方の地域における需要の増加につながる．したがって，例えば，第 i 地域における資本所得税の増税は，第 i 地域の資本の利用量を減少させるが，同時に第 j 地域における利用量の増加に

つながる．そして，そのような資本移動は，第 i 地域の生産量や労働所得を減少させるとともに，第 j 地域の生産量や労働所得，そして資本所得税収を増大させ，したがって公共財の供給量を増加させることに注意しなければならない．そして，第 j 地域におけるこのような変化は，ヤードスティック評価の条件式（8.25）を通じて，第 i 地域の現職政府の再選確率に影響を及ぼす．したがって，ヤードスティック競争の下では，資本移動が他地域にもたらす影響が，住民のヤードスティック評価を通じて自地域の政府の政策決定に影響を及ぼすことがわかる．

8.3.2　2地域のヤードスティック競争均衡

地方政府の期待効用最大化問題は，資本所得税の税率変化が当該地域の資本ストックの需要を変化させ，それが他地域の住民の効用水準を変化させることを前提としながら，個人と政府の予算制約式を制約条件として，期待効用が最大になるように資本所得税率と，その財源を通じて供給される地方公共財を決定する問題として定式化される．したがって，地方政府の期待効用最大化問題は次のように定式化される．

$$\max_{(g_i,\,x_i^E,\,\tau_i)} E[v(g_i)+R]=v(g_i)+R\cdot\mathrm{Pr}\left(U_i(x_i^E,g_i)+\frac{\alpha}{n}\varepsilon_i\geq U_j(x_j^E,g_j)+\frac{\alpha}{n}\varepsilon_j\right)$$

$$s.t.\ \ x_1^E=\frac{1}{n_1}[F(K_1)-(F_K^i-\tau_1)(K_1-\frac{\overline{K}}{2})-g_1],\ \ g_1=\tau_1 K_1+\varepsilon_1,$$

$$x_2^E=\frac{1}{n}[F(\overline{K}-K_1)-(F_K^2-\tau_2)(\frac{\overline{K}}{2}-K_1)-g_2],\ \ g_2=\tau_2(\overline{K}-K_1)+\varepsilon_2,$$

$$F_k^i(K_i)-\tau_i=F_k^j(\overline{K}-K_i)-\tau_j,\quad i,j=1,2,\quad i\neq j \tag{8.26}$$

ここで，確率関数 $\mathrm{Pr}(\cdot)$ を次のように書き直すことができる．

$$\mathrm{Pr}\left(U_i(x_i^E,g_i)+\frac{\alpha}{n}\varepsilon_i\geq U_j(x_j^E,g_j)+\frac{\alpha}{n}\varepsilon_j\right)$$
$$=\mathrm{Pr}\left(U_i(x_i^E,g_i)-U_j(x_j^E,g_j)\geq\frac{\alpha}{n}(\varepsilon_j-\varepsilon_i)\right)$$
$$=\frac{\alpha}{n}\int_{-\infty}^{u(x_i(g_i),\,g_i)-u(x_j(g_j),\,g_j)}f(\xi)d\xi,\quad i,j=1,2,\quad i\neq j \tag{8.27}$$

ここで，$\xi \equiv \varepsilon_j - \varepsilon_i$ と定義し $f(\cdot)$ は密度関数である．

(8.26) の最大化問題の制約条件式と (8.27) 式を目的関数に代入し，最大化問題を解くことにより，1 階の条件は次のように示される．

$$\frac{\partial E[v(g_i)+R]}{\partial \tau_i} = v'(g_i)\frac{\partial g_i}{\partial \tau_i}$$
$$+ R\frac{\alpha}{n}\Big((U_x^i\frac{\partial x_i^E}{\partial \tau_i}+U_g^i\frac{\partial g_i}{\partial \tau_i})-(U_x^j\frac{\partial x_j^E}{\partial \tau_i}+U_g^j\frac{\partial g_j}{\partial \tau_i})\Big) \cdot f(U_i(x_i^E, g_i)-U_j(x_j^E, g_j))=0,$$
$$i, j=1, 2, \quad i \neq j \quad (8.28)$$

個人と地方政府の予算制約式を全微分することにより，次のような関係を得る．

$$\frac{dg_i}{d\tau_i}=K_i+\tau_i\frac{dK_i}{d\tau_i}=K_i(1-\frac{-\tau_i}{K_i}\frac{dK_i}{d\tau_i})=K_i(1-\phi_i), \ i=1, 2 \qquad (8.29)$$

$$\frac{dg_j}{d\tau_i}=\tau_j\frac{dK_j}{d\tau_i}=-\tau_j\frac{dK_i}{d\tau_i}, \quad i, j=1, 2, \quad i \neq j \qquad (8.30)$$

$$n\frac{dx_i^E}{d\tau_i}=-(K_i-\frac{\overline{K}}{2})F_{KK}^i\frac{dK_i}{d\tau_i}-\frac{\overline{K}}{2}, \ i=1, 2 \qquad (8.31)$$

$$n\frac{dx_j^E}{d\tau_i}=-(K_j-\frac{\overline{K}}{2})F_{KK}^i\frac{dK_i}{d\tau_i}, \quad i, j=1, 2, \quad i \neq j \qquad (8.32)$$

ここで，ϕ_i は資本需要の価格弾力性であり，$\phi_i > 0$ としている．

(8.29)〜(8.32) 式の関係を (8.28) 式に代入し，対称的 Nash 均衡の条件式（$\tau_i=\tau_j=\tau$, $g_i=g_j=g$, $x_i^E=x_j^E=x^E$）および資本市場により成立する $K_i=K_j=\overline{K}/2$ を用いて整理することにより，期待効用最大化のための 1 階の条件は次のように示すことができる．

$$n\frac{U_g^i}{U_x^i}=\frac{1}{1-\phi_i}+\frac{\phi_i}{1-\phi_i}n\frac{U_g^j}{U_x^j}-\frac{v'(g_i)\cdot n^2}{R\cdot\alpha\cdot U_x^i f(0)}, \quad i, j=1, 2, \quad i \neq j \qquad (8.33)$$

一般的に，公共財供給の最適性に関する Samuelson 条件が成立する場合には，(8.33) 式の右辺は 1 とならなければならない．しかしながら，これは 1 以上となっていて，したがって，$MRS_{xg} > MRT_{xg}(=1)$ となっている．

このように，2地域間の租税競争によるヤードスティック競争は，一般的に地方公共財の過小供給をもたらすことがわかる．

(8.33) 式右辺の第3項は，ヤードスティック競争がもたらす非効率性を示すものである．そして，第1項は，租税競争による公共財の限界調達費用に関連する項 $\left(\dfrac{1}{1-\phi_i}\right)$ となっている．さらに第2項には，第2地域の効用変化に関する要素が含まれるが，これは第1地域の資本所得税率切り上げの結果第2地域への資本流入が起こり，それがヤードスティック比較を通じて第1地域の税率決定の条件式に反映されたものと考えることができよう．このように (8.33) 式右辺第2項は，租税競争に伴う負の財政外部効果がヤードスティック競争を通じて当該政府の税率決定式に反映されたものと考えることができる．

ところで，対称的 Nash 均衡においては，$g_i=g_j=g$ かつ $x_i^E=x_j^E=x^E$ であり，以下の式が成立している．

$$n\frac{U_g^i}{U_x^i}=n\frac{U_g^j}{U_x^j}, \quad i,j=1,2, \quad i\neq j \tag{8.34}$$

そこで，(8.34) 式を用いて (8.33) 式を整理し，地域に関する添え字を省略したものが以下の式である．

$$n\frac{U_g}{U_x}=1+\beta n\frac{U_g}{U_x}-\frac{v'(g)n^2}{R\cdot\alpha\cdot U_x f(0)}>0 \tag{8.35}$$

ここで，β は次のように示される．

$$\beta=\frac{\phi}{1-\phi} \tag{8.36}$$

ここで，資本需要の税弾力性 (ϕ) が1より大きい場合には，β は負となり，これに伴って，(8.35) 式第2項は，第3項のプラス効果を減殺する．このように，2地域間の租税競争によるヤードスティック Nash 均衡は，資本需要の税弾力性が大きい場合には，その非効率性が一部緩和されることを意味している．このような考察は，次のような命題にまとめることができる．

命題8.2　2地域のヤードスティック競争モデルにおける租税競争は，資本需要の弾力性が十分に大きいならば，公共財の過小供給が緩和され厚生水準の改善をもたらす．

このような結果が得られたのはなぜであろうか．その理由を検討するため，2地域間のヤードスティック均衡条件（8.33）式と，前節において検討した多数地域のときの（8.17）式とを比較すると，2地域間のヤードスティック競争の場合には，他地域の住民の効用変化が自地域の政府の最適条件に反映されていることがわかる．これは，住民・投票者のヤードスティック比較を通じて，資本移動の財政効果が当該政府の再選確率に影響を及ぼすことから生じており，ヤードスティック競争の場合には租税競争がもたらす財政外部効果が，その発生源の政府の行動にフィードバックされている．そのようにして，当該政府の政策決定に内部化されることを意味している．

8.4　結論

この章においては，地域間を移動可能な生産要素である資本ストックを導入し，生産活動を明示的に導入したヤードスティック競争モデルを用いて，資本に対する課税がもたらす租税競争の効果を分析した．資本税の切り上げによる公共財供給の効率性に関して，多地域モデルと対称的な2地域モデルの枠組みにおいて検討した．

租税競争やヤードスティック競争はともに公共財の過少供給という非効率性をもたらすが，ここではヤードスティック競争モデルを用いて，その両方の競争の統合的効果を検討した．ヤードスティック競争モデルにおいては，課税による資本流出が近隣地域に及ぼす効果が，住民・投票者のヤードスティック比較を通じて当該政府の再選確率に影響を及ぼす．したがって，この場合には租税競争がもたらす財政外部効果がその発生源の政府の行動にフィードバックされ，政策決定に内部化されることを意味している．

本章において得た結論は以下のようなものである．多地域モデルのケースにおいては，ヤードスティック競争は租税競争のもたらす公共財の限界調達費用に加えてヤードスティック競争のコストを追加し，結果として公共財の過小供給はいっそう深刻なものとなる．他方，2地域モデルのNash均衡においては，課税による資本流出が近隣地域にもたらす正の生産効果が住民のヤードスティック均衡により自地域の現職政府の再選確率を低下させることから，政策決定に反映され，資本需要の弾力性が十分大きい場合には公共財の過小供給を緩和する効果を持つことが示された．このように，租税競争が引き起こす資本流出という財政外部性は，ヤードスティック比較により当該地域政府の政策決定に内部化される効果があることが分かった．

このように，ここではヤードスティック競争モデルを用いて租税競争がもたらす公共財供給の非効率を検討してきた．残された課題として，公的要素の供給と租税競争の分析がある．この問題は，古くから公共投資の理論として発展してきた分野であるが，Rees（1986）は，プリンシパル＝エージェントの枠組においてこの問題を再検討し，情報の非対称性の下で過剰投資が起こるメカニズムを示している．このような問題をヤードスティック競争モデルの枠組において検討するならば，選挙がもたらすエージェントの規律付け効果と地域間競争がもたらすインセンティブ効果という新たな視点を分析の枠組に導入できる可能性がある．また，例えばHoyt（2001）などの垂直的な政府間の重複課税がもたらす財政外部性の取り扱いの問題も，残された重要な研究課題である．ヤードスティック競争モデルのプリンシパル＝エージェント関係を垂直的な政府間の重複課税に応用することにより，住民のヤードスティック比較を通じた財政外部性の内部化が垂直的な外部性の内部化にも有効かどうかを検討することは興味ある問題と考えられる．

第 9 章

ヤードスティック競争の経済的合理性
―まとめと今後の研究課題―

9.1 はじめに

本書においては，情報の非対称性やそれがもたらす政府と住民との間のゲーム理論的相互依存関係をベースとする2地域2財のトーナメント型ヤードスティック競争モデルを構築して，地方分権と地方公共財理論について検討してきた．情報の非対称性や政府の利己的行動，選挙という政府と住民との政治的契約や，報酬決定などを通じた互いの利益につながるインセンティブ契約を基礎とするヤードスティック競争モデルを用いて，地方公共財供給の効率性，地域間の財政力格差，地方公共財のスピルオーバー効果や地域間を移動可能な生産要素に対する課税がもたらす資本の流出などの財政外部性，補助金の政策効果を検討した．そして，長年にわたり研究成果が蓄積されてきた伝統的地方財政理論であるいわゆる第1世代の理論体系を展望することにより，ベンチマークとしての定理や政策効果に関する結論と本書で得られた結論を比較検討した．

これまで見てきたように，地方分権と地方公共財理論の基本的想定は，中央政府による画一的な行政や公共財供給ではなく，地方分権により地方政府に政策の権限を委譲することに伴い，地域住民のニーズに合った差別的な公共財を供給することの優位性を基礎としている．そして，政策決定の主体が地方政府に代わることにより起こる地域間の政策競争がもたらす効率性効果や，住民や資本ストックがより高い効用やより好適な生産環境を求めて地域間を移動することによる地域間資源配分の改善効果などを重視している．

他方，行政区域が分化されることに伴いいくつかの財政外部性と呼ばれる現象が生じることが明らかにされており，そのような現象に対する分析とその解決策を検討することも地方財政理論の課題とされてきた．そのような財政外部性の第1番目は，地方公共財の便益が地域の境界を越えて漏出するスピルオーバー効果と呼ばれるものである．地方政府は自地域内の厚生水準のみに興味を持ち他地域の効用変化はその決定に反映されないため，スピルオーバー効果が存在する場合には，公共財は社会的に望ましい水準まで供給されず過小供給に陥る．その2番目は，課税を通じた地域間の相互依存関係であり，地域間を移動可能な資本ストックなどの課税客体に対する課税が生産要素の地域外流出をもたらすという効果であり，そのため十分な課税ができなかったり，移動可能な生産要素を自地域に呼び込むための税率の切り下げ競争が生じる．これは地域間租税競争と呼ばれている．第3番目は，中央政府と地方政府という階層的な政府間において同一課税ベースに対する課税の重複がもたらす効果や，同一公共財を中央政府と地方政府とで共同して提供する場合におこる相互依存関係などの調整にかかわるものである．これは，垂直的外部性の調整と呼ばれている．

　第1世代の伝統的な地方公共財理論においては，完全情報や完全競争的市場の仮定の下で，住民の効用や地域全体の厚生を最大化する善良な地方政府による政策決定と，地域間を自由に移動可能な住民を基本とする地域経済モデルを用いて検討してきた．そこにおいては，地方政府間の競争や，住民の地域間移動による調整が資源配分の効率化につながっていた．

　これに対して，ゲーム理論的な設定の下で地方分権や地方公共財理論に接近する第2世代の地方分権理論においては，公共財供給コストと住民の選好に対する情報の非対称性や高い監視コスト，政府による自己利益追求行動を基礎として，プリンシパルである住民のための公共財供給を代行する政府というエージェントが，選挙を通じて住民と政治的契約を結ぶことを想定する．そこにおいて，エージェントとしての政府や政治家が選挙における得票を目指して行動することから，プリンシパルである住民の意思を反映した行動を

とるとともに，投票者である住民の評価を上げるための地方政府間競争が生じる．そして，プリンシパルである住民は，不完全な情報の下でエージェントから双方の利益にかなう行動や政治的努力を引き出すためのインセンティブを備えた契約関係を形成することに努力することが想定されている．

このように，第2世代の地方分権理論における経済主体の行動原理は第1世代のそれとは大きく異なるものであり，公共財供給の効率性や財政力格差，そして財政外部性の帰結も大きく異なるものである．本書では，トーナメント型のゲーム理論を応用したヤードスティック競争の地方財政モデルを構築して，このような問題に接近してきた．また，そこで得られた主要な結論を比較検討するため，第2章において第1世代の地方財政理論の主要な定理や結論を，そして，第5章において補助金の政策効果を展望，整理してきた．次節においては，本書における主要な結論やその政策的インプリケーションをまとめよう．

9.2 本書の要約と政策的インプリケーション

序章において本書における研究の背景や構想を述べ，第1章において先行研究の展望を行った．

続いて第2章においては，伝統的な地方公共財理論を概観した．まず，住民移動を考えない理論の代表として，Oates（1972）において展開された「完全対応原理」を展望した．Oatesは，地方政府による各地域の住民選好に配慮した差別的公共財供給が，中央政府による一律的な供給よりも望ましいことを述べている．これは，Oatesの分権化定理として知られている．

次に，住民移動を想定するモデルの代表として，Tiebout（1956）の足による投票モデルを展望した．Tieboutは，地域内において純粋公共財としての性格を持つ地方公共財が，多数の地方政府からなる分権的地方財政システムにおいて効率的に供給できることを示した．人々は自分の選好にあった地域を選んで居住するといういわゆる足による投票のメカニズムが存在するこ

とを指摘したのである．公共財に関する理論的な研究において，公共財に対する選好の表明が正直になされない場合には，いわゆる「フリーライダーの問題」が発生することが指摘されている．ところが，Tieboutの足による投票モデルは，住民が自らの選好にあった地域に移動することにより，それがある種の顕示選好メカニズムとして機能することを示したのである．

　まず，地域数が自由に選択できるケースにおいて，Tieboutの述べた公共財の最適供給が分権的な地方財政システムにより達成されることを示した．ところが，居住地域数を所与とした場合には，住民移動がもたらす裁定により地域間の効用水準が均等化することが示されるが，最適な住民数の確保により達成される公共財供給の最善の条件は保証されない．そこで，地域数が所与のモデルについて，住民移動が公共財供給の効率性に与える効果と住民移動がもたらす財政外部性を検討した．加えて，地域の面積が異なるなど非対称的な地域間のTiebout競争均衡とその非効率性について検討した．これらの論点を比較の基準として，第3章以下ではヤードスティック競争モデルを用いた，地方公共財供給の経済的帰結を検討した．

　ヤードスティック競争は，地方政府の努力水準を引き出す原動力となることが議論されてきた．しかしながら，ヤードスティック競争における地方公共財供給水準の効率性に関して検討した研究はきわめて少ない．そこで，第3章においては，従来のヤードスティック競争モデルに地方政府によるレント取得の可能性と，住民による私的財と地方公共財の選択を導入し，ヤードスティック競争の下で行われる地方公共財の供給水準が効率的であるか否かを考察した．

　第3章においては，以下のような結論を得た．まず，第1に，再選レントを超える超過レントがゼロとなる条件は，再選時に得られる報酬としてのレントが十分に大きい場合や，レント獲得による再選確率の限界的低下効果が大きい場合に満たされ，逆に，人口数が大きくなればなるほど満たされにくくなることがわかった（命題3.1）．これは，自己利益追求型の政府でも，レントシーキングに伴う再選確率の低下が大きい場合や，成功報酬としての

再選レントが十分に大きい場合には，超過レントを取らないことが最適行動となることを示している．したがって，ヤードスティック競争モデルにおける，選挙という住民と政府の間の政治的契約が重要な規律付けを行っていることが示された．

　第2に，住民による私的財と地方公共財の選択を考慮した新たなヤードスティック競争モデルでは，Nash 均衡において供給される地方公共財の水準が一般的には過小供給となることがわかった（命題3.2）．この結論は，自己利益追求型の政府でも，得票のために過大な公共財やサービスを提供するのではなく，むしろ，十分な公共財を提供することに失敗することを意味している．この結論は，自己利益追求型の政府が公共支出の拡大をもたらすといういわゆるリバイアサンモデルの結論や，非対称情報の想定の下で再選をかけて地域間競争をする政府という想定から予想される結論とは大きく異なるものである．むしろ，公共財供給に伴う税負担の増加や私的財消費の減少，さらには政府自身の政策努力の必要性といった機会費用を十分に認識することが公共財供給を減少させる原因となることがわかる．

　第3に，再選レント R が高い場合や，ランダム撹乱項の標準偏差が小さく，公共財供給に伴う供給費用条件が地域間で同質的になればなるほど，地方公共財供給量は増加する（命題3.3）．これは，再選時に得られる報酬としてのレントが高くなることにより地方政府が公共財供給のためのさらなる努力を払うことや，ランダム撹乱項の標準偏差が小さくなることによりヤードスティック比較が情報の非対称性を緩和し，結果として公共財供給のために払った努力がより確実に再選につながることを意味している．このように，ヤードスティック競争の非効率性の源泉として，住民と政府間の情報の非対称性にあげられる．情報の非対称性を解決するために地方政府が住民の選好，地域独自の環境条件などの情報を正確に察知すること，また住民が地方政府に対して情報を伝えやすい制度を整えることによって，ヤードスティック競争の非効率性を改善することが可能となるだろう．

　第4に，公共財供給の効率性を高めるために，公共財供給に伴う努力比例

型の報酬を導入したヤードスティック競争を検討した．その結果，非金銭的な再選レントが増加する場合や，また，金銭的レントを報酬として用いる場合については，再選レントが比較的小さい場合や税負担の増加に伴う再選確率の限界的低下が小さい場合には，地方公共財の過小供給を緩和する効果を持つことがわかった（命題3.4，3.5）．Seabright型のヤードスティック競争モデルのように再選レントのみを報償として考慮している場合には，再選という不確実な事象が実現した場合にのみ報酬が得られることになり，それがエージェントの努力水準に大きな影響を与えていると考えられる．逆に，インセンティブ型の契約形態は，それをまかなうための税負担がもたらす再選確率の限界的な低下が比較的小さいという条件の下で，公共財供給の非効率性を緩和することがわかった．

　第4章においては，地方政府の公共財供給に関するパフォーマンス評価を政府間競争との関連において検討し，地方政府のパフォーマンスを改善し住民の厚生水準を高める手法として近隣地域の情報を活用するヤードスティック評価を提案した．

　ここでは，住民をプリンシパルとし地方政府をエージェントとする非対称情報のプリンシパル＝エージェントモデルにおいて，地方政府の公共財供給に関するパフォーマンス情報をもとに住民が地方政府に評価（可変的報酬の決定）を行うことを想定した．分析の結果，地方政府のパフォーマンスを個別に評価する通常の個別契約は最適性を満たさず，とくに，公共財供給コストの攪乱的な変動に伴って最適点からの乖離が発生するという結論を得た．他方，近隣地域のパフォーマンス情報を活用したヤードスティック評価に基づくインセンティブ契約は，地方政府の個別評価と比較して公共財供給の効率性を高め，地域住民の厚生を改善する．近隣地域間の自然条件や費用構造が似通っている場合には，とくに，ヤードスティック情報に基づく評価の有効性が高まることが示された（命題4.1，4.2）．このように，第4章で用いたモデルの特徴は，トーナメント型のヤードスティック競争モデルの中に公共財供給の費用関数を明示的に導入し，政府による費用削減努力に焦点を当

て，可変報酬を伴う業績評価の効率性改善効果を示した点にある．

第5章においては，Tiebout モデルをはじめとする伝統的地方財政理論における補助金の経済効果を以下のように3つの想定の下で検討した．すでに第2章において検討したように，非対称的な地域経済の場合には，効率性の改善の余地が残るという分権的経済の失敗が生じる．そのような場合には，中央政府による地方政府間所得移転の政策により，経済の効率性が改善される可能性が示される．そこで，中央政府の地域間所得移転政策を取り上げ，どのような条件の下でこのような政策が分権的経済の効率性を改善するかを検討した．そこでは，地域間所得移転に関する財政調整および所得再分配の手段という伝統的な政策目標と，人口配分の改善による分権的経済の効率化というここでの主たる政策目標との間に，よく知られた効率性と公平性のディレンマが発生する可能性が示された．

第5.4節では，地方政府間の財政競争というゲーム論的な状況の下で，地方政府の自発的な所得移転を含む Nash 均衡がパレート最適な資源配分を達成する可能性を示した．また，財産税，地方所得税などの地域間の所得再分配に影響力を持つ租税により，同じ状態が達成されることが示された．この議論は，分権的経済における中央政府の役割が最小限にとどまることを示唆している．ところがこれは，市場や個人，地方政府などに関する非常に制約的な状況において成立するものであり，その現実妥当性，政策としての適用可能性に関しては，今後の研究成果の蓄積が待たれる．

最後に，公共財の便益が地域外にスピルオーバーするような財政外部性を想定し，公共財供給の効率性を改善するための補助金の経済効果を分析した．この場合には，公共財は最適な水準より過小にしか供給されないことが知られている．競争的2地域モデルにおいては，地域間の自発的補助金は，公共財便益の地域外へのスピルオーバーに対しては有効といえず，結果に対して中立的であることがわかった．さらに，中央政府の定額補助金は，各地方政府の公共財供給を改善することができず中立的であるが，定率補助金は公共財供給を増加させ効率を改善する効果を持つことがわかった．

第6章においては，さまざまな補助金政策がヤードスティック競争均衡の公共財供給に与える効果を検討した．ヤードスティック競争におけるエージェンシーコストがもたらす公共財供給の過小供給に加えて，地方公共財の便益が地域を超えてスピルオーバーする場合の補助金政策を検討した．そこでは，地方政府間の自発的補助金，さらに，中央政府による一括固定補助金と定率補助金の効果を検討した．

　検討の結果，ヤードスティック競争においては地域間の自発的な定額補助金はNash均衡の公共財供給水準に影響を及ぼさないことがわかった（命題6.1）．また，自発的補助金は自地域の財政資金を低下させ，相手方地域の財政余剰を拡大させるので，当該地域の再選確率を低下させる方向に働くため，自発的な補助金を提供しあうインセンティブは存在しないことがわかった（命題6.2）．

　次に，中央政府による一括固定補助金の効果を検討した．その結果，この補助金は，地方政府の予算制約式の中において個人に対する税とキャンセルアウトされることがわかった．このように，中央政府による一括固定補助金は，対称的地域間のNash均衡においては公共財供給に影響を及ぼさず，無効であることが示された（命題6.3）．したがって，いわゆる一括固定補助金の中立性命題が成立していることがわかった．

　さらに，中央政府の定率補助金は，ヤードスティック均衡における地方政府の公共財供給を増加させ，非対称情報の仮定の下でエージェンシーコストが引き起こす公共財の過小供給均衡を解決することができることが示された（命題6.4）．この結論は，地方分権の下でも地方政府がヤードスティック競争による地域間競争を繰り広げている場合には，中央政府の定率補助金による介入が資源配分の効率性を改善し，両地域の厚生水準を上昇させることを意味している．

　最後に，財政外部性の例として地方公共財の便益がスピルオーバーする場合についてヤードスティック競争の公共財供給の効率性を検討した．その結果，ヤードスティック競争においては他地域の効用増加が自地域の再選確率

第9章　ヤードスティック競争の経済的合理性　　　259

に負の影響をもたらすことから，スピルオーバー効果が存在する場合には両
地域における地方公共財供給の過小供給がより深刻なものになることが示さ
れた（命題6.5）．

　続いて，中央政府の定率補助金政策の効果を検討し，スピルオーバー効果
が存在する場合についても，ヤードスティック均衡における地方政府の公共
財供給を増加させることが示された（命題6.6）．これは，非対称情報の仮
定の下でヤードスティック競争のエージェンシーコストが引き起こす公共財
の過小供給均衡を解決することができるとともに，スピルオーバー効果とい
う財政外部性の補正も同時に行うことができることを意味している．この結
論は，公共財の便益が互いの地域にスピルオーバーする場合にも，中央政府
の定率補助金による介入が資源配分の効率性を改善し，両地域の厚生水準を
上昇させることを意味している．

　すでに述べたように，Tiebout型の地域間競争モデルにおいては，地域間
の自発的補助金は公共財供給の水準を適正化し，効率性の改善に対して有効
であった．これは，公共財供給という資源配分の改善に対する中央政府の補
助金政策の役割が小さいことを意味している．ところが，ヤードスティック
競争の均衡においては，公共財の過小供給を改善するために中央政府の定率
補助金が有効であり，分権的な地方財政システムにおいても中央政府の補助
金政策に一定の役割があることが示された．

　第7章においては，財政力に格差が存在する非対称的な2地域間のヤード
スティック競争において，Nash均衡や公共財供給の効率性，補助金による
財政力格差や効率性の改善効果を検討した．第2章において検討したように，
非対称的な地域間によるTiebout均衡は，対称的な地域間の場合とは異な
り，地域間の人口配分に一定の非効率性が残ることが指摘されている．そし
て，財政均等化補助金による2地域間の人口配分の変更が，両地域の効用水
準を改善することが示されている．第7章においては，非対称地域間のヤー
ドスティック競争下において生じる地方公共財の過小性，財政力が豊かな地
域の地方政府による大きなレント取得が，補助金政策によって改善されるの

か否かを考察した.

補助金政策として,地方政府間の自発的補助金,中央政府による財政均等化補助金および定率補助金を考えた.その結果,第6章の結論と同様に地方政府間の自発的補助金によってヤードスティック競争下の非効率性は改善されなかった.そして,財政力格差の是正についても,このような結論は当てはまることが示された(命題7.1).次に,地域間の財政力格差が存在する場合には,中央政府による財政均等化補助金と定率補助金は財政力格差や地方公共財の過小性を改善し,地方政府による超過レントの取得を防止する可能性が示された(命題7.2).

また,このような補助金による効率性の改善効果は,補助金の受け取り地域ばかりでなく,その財源を負担する地域においても働き,したがって2地域間でWin=Winの関係がもたらされることが示された.このような関係は,Tieboutモデルにおいて Flatters et al.(1974)や Stiglitz(1977)などによっても指摘されているが,ここでは住民の地域間移動を仮定しておらず,したがって,生産要素や税源の移動による調整メカニズムが存在しない場合においても,住民・投票者のヤードスティック比較により成立することが示された.

第8章においては,地域間を移動可能な生産要素である資本ストックを導入し,生産活動を明示的に導入したヤードスティック競争モデルを用いて,資本に対する課税がもたらす租税競争の効果を分析した.資本所得税の切り上げによる公共財供給の効率性に関して,多地域モデル,対称的な2地域モデルの枠組みにおいて検討した.

得られた結論は以下のようなものである.多地域モデルのケースにおいては,ヤードスティック競争は租税競争のもたらす公共財の限界調達費用に加えてヤードスティック競争のコストを追加し,結果として公共財の過小供給はいっそう深刻なものとなる(命題8.1).他方,2地域モデルのナッシュ均衡においては,税率の切り上げによる資本流出が近隣地域にもたらす正の生産効果が住民のヤードスティック比較により自地域の現職政府の再選確率を

低下させることから，地方政府の政策決定に反映され，資本需要の弾力性が十分大きい場合には公共財の過小供給を緩和する効果を持つことが示された（命題8.2）．このように，租税競争が引き起こす資本流出という財政外部性は，その一部がヤードスティック比較により当該地域政府の政策決定に内部化される効果があることがわかった．

租税競争やヤードスティック競争はともに公共財の過小供給という非効率性をもたらすが，ここではヤードスティック競争モデルを用いてその両方の競争の統合的効果を検討した．ヤードスティック競争モデルにおいては，課税による資本流出が近隣地域に及ぼす効果が住民・投票者のヤードスティック比較を通じて当該政府の再選確率に影響を及ぼす．したがって，この場合には，租税競争がもたらす財政外部効果がその発生源の政府の行動にフィードバックされ，当該政府の政策決定に反映されることが示された．

9.3 残された課題と今後の研究の方向性

本書においては，地方分権下における地方政府の公共財供給の経済的合理性をヤードスティック競争モデルを用いて検討してきた．Oates や Tiebout などによる伝統的な地方分権下の地方公共財モデルや Stiglitz, Mieszkowski, Boadway らによる2地域経済モデルを用いて導出されてきた多くのベンチマーク的な定理を，トーナメント型プリンシパル＝エージェントモデルを用いて再検討してきた．しかしながら，分析上不十分な点や残された課題は依然存在している．以下では，このような諸課題と今後の研究の方向性を示して本書を閉じたい．

まず，本書において構築・展開してきたトーナメント型ヤードスティック競争モデルと，先に述べた Tiebout の地方公共財モデルとの大きな相違の1番目は，住民の移動性に関する想定であろう．完全競争市場を基礎とする Tiebout のモデルにおいては，住民の費用を伴わない自由な地域間移動を前提としており，多くの地域間調整が住民移動を通じて働いている．もちろん

本書のモデルが想定している住民移動が起こらない状況は，移動に伴うさまざまな費用の存在を考慮してなされた設定である．しかしながら，Hirshman（1972）が指摘しているように，住民の地域間移動に費用が伴う場合にこそ，住民移動や地域からの退出は現職政府の諸政策に対する住民の不同意・不満足の最も有効な意思表示となりうる．このような視点を導入した展開型ゲームモデルが Gehlbach（2006），Boadignon（2005）によりすでに提案されているが，このような視点をトーナメント型のヤードスティック競争モデルにも導入することが有効であると考えられる．そのようなモデルを構築することにより，地域間のヤードスティック競争と Voice & Exit モデルとを統合した研究が可能となる．

　第2番目に，ヤードスティック均衡に残される多くの非効率性は，政府の政策立案・執行（公共財供給）に伴い発生する負効用が原因となって生じていた．エージェントが努力水準を上昇させることによりさまざまな負効用が発生するという設定は，トーナメント型契約モデルによく見られる標準的な想定であるが（Lazear and Rosen, 1981），エージェントが政府である場合には，レントシーキングの可能性（Mueller, 2003），リバイアサン的な支出最大化の行動など（Niskanen, 1971; Brennan and Buchanan, 1980），検討すべき代替的設定は多く存在する．本書においてはレントシーキングの可能性を明示的に取り扱ったが，このように政府の意思決定に内在化された問題を取り扱うことも興味ある方向性である．

　第3番目に，本書においては地域の非対称性が公共財供給にもたらす帰結をヤードスティック・バイアスを対象として分析したが，そこでは移動可能な生産要素の移動に伴う地域間格差の是正効果は無視した形で分析を進めた．第8章において地域間を移動可能な資本ストックを導入し，生産活動を明示的に考慮した租税競争の分析を行ったが，非対称地域モデルにおいてもこのような設定における検討を進めることにより，地域間生産調整や財政均等化補助金政策の効果の分析は，より興味深い展開をもたらすことが期待される．

　第4番目に，第8章においてはヤードスティック競争モデルを用いて租税

競争がもたらす公共財供給の非効率を検討し，租税競争がもたらすいわゆる水平的外部性に限定して分析を行った．残された課題として，垂直的な政府間の重複課税がもたらす財政外部性の問題がある．ヤードスティック競争モデルを垂直的な政府間の重複課税に応用し，住民のヤードスティック比較を通じた財政外部性の内部化が，垂直的な外部性の内部化にも有効かどうかを検討することは興味ある問題と考えられる．

　第5番目に，公共財に代えて政府が公的な生産要素を提供する場合には，ヤードスティック競争モデルに動学的な視点が新たに加わる．Rees（1986）は，プリンシパル＝エージェントモデルを用いて，公的要素が過剰投資される傾向があることを示したが，ヤードスティック競争モデルの枠組みにおいてこのような問題を再検討することは興味深い課題である．

　最後に，第4章においては，トーナメント型のヤードスティック競争モデルの中に公共財供給の費用関数を明示的に導入し，政府による公共財供給費用削減努力に焦点を当て，可変的報酬を伴う業績評価の効率性改善効果を示した．このモデルの特徴を生かして，公益事業分野などに見られる政府部門が生産する財の提供活動に応用するならば，公的生産活動の効率化政策や公共料金設定方式に対する新たな展開を期待することができよう．

参考文献

Allers, M. A. (2012) "Yardstick competition, fiscal disparities, and equalization, *Economics Letters*," Vol. 117, pp. 4–6.

———— (2014) "Are we getting value for our tax money? Improving the transparency of subnational government performance," mimeo.

Arnot, J.R. (1979) "Optimal Taxation in a Spatial Economy with Transport Costs," *Journal of Public Economics*, vol. 11, pp.307–334.

Arnot, J. R. and R. E. Grieson (1981) "Optimal Local Policy for State or Local Government," *Journal of urban Economics*, vol. 9, pp.23–48.

Arnot, J.R. and J.E. Stiglitz (1979) "Aggregate Land Rents, Expenditure on Public Goods and Optimal City Size," *Quarterly Journal of Economics*, vol.93, pp.471–500.

Atkinson, A.B. and J.E. Stiglitz (1980) *Lectures on Public Economics*, McGraw–Hill, London.

Bardhan, P. and D. Mookherjee (2006) "Decentralization, corruption and government accountability," in Rose Ackerman, S. eds. *International Handbook on the Economics of Corruption*, Edward–Elgar.

Baron, D. and J. Ferejhon (1989) "Bargaining in legislatures," *American Political Science Review*, vol. 83, pp.1181–1206.

Barro, R.J. (1973) "The Control of Politicians: An Economic Model," *Public Choice*, vol 14, pp.19–42.

Belleflamme, P. and J. Hindriks (2005) "Yardstick Competition and Political Agency Problems," *Social Choice and Welfare*, vol. 24, pp.155–169.

Bernheim, B. D. (1986) "On the Voluntary and Involuntary Provision of Public Goods," *American Economic Review*, vo. 76, pp.789–793.

Besley, T. (2006), *Principled Agents? The Political Economy of Good Government*, New York, Oxford University Press.

Besley, T., and Case, A. (1995a) "Incumbent Behavior: Vote Seeking, Tax Setting and Yardstick Competition," *American Economic Review,* vol. 85, pp. 25–45.

———— (1995b) "Does Electoral Accountability Affect Economic Policy Choices?

Evidence from Gubernatorial Team Limit," *Quarterly Journal of Economics,* pp.769-798.

Besley, T., and Coate, S., (1997) "An Economic Model of Representative Democracy," *Quarterly Journal of Economics,* vol. 112, pp.85-114.

───── (1998), "Sources of Inefficiency in a Representative Democracy: A Dynamic Analysis," *American Economic Review,* vol.88. pp.139-156.

───── (2003), "Centralized versus Decentralized Provision of Local Public Goods: A Political Economy Approach." *Journal of Public Economics,* vol. 87, pp.2611-2637.

Besley, T. and M. Ghatak (2003) "Incentives, Choice, and Accountability in the Provision of Public Services," *Oxford Review of Economic Policy,* vol.19, pp.235-249.

Besley, T. and M. Smart (2007) "Fiscal restraints and voter welfare", *Journal of Public Economics,* vol. 91, pp.755-773.

Bewley, T.F. (1981) "A critique of Tiebout's theory of local public expenditures," *Econometrica,* vol. 49, pp. 713-739.

Bivand, R. and Szymanski, S. (1997) "Spatial Dependence through Local Yardstick Competition: Theory and Testing," *Economics Letters,* vol.55, pp.257-265.

───── (2000) "Modeling the spatial impact of the introduction of Competitive Tendering," *Regional Science and Urban Economics,* vol. 30, pp.203-219.

Baodway, R. (1982), " On the Method of Taxation and the Provision of Local Public Goods: Comment", *American Economic Review,* vol.72, pp.846-851.

───── (2006) Intergovernmental redistributive transfers: efficiency and equity," in Ehtisham, A. and G. Brosio eds. *Handbook of Fiscal Federalism,* Cheltenham, UK, Edward Elgar.

Boadway R. and F. Flatters (1982) "Efficiency and Equalization Payments in a Federal System of Government: A Synthesis and Extension of Recent Results," *Canadian Journal of Economics,* vol. 15, pp. 613-633.

Boadway, R.W., Horiba, I. and R. Jha (1999) "The provision of public services by governmental funded decentralized agencies," *Public Choice,* vol. 100, pp.157-184.

Boadway, R. W. and M. Keen (1996) "Efficiency and Optimal Direction of Federal-State Transfers," *International Tax and Public Finance,* vol. 3, pp.137-155.

Boadway, R.W. and D.E. Wildasin (1984) *Public sector economics*, 2nd ed. Boston: Little, Brown.

Boadway, R., Pestieau, P. and D. Wildasin (1989) "Tax-transfer Policies and the Voluntary Provision of Public Goods," *Journal of Public Economics*, vol. 39, pp.157-176.

Bordignon, M. (2015) "Exit and Voice: Yardstick Versus Political Competition Across Government," *International Economic Journal*, vol. 1, pp.117-137.

Bordignon, M., F. Cerniglia and F. Revelli (2003) "In Search of Yardstick Competition: A special analysis of Italian municipality property tax setting," *Journal of Urban Economics*, vol. 54, pp.199-217.

———(2004) "Yardstick competition in intergovernmental relationships: Theory and empirical predictions," *Economics Letters*, vol. 83, pp.325-333.

Bordignon, M. and E. Minelli (2001) "Rules, Transparency and Political Accountability," *Journal of Public Economics*, vol.80, pp.73-98.

Boarnet, M.G. and Glazer, A. (2002) "Federal grants and yardstick competition," *Journal of Urban Economics*, vol. 52, pp.53-64.

Brennan G. and J.M. Buchanan (1980) *The Power to Tax: analytical foundations of a fiscal constitution,* Cambridge, Cambridge University Press.

———(1985) *The Reason of Rules: Constitutional Political Economy*, Cambridge, Cambridge University Press.

Bruckner, J.K. and L.A. Saavedra (2001) "Do local government engage in strategic property-tax competition?" *National Tax Journal*, vol. 54, pp. 203-229.

Brueckner, J.K. (2003), "Strategic Interaction among Governments: An overview of Empirical Studies," *International Regional Science Review*, vol. 26, pp. 175-188.

Buchanan J.M. (1965) "An Economic Theory of Clubs," *Economica*, vol. 33, pp. 1-14.

Bucovetsky, S. and Marchand, M. and P. Pestieau (1998) "Tax competition and revelation of preferences for public expenditure," *Journal of Urban Economics*, vol. 44. Pp.367-390.

Caplan, A. J., R. Cornes and E. Silva (2000) "Pure public goods and income redistribution in a federation with decentralized leadership and imperfect labor mobility," *Journal of Public Economics*, Vol. 77, pp. 265-284.

Case, A. (1993) "Interstate Tax Competition After TRA86," *Journal of Policy*

Analysis and Management, vol. 12, pp.136–148.

Case, A.C., Rosen, H.S. and J.R. Hines (1993) "Budget Spillovers and Fiscal Policy Interdependence," *Journal of Public Economics*, vol. 52, pp.285–307.

Coate, S. and S. Morris (1995) "On the form of transfer to special interest," *Journal of Political Economy*, vol. 103, pp.1210–1235.

Congleton, R.D. and A.L. Hillman (2015) *Companion to the Political Economy of Rent Seeking*, Cheltenham, Edward Elgar.

Cornes, R. and T. Sandler (1996) *The Theory of Externalities, Public Goods and Club Goods 2nd eds.*, New York, Cambridge University Press.

Courant, P. N. (1977) "A General Equilibrium Model of Heterogeneous Local Property Tax," *Journal of Public Economics*, vol. 8, pp.313–327.

Courant, P.N. and D. Rubinfeld (1981) "On the Welfare Effects of Tax Limitations," *Journal of Public Economics*, vol. 16, pp.289–316.

Dahlby, B. (1996) "Fiscal Externalities and the Design of Intergovernmental Grants," *International Tax and Public Finance*, vol. 3, pp.397–412.

Downs, A. (1957), *An Economic Theory of Democracy*, Harper and Row, New York (古田精司監訳『民主主義の経済理論』, 成文堂, 1980 年).

Dur, R. and K. Staal (2008) "Local public good provision, municipal consolidation, and national transfers," *Regional Science and Urban Economics*, vol. 38, pp.160–173.

Edwards, J. and M. Keen (1996) "Tax Competition and Leviathan," *European Economic Review*, vol. 40, pp.113–134.

Eggert, W. and P.B. Sorensen (2008) "The effects of tax competiton when politicians create rents to buy political support," *Journal of Public Economics*, vol. 92, pp.1142–1163.

Ferejohn, J. (1986) "Incumbent Performance and Electoral Control," *Public Choice*, vol. 50, pp.5–25.

Fisman, R. and R. Gatti (2002) "Decentralization and corruption: evidence across countries," *Journal of Public Economics,* vol. 83, pp.325–345.

Flatters, F., V. Henderson and P. Mieszkowski (1974) "Public Goods Efficiency and Regionsl Fiscal Equalization", *Journal of Public Economics*, vol. 3, pp. 99–112.

Fudenberg, D. and J. Tirol (1991) *Game Theory*, Cambridge, Massachusetts, MIT Press.

Garzarelli, G. (2004) "Old and New Theories of Fiscal Federalism, Organizational Design Problems, and Tiebout," *Journal of Public Finance and Public Choice,* vol. 22, pp.1-16.

Gehlbach S. (2006) "A Formal Model of Exit and Voice," *Rationality and Society,* vol. 18, 395-418.

Gibbons, R. (1992) *Game Theory for Applied Economists,* Princeton University Press, New Jersey (福岡正夫, 須田伸一訳『経済学のためのゲーム理論入門』, 創文社, 1995 年).

Gramlich E. M. (1977) "Intergovernmental Grants: A review of the empirical literature," in Oates, W. E. eds. *The Political Economy of Fiscal Federalism,* Lexington, Massachusetts.

Gramlich, E. M. and D. L. Rubinfeld (1982) "Micro-estimates of public spending demand functions and tests of the Tiebout and median-voter hypotheses," *Journal of Political Economy,* vol.90, pp.536-560.

Green, J. R. and N. L. Stokey (1983) "A Comparison of Tournaments and Contracts," *Journal of Political Economy,* vol. 91, pp. 349-364.

Grosser, J. and A. Schram (2006) "Neighborhood Information Exchange and Voter Participation," *American Political Science Review,* vol. 100, pp.235-248.

Hatfield, J.W. and K. Kosec (2013) "Federal competition and economic growth," *Journal of Public Economics,* vol. 97, pp.144-159.

Hines, J.R. and R.H. Thaler (1995) "Anomalies: The flypaper effect," Journal of Economic Perspectives, vol. 9, pp.217-226.

Harris, J.R. and M. Todaro (1970) "Migration, Unemployment and Development: A Two- Sector Analysis," *American Economic Review,* vol.60, pp.126-142.

Henderson, J. H. (1977) "Externality in a Spatial Context," *Journal of Public Economics,* vol. 7, pp.89-110.

Hirschman, A.O. (1970) Exit, Voice and the Loyalty: Response to Decline in Firms, Organizations, and State, Cambridge, Harvard University Press (矢野修一訳『離脱・発言・忠誠－組織・国家における衰退への反応』ミネルヴァ書房, 2005 年).

————(1978) "Exit, Voice and the State," *World Politics,* vol. 31, pp. 90-107.

Holmstrom, B. and P. Milgrom (1991) "Multitask Principal-Agent Analyses: Incentive Contracts, Asset Ownership, and Job Design," *Journal of Law, Economics, & Organization,* vol. 7, pp.24-52.

Hoyt, W. H. (1991) "Property Taxation, Nash Equilibrium, and Market Power," *Journal of Urban Economics*, vol. 30, pp.123–131.

───── (1993) "Competitive Jurisdictions, Congestion and the Henry George Theorem," *Regional Science and Urban Economics*, vol.21, pp.351–370.

───── (2001) "Tax policy coordination and, vertical externalities, and optimal taxation in a system of hierarchical governments," *Journal of Urban Economics*, vol.50, 491–516.

Ihori, T. and C. C. Yang (2009) "Interregional tax competition and intraregional political competition: The optimal provision of public goods under representative democracy," *Journal of Urban Economics*, vol. 66, pp. 210–217.

Inman, R. P. (1979) "The Fiscal Performance of Local Government," in Mieszkowski, P. and M. Straszheim eds. *Current Isuues inurban Economics*, Johnes Hopkins University Press, Baltimore.

Inman, R. P. and D. L. Rubinfeld (1997) "Rethinking Federalism," *Journal of Economic Perspectives*, vol. 11, pp.43–64.

Intriligator, M. D. (1971) *Mathematical Optimization and Economic Theory*, Englewood Cliffs, Prentice-Hall.

Jensen, M.C. and W. H. Meckling (1976) "Theory of the Firm: Managerial Behavior, Agency Costs and Ownership Structure," *Journal of Financial Economics*, vol. 3, pp. 305–360.

Jha, R. (2010) *Modern Public Economics 2nd eds.*, Routledge, New York.

Kanemoto, Y. (1980) *Theories of Urban Externality*, North Holland, New York.

Keen, M. and C. Kotsogiannis (2002) "Does federalism lead to excessive high tax?" *American Economic Review*, vol. 92, pp.363–370.

───── (2004) "Tax competition in federation and consequences of decentraliza-tion," *Journal of Urban Economic*, vol. 56, pp.397–407.

Kotsogiannis, C. (2010) "Federal tax competition and the efficiency consequences for local taxation of revenue equalization," *International Tax and Public Finance,* vol. 17, pp.1–14.

Kotsogiannis, C. and R. Schwager (2008) "Accountability and fiscal equalization," *Journal of Public Economics*, vol. 92, pp.2336–2349.

Ladd, H. F. (1992), Mimicing of Local Tax Burdens among Nighboring Counties," *Public Finance Quarterly*, vol. 20, pp.450–467.

Lazear, E. P. and S. Rosen (1981) "Rank-order Tournaments as Optimum Labor Contracts", *Journal of Political Economy*, vol.89, pp.841–864.

Levaggi, R. (2002) "Decentralized Budgeting Procedure for Public Expenditure," *Public Finance Review*, vol. 30, pp. 273–295.

Liddo, G.D. and M.G. Giuranno (2016) "Asymmetric yardstick competition and municipal cooperation," *Economics Letters*, vol. 141, pp.64–66.

Lockwood, B. (2006) "The Political Economy of Decentralization," in Ehtisham, A. and G. Brosio eds. *Handbook of Fiscal Federalism*, Cheltenham , UK, Edward Elgar.

Lockwood, B. and J. Hindricks (2009) "Decentralization and electoral accountability: incentives, separation and voter's welfare," *European Journal of Political Economy*, vol. 25, pp.385–397.

Mas-Colell, A., Winston, M.D. and J.R. Green (1995) *Microeconomic Theory*, Oxford University Press, New York.

McGuire, M. (1974) "Group Segregation and Optimal Jurisdiction," *Journal of Political Economy*, vol. 82, pp.112–132.

McLure, C.E. Jr. (1964) "Commodity Tax Incidence in Open Economies," National Tax Journal, vol. 17, pp.187–204.

Milgrom, P. and J. Roberts (1992) *Economics, Organization & Management*, Prentice Hall, Inc. (奥野正寛, 伊藤委史, 今井晴雄, 西村理, 八木甫訳, 『組織の経済学』, NTT 出版, 1997 年).

Mueller, D.C. (2003) *Public Choice III*, Cambridge University Press, New York.

Musgrave, R.A. (1959) *The Theory of Public Finance: A Study in Public Economy*, New York, McGraw-Hill.

Musgrave, R.A. and P.B. Musgrave (1984) *Public Finance in Theory and Practice 4th ed.*, McGraw-Hill, New York.

Myers, G.M. (1990) "Optimality, Free Mobility, and the Regional Authority in a Federation," *Journal of Public Economics*, vol.43, pp.107–121.

Myers, G. M. and Y.Y. Papageorgiou (1993) "Fiscal Inequivalence, Incentive Equivalence and Pareto Efficiency in a Decentralized Urban Context," *Journal of urban Economics*, 33, 29–47.

Nalebuff, B. and J.E. Stiglitz (1983) "Prizes and Incentives: Towards a General Theory of Compensation and Competition," *Bell Journal of Economics* vol.14, pp.21–43.

Neyapti, B. (2013) "Fiscal decentralization, fiscal rules and fiscal discipline," *Economics Letters*, vol. 121, pp.528–532.

Negishi, T. (1972) "Public Expenditure Determined by Voting with One's Feet and Fiscal Profitability," *Swedish Journal of Economics*, vol. 74, pp. 452–458.

Nishigaki, Y., Higashi, Y., and H. Nishimoto (2011) "Voting with their feet, Yardstick Competition and the Efficiency of Local Public Goods," *Proceedings of the Singapore Economic Review Conference*, CD–ROM.

Nishigaki, Y., Higashi, Y., Wong, M. S., and Nishimoto, H. (2011) "E–Government as a Vehicle for Promoting and Improving Governmental Performances with Yardstick Competition Model," *Proceedings of International Conference of Information and Communication Technology and Applications*, pp.78–83.

Nishigaki, Y, Higashi, Y., Wong. M. S. and H. Nishimoto (2012) "A NEW E–GOVERNMENT ROLE IN IMPROVING LOCAL GOVERNMENT PERFORMANCE: A STUDY BASED ON A YARDSTICK COMPETITION MODEL," *INTERNATIONAL JOURNAL OF eBUSINESS AND eGOVERNMENT STUDIES*, Vol.4 , pp. 91–101.

Nishigaki, Y. Higashi, Y. Nishimoto, H. and N. Yasugi (2013) "An Empirical Analysis on Yardstick Competition among Local Governments and Implications for for Roles of E–Government in Efficient Provision of Local Public Goods," *Journal of Economics, Business and Management*, vol.2, pp.133–138.

Nishigaki, Y., Higashi, Y., and H. Nishimoto (2015a) "Fiscal Disparities, Yardstick Competition and the Welfare Effects of Fiscal Equalization Transfer," *Annual bulletin of the Institute for Social Science*, vol. 45, pp.1–11.

————— (2015b) "Yardstick Competition and the Efficiency of Local Public Goods," *Proceedings of the 71st Annual Congress of the International Institute of Public Finance*, CD–ROM.

————— (2016) "Yardstick Competition, Efficiency of Local Public Goods and Fiscal Transfer," *Proceedings of the 72nd Annual Congress of the International Institute of Public Finance.*

————— (2017) "Yardstick Competition, Efficiency of Local Public Goods, and Fiscal Transfer: Welfare Improvement and Implications for Fiscal Equalization," *Proceedings of the 73rd Annual Congress of the International Institute of Public Finance.*

Nishigaki, Y, Nishimoto, H., Yasugi, N., Higashi, Y., and Wong. M. S. (2016) "Yardstick Competition, Performance Evaluation, and the Efficient Provision of Local Public Goods", *Journal of Advance Management Science*, vol. 4, pp.141-145.

Nishigaki, Y., kato, H. Y. Higashi (2016) "Yardstick Competition and Tax Competition –Intergovernmental Relations and Efficiency of Public Goods," *Proceedings of 5th Economics and Finance Conference, Feb, 2016.*

Niskanen, W. A. (1971) *Bureaucracy and Representative Government*, Chicago, Aldine.

Oates, W.E., (1972) *Fiscal Federalism*, Harcourt and Brace Jovanovich, Inc. New York. (米原淳七郎, 岸昌三, 長峰純一訳『地方分権の財政理論』第一法規出版, 1997 年).

————— (1985) "Searching for Leviathan: An Empirical Study," *American Economic Review*, vol. 75, pp.748-757.

————— (1999) An Essay on Fiscal Federalism," *Journal of Economic Literature*, vol. 37, pp.1120-1149.

————— (2005) "Toward a Second-Generation Theory of Fiscal Federalism," *International Tax and Public Finance*, vol. 12, pp.349-373.

————— (2008) "On the Evolution of Fiscal Federalism: Theory and Institutions," *National Tax Journal*, vol.61 pp.313-334.

Pauly, M. V. (1970) "Optimality, "public" Goods, and Local Governments: A General Theoretical Analysis," *Journal of Political Economy*, vol. 78, pp. 572-585.

Persson, T. and G. Tabellini (2000) *Political Economy: Explaining Economic Policy*, Cambridge, MIT Press.

Rasmusen, E. (2007) *Games and Information: An introduction to game theory 4th ed.*, John Wiley and Sons Chichester, (細江守紀, 村田省三, 有定愛展, 佐藤茂春訳『ゲームと情報の経済分析』九州大学出版会, 2012 年).

Rauscher, M. (1998) "Leviathan and Competition among Jurisdictions: The Case of Benefit Taxation," *Journal of Urban Economics*, vol. 44, pp.59-67.

Rees, R. (1986) "Incentive Compatible Discount rates for Public Investment," *Journal of Public Economics*, vol. 30. Pp. 249-257.

Revaggi, R. (2002) "Decentralized Budgeting Procedures for Public Expenditure,"

Public Finance Review, vol. 30, pp.273-295.

Revelli, F. (2003) "Reaction or interaction? Spatial process identification in multi-tiered government structures," *Journal of Urban Economics*, vol. 53, pp.29-53.

——— (2005) "On Spatial Public Finance Empirics," *International Tax and Public Finance*, vol. 12, pp.475-492.

——— (2006) "Performance rating and yardstick competition in social service provision", *Journal of Public Economics*, vol. 90, pp. 459-475.

——— (2006) "Spatial interaction among government," in Ehtisham, A. and G. Brosio eds. *Handbook of Fiscal Federalism*, Cheltenham , UK, Edward Elgar.

Revelli, F. and P. Tovmo (2007) "Revield yardstick competition: Local government efficiency patterns in Norway," *Journal of Urban Economics*, vol. 62, pp. 121-134.

Rincke, J. (2009) "Yardstick Competition and Public Sector Innovation," *International Tax and Public Finance,* vol. 16, pp.337-361.

Rodden, J. (2003) "Reviving Leviathan: Fiscal Federalism and the Growth of Government," *International Organization*, vol. 57, pp.695-729.

Rubinfeld, D. (1987) "The Economics of the Local Public Sector," in A.J. Auerback and M. Feldstein eds. *Handbook of Public Economics vol. II*, Elsevier Science Publishers B. V., New York.

Salmon, P. (1987) "Decentralization as an incentive scheme," *Oxford Review of Political Economy*, vol. 3, pp.24-43.

——— (2006) "Horizontal Competition among Governments," in Ehtisham, A. and G. Brosio eds. *Handbook of Fiscal Federalism*, Cheltenham , UK, Edward Elgar.

Samuelson, P.A. (1952) "The Transfer Problem and Transport Costs: The Terms of Trade When Impediments are absent," *Economic Journal*, vol. 62, pp. 278-304.

——— (1954) "The Pure Theory of Public Expenditure," Review of Economics and Statistics, vol. 36, 387-389.

Sato, M. (2003) "Tax competition, rent-seeking and fiscal decentralization," *European Economic Review*, vol.47, pp.19-40.

Seabright, P. (1996) "Accountability and Decentralization in Government: An

Incomplete Contracts Model," *European Economic Review*, vol.40, pp. 61-89.

Shleifer, A. (1985) "A Theory of Yardstick Competition," *Rand Journal of Economics*, vol.16, pp.319-327.

Spahn, P.B. (2007) "Equity and Efficiency Aspects of Interagency Transfers in a Multigovernment Framework," in Boadway, R. and A. Shah eds. *Intergovermental Fiscal Transfers: Principles and Practice*, World Bank, Washington D.C.

Stiglitz, J.E. (1977) "The Thory of Local Public Goods," in M. Feldstein and R. Inman eds. *The Economics of Public Services,* pp.274-333, MacMillan, London.

Tiebout, C. M. (1956) "A Pure Theory of Local Expenditures," *Journal of Political Economy*, vol.64, pp.416-424.

Tirole, J. (1997) *The Theory of Industrial Organization*, Cambridge, MIT Press.

Tommasi, M. and F. Weinschelbaum (2007) "Centralization vs. Decentralization: A principal-agent analysis," *Journal of Public Economics Theory*, vol. 9, pp. 369-389.

Varian, H. R. (1978) *Microeconomic Analysis*, New York, W. W. Norton and Company.

Warr, P.G. (1982) "Pareto Optimal Redistribution and Private Charity," *Journal of Public Economics*, vol. 19, pp.131-138.

Weingast, B.R. (2013) "Second Generation Fiscal Federalism: Political Aspects of Decentralization and Economic Development," *World Development*, vol. 53, pp.14-25.

Wellish, D. (1994) "Interregional spillovers in the presence of perfect and imperfect household mobility," *Journal of Public Economics*, Vol. 55, pp. 167-184.

Wellisch, D. (2000) *Theory of Public Finance in a Federal State*, Cambridge University Press, UK.

Werde, M. (2001) "Yardstick Competition to tame the Leviathan," *European Journal of Political Economy*, vol.17, pp.705-721.

Wildasin, D.E. (1977) Public Expenditures Determined by Voting with one' s Feet and Public Choice," *Scandinavian Journal of Economics*, 1977, pp. 326-337.

Wildasin, D.E. (1984) "On Public Good Provision with Distortionary Taxation,"

Economic Inquirey, vol.22, pp. 247-273.

Wildasin, D. E. (1986) *Urban Public Finance*, Harwood Academic Publishers, Switzerland.

Wildasin, D.E. (1987) "Theoretical Analysis of Local Public Economics," in E.S. Mills ed. *Handbook of Regional and Urban Economics*, pp.1131-1178, Elsevier Science Publishes, B.V., New York.

Wildasin, D.E. (1987b) "The Demand for Public Goods in the Presence of Tax Exporting," *National Tax Journal*, vol. 40, pp.591-601.

Wildasin, D.E. (1988) "Nash Equilibria in Models of Fiscal Competition," *Journal of Public Economics*, vol. 35, pp.229-240.

——— (2004), "The Institutions of Federalism: Toward an Analytical Framework," *National Tax Journal*, vol. 57, pp.247-272.

Wildasin, D. E. and J. D. Wilson (1991) "Theoretical Issues in Local Public Economics," *Regional Science and Urban Economics*, vol. 21, pp.317-331.

Williams, A. (1966) "The Optimal Provision of Public Goods in a System of Local Government," *Journal of Political Economy*, vol. 74, pp.18-33.

Wilson, J.D. (1986) "A Theory of Interregional Tax Competition," *Journal of Urban Economics*, vol. 19, pp.296-315.

——— (1989), "Optimal tax treatment of Leviathan," *Economics and Politics*, vol.1. 97-117.

——— (1991) "Tax competition with interregional differences in factor endowments," *Regional Science and Urban Economics*, vol. 21, pp.423-51.

——— (1999) "Theories of Tax Competition," *National Tax Journal*, vol. 52, pp. 269-304.

——— (2005) "Welfare-improving competition for mobile capital," *Journal of Urban Economics*, vol. 57, pp.1-18.

——— (2006) Tax competition in a federal setting," in Ehtisham, A. and G. Brosio eds. *Handbook of Fiscal Federalism*, UK, Edward Elgar, Cheltenham.

Wilson, J.D. and D.E. Wildasin (2004) "Capital tax competition: bane or boon," *Journal of Public Economics*, vol. 88, pp. 1065-1091.

Wooders, M. (1980) "The Tiebout Hypothesis: Near Optimality in Local Public Good Economics," *Econometrica*, vol.48, pp.1467-1485.

Yinger, J. (1982) "Capitalization and the Theory of Local Public Finance," *Journal of Political Economy*, vol. 90, pp.917-943.

Zodro, G.R. and P. Mieszkowski (1986) "Pigou, Tiebout, property taxation, and the underprovision of local public goods," *Journal of Urban Economics*, vol. 19, pp. 356-370.

赤井伸郎 (2006)『行政組織とガバナンスの経済学　官民分担と統治システムを考える』有斐閣.

赤井伸郎・佐藤主光・山下耕治 (2003)『地方交付税の経済学　理論実証に基づく改革』有斐閣.

伊藤秀史 (2003)『契約の経済理論　A course in contract theory』有斐閣.

伊藤秀史, 小佐野広 (2003)『インセンティブ設計の経済学　契約理論の応用分析』, 勁草書房.

井堀利宏 (1996)『公共経済の理論』有斐閣.

植草益 (1991)『公的規制の経済学』筑摩書房.

大住壮四郎 (2002)『パブリック・マネジメント　戦略行政への理論と実践』日本評論社.

岡田章 (1996)『ゲーム理論』有斐閣.

小川光 (2006)「地方政府間の政策競争」『フィナンシャル・レビュー』第 82 号, pp. 10-36.

――― (2017)「地域政策――小さな地域の優位性を発揮する」奥野信宏・八木匡・小川光編『公共経済学で日本を考える』中央経済社.

大島考介 (2011)『租税競争と差別課税』大学教育出版.

伊多波良雄 (1995)『地方財政システムと地方分権』中央経済社.

伊多波良雄編 (2009)『公共政策のための政策評価手法』中央経済社.

貝塚啓明, 財務省財務総合政策研究所編 (2008)『分権化時代の地方財政』中央経済社.

金本良嗣 (1983)「地方公共財の理論」岡野行秀・根岸隆編『公共経済学の展開』東洋経済新報社.

――― (1989)「都市問題：都市規模の経済学」伊藤元重・西村和雄編『応用ミクロ経済学』東京大学出版会.

窪田修編 (2016)『図説日本の財政平成 28 年度』東洋経済新報社.

倉沢資成 (1989)「証券：企業金融理論とエイジェンシーアプローチ」伊藤元重・西村和雄編『応用ミクロ経済学』東京大学出版会.

黒田達朗 (1993)「開発利益の経済理論――公共財の場合」『名古屋大学教養部紀要』第 37 巻, pp.29-46.

小西秀樹 (2009)『公共選択の経済分析』東京大学出版会.

坂下昇 (1994)「地方公共財の地域間最適配分」宇沢弘文・茂木愛一郎編『社会的共通資本　コモンズと都市』，東京大学出版会.

佐藤主光 (2006)「政府間財政関係の政治経済学」『フィナンシャル・レビュー』May 2006.

―――― (2008)「政府間財政移転の経済分析」貝塚啓明・財務省財務総合政策研究所編『分権化時代の地方財政』中央経済社.

―――― (2009)『地方財政論入門』新世社.

神野直彦編 (2006)『三位一体改革と地方税財政――到達点と今後の課題』学陽書房.

総務省編 (2017)『地方財政白書　平成 29 年版』日経印刷株式会社.

竹内信仁編 (2005)『スタンダード財政学』中央経済社.

田中宏樹 (2013)『政府間競争の経済分析　地方自治体の戦略的相互依存の検証』勁草書房.

土居丈朗 (2000)『地方財政の政治経済学』東洋経済新報社.

長峯純一 (1998)『公共選択と地方分権』勁草書房.

―――― (2012)「政策形成と公共選択」山内弘隆・上山信一編 (2012)『公共の経済・経営学』慶応大学出版会.

長岡貞男，平尾由紀子 (2013)『産業組織の経済学・基礎と応用 (第 2 版)』日本評論社.

西川雅史 (2008)「地域住民の選好と地方政府の意思決定」貝塚啓明・財務省財務総合政策研究所編『分権化時代の地方財政』中央経済社.

西川雅史，林正義 (2006)「政府間財政関係の実証分析」『フィナンシャル・レビュー』，2006 年.

西垣泰幸 (1999)「地方分権と地方公共財の最適供給」寺田宏洲編『地方分権と行財政改革』新評社.

―――― (2014)「地方分権と地方公共政策の有効性」西本秀樹編『地方政府の効率性と電子政府』日本経済評論社.

西垣泰幸・東裕三 (2016)「地方政府間のヤードスティック競争とパフォーマンス評価」『龍谷大学社会科学研究年報』第 46 号，pp.1-8.

西垣泰幸・東裕三・西本秀樹 (2016)「ヤードスティック競争，地方公共財の効率性と均等化補助金」『龍谷大学社会科学研究年報』第 46 号，pp.27-40.

西垣泰幸編 (2017)『地方分権と政策評価』日本経済評論社.

西本秀樹編 (2014)『地方政府の効率性と電子政府』日本経済評論社.

林宏昭 (2007)『分権社会の地方財政』中央経済社.

林正義 (2008)「地方分権の経済理論――論点と解釈」貝塚啓明，財務省財務総合政策

研究所編著,『分権化時代の地方財政』中央経済社.

東裕三・西垣泰幸 (2014)「地方政府間におけるヤードスティック競争の実証分析」『龍谷大学社会科学研究年報』第 43 号, pp.21-34.

──── (2015)「地方政府間におけるヤードスティック競争に関する研究の展望」『龍谷大学社会科学研究年報』第 45 号, pp.35-52.

深澤映司 (2012)「地方における独自減税の本質──租税競争とヤードスティック競争の識別の視点から」『レファレンス』No.703, pp.2-46.

堀場勇夫 (1999)『地方分権の経済分析』東洋経済新報社.

堀場勇夫 (2008)『地方分権の経済理論──第 1 世代から第 2 世代へ』東洋経済新報社.

松本睦 (2006)「政府間租税競争の理論──資本税競争を中心として」『フィナンシャル・レビュー』第 82 号, pp.37-78.

──── (2014),『租税競争の経済学　資本税競争と公的要素の理論』有斐閣.

水野正一編 (1994)『公共経済学研究 I』中京大学経済学部付属経済研究所.

柳川範之 (2000)『契約と組織の経済学』東洋経済新報社.

山内弘隆・上山信一編 (2012)『公共の経済・経営学』慶応大学出版会.

横山彰 (1995)『財政の公共選択分析』東洋経済新報社.

初出一覧

序章　書下ろし

第1章　書下ろし

第2章　西垣泰幸「地方分権と地方公共政策の合理性」西本秀樹編著『地方政府の効率性と電子政府』日本経済評論社，2014年．西垣泰幸「地方分権と地方公共財の最適供給」寺田宏洲編『地方分権と行財政改革』新評社，1999年をもとに加筆・修正．

第3章　Nishigaki, Y., Higashi, Y. and H. Nishimoto, "Yardstick Competition and Efficiency of Local Public Goods," *Proceedings of The 71st Annual Congress of the International Institute of Public Finance,* August 19–21, 2015, Dublin, Ireland をもとに加筆・修正．第5節は書下ろし．

第4章　Nishigaki, Y., Nishimoto, H., Yasugi, N., Higashi, Y., and Wong Meng Seng, "Yardstick Competition, Performance Evaluation, and the Efficient Provision of Local Public Goods," *Journal of Advanced Management Sciences*, vol. 4, No.2, 2016, pp.141–145 をもとに加筆・修正．

第5章　西垣泰幸「地方分権と地方公共財の最適供給」寺田宏洲編『地方分権と行財政改革』新評社，1999年をもとに加筆・修正．第5節は書下ろし．

第6章　Nishigaki, Y., Higashi, Y. and H. Nishimoto, "Yardstick competition, efficiency of local public goods, and fiscal transfers", *Proceedings of the 72nd Annual Congress of the International Institute of Public Finance*, Aug 9–11, 2016, Nevada, USA をもとに加筆・修正．

第7章　Nishigaki, Y., Higashi, Y. and H. Nishimoto, "Yardstick competition, efficiency of local public goods, and fiscal transfers: Welfare improvement and implications for fiscal equalization", *Proceedings of the 73rd Annual Congress of the International Institute of Public Finance*, Aug 18–20, 2017, Tokyo, Japan をもとに加筆・修正．

第8章　Nishigaki, Y., Kato, H. and Y. Higashi, "Yardstick Competition and Tax Competition -Intergovernmental Relations and Efficiency of Public Goods-," *Proceedings of the 5th Economics & Finance Conference*, February 9-11, 2016, Florida, USA をもとに加筆・修正．

第9章　書下ろし．

索引

［あ］

アカウンタビリティ（Accountability） 13,
　30, 39, 42, 85, 90
足による投票（Voting with One's Feet）
　60, 78, 81, 209
　―モデル 5, 8-10, 32, 52, 55, 253-254
新しい公共運営（New Public
　Management） 117, 135
一次同次→規模に関する収穫一定
一括固定税 183, 185, 190, 198, 224, 230
一括固定補助金 37-38, 165, 174, 181, 185-
　186, 192, 204-205, 225, 258
一般補助金 145, 163, 165, 186
インセンティブ
　―規制 1, 136
　―契約 86, 107-108, 114, 124-125, 127,
　　131, 251, 256
　―報酬 14, 86, 119
Win＝Win の関係 19, 211, 221, 230, 260
X 非効率性（X-inefficiency） 98, 177, 213
エージェンシー
　―コスト（Agency Cost） 2, 17, 99, 182,
　　192, 196, 203, 243, 258
　―問題（Agency Problem） 4, 18, 108
NPM →新しい公共運営
汚職（Corruption） 96

［か］

開発利益 65
外部不経済 23
攪乱項 3, 86-87, 91, 100, 106-107, 123, 130,
　134, 177, 213, 240
可変的
　―再選レント 110,
　―報酬 120, 256, 263,
価値財（Merit Goods） 25
間接的効用関数 72, 77
完全情報均衡 126

完全対応原理 8, 54, 253
完全な地方分権（Perfect Decentralization）
　160
危険
　―回避的 2, 121, 127-129, 131, 133-134,
　　136, 139
　―中立的 121, 127, 128, 133-134, 139
基準財政
　―収入 144
　―需要 144
期待効用の最大化 92, 100, 109, 111, 125,
　128, 132, 179, 183, 187, 194, 198, 231,
　241, 246
機能的所得分配 59
規模に関する収穫一定 59, 75, 237
規模の経済 24, 146
キャピタライゼーション仮説 65
共通エージェント（Common Agent） 42
Khun-Tucker 条件 100, 157
クラブ財（Club Good） 理論 10, 29, 33-
　34, 49, 50, 52, 56
経済安定化機能 24, 28
契約理論 38
顕示選好メカニズム 10, 33, 52, 254
限界代替率（公共財と私的財の） 58, 104,
　179, 191, 196, 202, 233, 242
限界的貢献（住民流入の） 34, 69, 73
限界費用（公共財供給の） 94
限界評価（公共財の） 32, 52, 94
限界変形率（公共財と私的の） 58, 104, 164,
　179, 190, 196, 202, 217, 233, 242
公益事業 1, 24, 263
　―の規制 1
公共財（Public Goods） 23
　―最適供給条件 32
　―調達費用 242, 248
公共選択論（Public Choice Theory） 11,
　46, 82, 235
公共料金 24, 263

公的な生産要素　47, 263,
厚生経済学の基本定理（Fundamental
　　Theorem of the Welfare Economics）
　　23, 60
効率性賃金（Efficiency Wage）　3
効率性と公平性のディレンマ　257
効用関数　56
国家公共財　27
国庫支出金　143-145
混雑現象　29, 33, 56
コンテスト（Contest）モデル　96

［さ］

財源
　—調整機能（補助金の）　146
　—保障機能（補助金の）　146-147
財政均等化（Fiscal Equalization）147-148,
　　153
　—補助金　15, 209, 211-223, 227, 233, 259-
　　260, 262
財政外部性（Fiscal Externality）　7, 17, 20,
　　31, 50, 156, 173, 250, 252-254
財政錯覚　37
財政政策（フィスカルポリシー）　26, 28
財政の3機能　8, 24
財政余剰の最大化　62, 65
財政連邦主義（Fiscal Federalism）　26, 30,
　　50
財政力格差（Fiscal Disparity）　7, 19, 143,
　　173, 209, 211, 215, 223, 234, 251, 253,
　　259-260
再選確率　100, 104, 106, 110, 204, 210, 217,
　　258, 260
再選レント（Re-election Rent）　12, 84, 86,
　　92, 99, 101, 106, 108, 113, 215, 254, 255,
　　256
最適人口配分　68-69, 73, 77, 151
Samuelson 条件　12, 58, 68, 75, 79, 89, 103,
　　105-106, 110, 150, 164, 191, 202, 247
Seabright モデル　90
資源配分機能　24, 50
資源配分の調整機能（補助金の）　146, 147
支出競争　46

市場の失敗（Market Failure）　23
実績投票（Retrospective Voting）　4, 88, 91
自発的補助金　6, 17, 38, 115, 155, 162, 173,
　　177, 180-182, 204-206, 209, 210, 222,
　　233, 258-260
資本化（Capitalization）　35
　—定理　62
資本需要の弾力性　242, 249, 260
資本税　238, 246
資本移動の裁定条件　244
社会的貢献　59, 152
社会的厚生関数　57
社会的厚生最大化　189, 201, 232
シュタッケルベルグ
　—フォローアー（Stackelberg Followers）
　　183, 187, 198, 223, 230
　—リーダー（Stackelberg Leader）183,
　　187, 198, 223, 230
準凹関数　97, 163
準公共財　25, 29, 49
純粋公共財　25, 50, 56
準線形の効用関数（Quasi-linear Utility
　　Function）　97, 176, 212, 238, 244
小地域の仮定　238
条件付財市場　24
条件付補助金（Conditional Grant）　37
所得効果　181
所得（の）再分配　24, 28
　—機能　24, 50
住民移動の裁定　68
情報（の）
　—スピルオーバー　44, 230
　—不完全性（Imperfect Information）
　　38, 54
　—非対称性（Asymmetric Information）
　　1, 4, 6, 11, 13, 25, 32, 39, 41, 52, 82, 84,
　　96, 98, 118, 123, 126, 240-241, 251-
　　252, 255-256, 259
人口移動の社会的限界便益　72, 77, 151
シンメトリック均衡→対称均衡
垂直的外部性　252, 263
垂直的補助金　115, 173-174
スピルオーバー効果（Spillover Effect）　6,

8, 16–18, 31, 36, 38, 42, 44–45, 49, 51, 54,
147, 160, 164, 173, 175, 182, 186, 192–
193, 195–197, 200, 202–204, 252, 258
正規分布　100
政策評価　117, 119, 135
生産関数　57, 237, 244
生産ゲーム（Production Game）　2
政府機能の配分論（Distribution Theory of
Government Function）　27
税輸出　36
線型報酬（Linear Compensation）　110
善良な（Benevolent）政府　30, 81, 235, 252
相関係数（攪乱項の）　123, 130, 134
相対的危険回避一定（Constant Relative
Risk Aversion）　121
租税競争（Tax Competition）　7, 9, 20, 36,
46–47, 86, 235, 243, 248, 250, 252, 260,
261, 262

[た]

対称的地域　180, 181, 236, 243, 258,
対称（Symmetric）均衡　102, 104, 109, 111,
186, 188, 200, 201, 202, 232
代替効果　181
第2世代の地方分権理論（Second
Generation Theory of Fiscal
Federalism）　9, 39, 252–253
代表民主主義（Representative Democracy）
47–48
地域間
　—外部性　36
　—競争　155
　—所得移転　15–16, 147–151, 257
　—補助金（Interregional Grant）　37, 173
地方公共財　27, 29, 49–51
　—理論　51, 52, 251
地方交付税　143–145
地方譲与税　143–144
地方分権の失敗　66
中央集権のメリット　31
超過レント（Excess Rent）　16, 84, 86, 98,
101, 113, 119, 184, 188, 195, 211, 216,
220, 229, 231, 254, 260

重複課税（中央政府と地方政府の）　263
底辺競争（Race to the Bottom）　28
Tiebout
　—均衡　60, 73, 148
　— Sorting　66
　—的行動仮説　61, 64, 156
　—モデル　5, 10, 14, 17, 33, 119, 174–175,
205, 209
定額補助金　145, 164, 167, 175, 182–183,
210, 257
定率補助金　19, 37, 145, 147, 163, 165, 167,
175, 187, 189, 190, 192, 198, 200–204,
206, 210, 221, 231, 233, 258–260
展開型ヤードスティック競争モデル　13,
41, 85, 96
伝統的な地方財政理論　8, 30, 143, 251–252
トーナメント（Tournament）
　—モデル　87–89, 96, 108,
　—型ヤードスティック競争モデル　3, 12,
41, 85, 136, 253, 256, 261–262
特定補助金　145,
トランスファー・パラドックス（Transfer
Paradox）　153–154
努力（Effort）水準　92, 106, 108, 114, 122,
125, 126, 262

[な]

Nash
　—均衡　21, 70, 102, 113, 115, 155, 157,
176, 180, 197, 200–202, 204, 210, 215,
220, 227, 231, 236, 247, 255, 257, 259
　—の行動仮定　99, 157
ナショナルミニマム　28, 148
2段階ゲーム　183, 187, 198, 223, 230
2地域経済モデル　17, 20, 175, 192, 210, 235
ノイズ→攪乱項
ノンリニア・プログラミング（Non-linear
Programming）　157

[は]

排除不可能性（非排除性）　49
パフォーマンス
　—比較　82

—評価　14, 41, 88, 118, 120, 124, 135-136, 256

パレート
　—改善　152
　—最適　60, 69, 86, 155, 161, 164, 173, 257

比較静学　189, 231

非競合性　24, 29-30

非協力ゲーム　220

非対称情報　→　情報の非対称性

非対称的地域（モデル）　74, 148, 209, 254, 257, 259

非排除性　25, 29

標準偏差（攪乱項の）　107, 112, 255

費用関数　263

費用便益分析　117

フライペーパー効果（Flypaper Effect）　37

プリンシパル=エージェント（Principal = Agent）
　—関係　8, 11, 14, 21, 41, 44, 47, 83, 86, 119
　—モデル　2, 4, 43, 82, 93, 108, 118, 120, 136, 256, 261, 263

フリーライダー（問題）　10, 25, 32, 254

分権化定理（Decentralization Theorem）　8-9, 31, 51, 53, 54, 78, 253

分権的経済
　—の失敗　169, 257
　—の命題　34, 61, 66

平均費用　59

Henry George 定理　35, 60

ベンチマーキング　135

Voice & Exit（声と退出）モデル　21, 82

補助金（Grant）　145, 257
　—政策　6, 8, 51, 115, 161, 165, 173-176, 194, 197, 206, 210, 221, 223, 226, 233, 259
　—の機能　146
　—の中立性命題　166, 186, 204, 258

［ま］

密度関数　92, 98, 100, 106-107, 112

モニタリング（Monitoring）　1, 3, 14, 119

モラルハザード（Moral Hazard）　13, 45, 85, 87, 96

［や］

ヤードスティック
　—規制　118, 124
　—競争（Yardstick Competition）　1, 4, 11, 16, 19, 40, 43-45, 82-88, 92-93, 95-96, 113, 173-174, 181, 197, 215, 220, 249-250, 258
　—競争均衡　105, 174, 236, 249, 257, 262
　—競争モデル　5-7, 12-13, 17-18, 20-21, 83, 88-89, 94, 118, 174-175, 211, 236, 243, 250, 254, 255, 260-263
　—契約　47, 126-127, 129, 138, 140
　—情報　48
　—・バイアス（Yardstick Competition Bias）　45, 219, 221, 227, 262,
　—比較　5, 11, 14, 19, 43, 82, 90, 114, 119, 195, 205, 210, 236, 240, 243, 248, 250, 260
　—評価　18, 118, 120, 131, 135, 136, 175, 193, 256,

［ら］

ラグランジュ関数　137, 140
　—の未定乗数法　57, 78

ランダムノイズ→攪乱項

リザーベーションレント　122

リザーベーション効用　137, 140

リバイアサン（Leviathan）モデル　46, 93, 106, 114, 236, 255

レントシーキング（Rent Seeking）　6, 11-12, 19, 45, 48, 82, 84-87, 89, 91, 96-98, 101-103, 113, 178, 195, 198-199, 211, 213, 220, 262

離脱行為（Separating Behavior）　44, 216

労働所得税　213

［わ］

「悪い政府（政治家）」　19, 210

【著者紹介】

西垣　泰幸
1956年兵庫県生まれ．大阪府立大学経済学部卒業．名古屋大学大学院経済学研究科博士後期課程満了．名古屋大学経済学部助手，四日市大学経済学部助教授を経て，現在龍谷大学経済学部教授．

主要著作
『公共経済学入門』（編著）八千代出版，2003年．
『地方分権と政策評価』（編著）日本経済評論社，2017年．
"The Inefficiency of Private Constant Annuities," *The Journal of Risk and Insurance,* vol. 60, pp. 385-412, 1993（共著）．
"A Non-linear Approach to Japanese Business Cycles," *Global Business and Finance Review,* vol. 12, pp. 41-50, 2007（共著）．

地域間ヤードスティック競争の経済学

2017年12月15日　　第1刷発行　　　定価（本体5200円＋税）

著　者　　西　　垣　　泰　　幸

発行者　　柿　　﨑　　　　均

発行所　株式会社　日本経済評論社

〒101-0062　東京都千代田区神田駿河台1-7-7
電話　03-5577-7286　FAX　03-5577-2803
URL：http://www.nikkeihyo.co.jp/

装幀＊渡辺美知子　　　　　印刷＊藤原印刷・製本＊高地製本所

乱丁落丁本はお取替えいたします．　　　　　Printed in Japan
Ⓒ NISHIGAKI Yasuyuki 2017　　　　　　ISBN978-4-8188-2484-3
・本書の複製権・翻訳権・上映権・譲渡権・公衆送信権（送信可能化権を含む）は，
　㈱日本経済評論社が保有します．
・JCOPY〈㈳出版者著作権管理機構　委託出版物〉
本書の無断複写は著作権法上での例外を除き禁じられています．複写される場合は，
そのつど事前に，㈳出版者著作権管理機構（電話03-3513-6969，
FAX 03-3513-6979，e-mail: info@jcopy.or.jp）の許諾を得てください．

地方分権と政策評価

西垣泰幸編著　本体 4200円

自治体破綻の財政学
——米国デトロイトの経験と日本への教訓——

犬丸淳著　本体 5200円

社会保障の財政学

小西砂千夫著　本体 3700円

水と森の財政学

諸富徹・沼尾波子編　本体 3800円

アメリカの財政と分権②
アメリカの分権的財政システム

加藤美穂子著　本体 3600円

シリーズ　社会・経済を学ぶ
地域問題をどう解決するのか
——地域開発政策概論——

小田清　本体 3000円

地方財政・公会計制度の国際比較

関口智編著　本体 5400円

シリーズ　社会・経済を学ぶ
経済学にとって公共性とはなにか
——公益事業とインフラの経済学——

小坂直人著　本体 3000円

国際公共政策叢書　16
自治体政策

佐々木信夫著　本体 2000円

日本経済評論社